战后法原理

李若瀚　著

法律出版社 LAW PRESS · CHINA

目　录

导　论

“冷战”结束以后，国际社会进入向新的国际秩序过渡的时期。在以往意识形态对抗中被长期压抑的各种问题，包括一些国家间的政治、经济、文化等利益冲突，以及一些国家内部的地方武装割据、民族及宗教矛盾，一时间集中迸发。现代武装冲突的形式也悄然发生了变化。国家的战争权被进一步限制，但作为新的战争形态的国际性武装冲突也时有发生，如“人道主义干涉”战争和反恐战争（War on Terror），此类武装冲突通常发生在推行所谓“普世价值”的国家与“失败国家”（Failed States）之间，[①]且具有“不对称”的特点。[②]从

① 失败国家通常被西方国家用以指代那些政治上缺乏民主、经济上缺乏活力、社会处于动乱状态、国家处于分裂或内战状态的一类国家。参见李伯军：《非洲民族国家构建中的“失败国家”与国际法》，载《求索》2010年第2期。

② 不对称战争（Asymmetric Warfare）反映了战争双方整体军事实力相差悬殊或者一方处于绝对优势的战争状态。它通常发生在军事强国与弱国之间，有时也发生在联合国实施集体安全军事行动的情况下。此类战争常以军事实力较强一方获得胜利告终，因而也被认为是“没有悬念的战争”。参见［美］米夏尔·N.施米特：《非对称战争与国际人道法》，崔鹏译，载《西安政治学院学报》2009年第6期。

武装冲突的数量和规模上来看，非国际性武装冲突（Non-international Armed Conflicts）[①]已取代传统国家间的战争成为当前武装冲突的主要形式。

武装冲突不仅会造成冲突发生国（Conflicted Country）[②]大量人员伤亡、经济损失、环境和基础设施破坏，还可能造成其国家机器失灵、政局混乱、经济停滞、社会动荡。在战争结束后的一段时期内，该国过渡政权相对脆弱、社会稳定程度不高，各种威胁和平的因素也会不断滋生和蔓延。在该国的和平状态得以彻底恢复之前，其通常会处于一种“不战不和”的状态。[③]武装冲突结束后，虽然敌对方的军事行动已经停止，但冲突地区的和平却远未实现。对武装冲突中的受难者来说，武装冲突结束并不意味着灾难终止；实际上不论何种类型的武装冲突其恶果最终将由人民承担：家园被摧毁，生产设施及生活环境被破坏，饥饿、贫困和疾病肆虐，生命安全得不到保障，宗教信仰、伦理道德、家庭关系缺位，社会环境恶化……武装冲突带来的创伤一时间难以消除，人们生产和生活能力的恢复仍是一个痛苦而漫长的过程。以波斯尼亚战争为例，从1992年该国内战爆发至1995年《代顿和平协议》签订，内战共造成约20万人失踪或死亡，其中约40%是平民。在波斯尼亚及其周边地区的武装冲突停止

① 日内瓦四公约共同第3条将非国际性武装冲突界定为“发生在一国境内的武装冲突”。此类武装冲突的交战方通常为一国政府、该国的叛乱团体、反政府武装或交战团体。

② 冲突发生国即指受武装冲突行为影响重大、最直接的国家或地区，有时也包括受武装冲突严重影响的第三国，如1904年的日俄战争，其陆上战争主要发生在中国东北领土之上，此时中国也可以被称为冲突发生国。

③ 一些国际性文件（如联合国文件）也用“灰色地带”来指代武装冲突结束后处于过渡时期的国家或地区。参见吴燕妮：《论冲突中和冲突后社会的法治：联合国的行动及中国的贡献》，武汉大学出版社2014年版，第49~50页。

之后，虽然波斯尼亚中央政府在表面上得以建立，但它并未在全球范围内实施有效的控制和管理，该国的两个半自治实体——波斯尼亚和黑塞哥维那共和国（代表穆族和克族）与塞族共和国（代表塞族），实际上仍处于对抗状态。战后，该国仍有超过100万名战争难民没有回归家园。[①]

冲突后阶段（Post Conflict Phase）自战争产生以来一直存在，它指冲突发生国在经历武装冲突之后，从武装冲突向持续和平过渡的特定历史时期。[②]任何国家在武装冲突结束之后都会经历一个重建和恢复和平的过程，该过程长久以来一直被视为一国内部事务而未被作为全球性问题加以对待。现代社会信息的开放性和信息获取方式的多元化使武装冲突的恶果更容易被广泛传播并引起国际社会的关注。随着国际社会共同体意识的觉醒以及集体安全观念的增强，人们开始意识到，冲突发生国和平状态的恢复对于国际社会和平与安全也有重要意义，国际社会成员基于和平与安全考虑参与冲突发生国的冲突后重建（Post Conflict Reconstruction）进程已不再被认为是对冲突发生国内政的干涉。实践中已有越来越多的国际社会成员参与到帮助冲突发生国恢复和平的历史进程之中，如国际社会成员对阿富汗、伊拉克、利比亚、南苏丹等国重建和平实践的参与。但目前此类冲突后重建实践总体而言并不十分成功：就国家行为体而言，真正为了国际社会共同利益参与冲突后重建的情况十分鲜见，他们更愿意将冲突后重建作为一种武力干涉的后续措施，或者将之作为大国博弈与争夺势力范围的政策工具，由这些国家主导

---

① 参见［美］保罗·F.戴尔、丹尼尔·德鲁克曼：《和平行动的评价》，聂军译，世界知识出版社2014年版，第143~151页。

② 参见李若瀚：《武装冲突法的新发展："战后法" 法律问题研究》，载《时代法学》2012年第5期。

或参与的冲突后重建往往由于缺乏计划性和规范性而导致重建过程十分混乱，重建效果也差强人意；就国际组织而言，除联合国在冲突后阶段实施的维持和平行动外，其他国际组织对冲突后重建的参与度并不高，但即使是联合国主导或参与的冲突后重建，其过程也存在各种问题，[①]而至于非政府组织，其在冲突后阶段发挥的实际作用微乎其微，也很少受到国际社会的关注。

冲突后阶段自康德以来逐渐为人们所认知。[②]在该过渡时期，冲突发生国的政治、经济、社会等各方面状况都不稳定，国际社会成员的参与无疑会使冲突后重建这一进程变得更加复杂。冲突后重建不但关系到冲突发生国在政治、经济、社会等方面的恢复，也关系到该国周边国家、其所在地区以及国际社会的和平与安全。如何实现冲突发生国从武装冲突向持续和平的过渡，已成为国际社会日益关注的全球性问题。发挥国际法的规范作用对于实现冲突后社会（Post Conflict Society）[③]从武装冲突向持续和平的过渡无疑十分重要。除限制国家的战争权外，国际法对于武装冲突行为的规范

① 参见张逸潇：《从建设和平的视角看联合国维和行动的困境》，载《武警学院学报》2011年第7期。

② 康德在论述民族权利时，将战争区分为开战、交战和战后三个阶段。参见[德]伊曼努尔·康德：《法的形而上学原理——权利的科学》，沈叔平译，商务印书馆1991年版，第179页。

③ 冲突后社会是指冲突后阶段国际社会成员重建和平行为所发生的国际环境，包括冲突发生国自身的国内环境和参与冲突后重建的国际社会成员共同构成的国际环境。冲突后社会具有以下特征：第一，冲突方虽然表面上达成和解或处于停战状态，但双方的敌对情绪短时间内很难消除，发生武装冲突的隐患仍然存在；第二，冲突发生国在政治、经济、安全等方面都面临着巨大的重建压力，其更希望获得稳定的国内、外环境，特别是确保国内社会的安全与稳定；第三，不论战争原因为何，战争胜利者总是希望以胜利者姿态参与冲突后重建，并在最大程度上掌握冲突后重建的话语权，而作为战败者一方，无论如何他们都希望受到更加公正、合理的对待，并希望胜利者的权力受到最大限度的限制。

以武装冲突法为主，其在限制作战手段和方法以及保护战争受难者等方面的法律规范也已相当完善。但由于传统国际法理论对于冲突后阶段的特殊性未给予足够重视，导致在当前国际法体系中，那些用以专门规范国际社会成员冲突后重建行为的法律机制和法律规范处于整体缺位的状态。就目前既有的能被适用于冲突后阶段的国际法律规范而言，其数量相对缺乏，适用范围有限，在实践中也未能被国际社会成员有效地践行和遵守，实际约束力十分有限。战后法的提出基于以上背景，其旨在通过规范国际社会成员的冲突后重建行为以实现冲突发生国从武装冲突向和平状态的过渡。

战后法，顾名思义，是一类在武装冲突结束之后适用的国际法律规范，其被用以规范国际社会成员在冲突后阶段的重建和平行为。战后法的产生与国际主体①的战争行为有关。战争主要是指以国家为单位的组织或团体实施的相互使用暴力的武装战斗。②战争可被分为“开战”“交战”和“战后”三个阶段。作为国家间斗争的最高形式，国家在什么情况下可以发动战争就产生了战争权的问题；在战争期间国家能够如何实施战争就产生了交战权问题；在战争结束后，国家如何实现从交战状态向和平状态的过渡就产生了冲突后重建和恢复和平问题。战争“不仅是一种事实，也是一种法律状态”。③在现代国际关系中，“战争”与“武装冲突”通常有同样的

① 此处的国际主体包括参与国际性武装冲突的国际社会成员和参与国内武装冲突的国内主体。

② 西塞罗把战争称作通过武力进行的争斗，它体现了国家间极端对立的一种事实状态。参见［荷］格劳秀斯：《战争与和平法》，何勤华等译，上海人民出版社2005年版，第28页。

③ 梁西主编：《国际法》，武汉大学出版社2000年版，第500页。

意指。在法律上，战争更多地被用以描述发生在两个或两个以上国家之间的斗争状态，但现实中没有宣战的战争、边界军事摩擦以及一国内部的武力对抗都是普遍存在的，所以在法律上用“武装冲突”的称谓描述各种形态的武力对抗更为贴切。[①]战争法（Law of War）的称谓也有被武装冲突法（Law of Armed Conflict）逐渐取代的趋势。[②]因此，相比于“战后”阶段，在法律上以“冲突后阶段”指代从武装冲突结束到持续和平建立的这一特殊历史时期也更为贴切。

由此产生一个问题，即战后法为何不叫“冲突后阶段法”或“冲突后重建法”呢？笔者认为，就法律术语而言，“冲突后阶段法”的指向性并不明确。以冲突后阶段这一特定历史时期命名一类特殊法律规范很容易使人产生误解，认为该法律部门包含了适用于冲突后阶段的所有法律规范，但实际上战后法只是所有可以被适用于冲突后阶段的法律规范的一部分，其外延并不及于在冲突后阶段发生作用的所有法律，如冲突发生国的国内法，其中的一些法律也能在冲突后阶段发挥规范作用，但无疑属于国内法范畴。对于“冲突后重建法”，虽然该称谓能够表明战后法适用于冲突后阶段，并以规范冲突后重建行为为内容，但该称谓指向明确的同时内容却过于宽泛，也容易使人产生误解。因为从内容上来看，战后法实际上并不以所有的冲突后重建行为为规范对象，它只对国际社会成员参与的重建和恢复和平行为发生作用，至于冲突发生国在和平恢复之后实施的政治、经济及社会等方面的重建行为，战后法则并不涉及。战后法是以实现冲突后社会的持续和平为目的的，它并不规定国家重

---

① 参见俞正山：《国际人道法的界定及其与战争法、武装冲突法的等同问题》，载《西安政治学院学报》2009年第6期。

② 参见王铁崖主编：《国际法》，法律出版社1995年版，第615页。

建的方式和方法，因此"冲突后重建法"的称谓也不足取。

战后法的词源来源于"战后正义"(*jus post bellum*)一词。战后正义是新正义战争理论的一个基本内核。它指在冲突后阶段国家如何行为是正义的。自19世纪末期以来，国际伦理学界已经对战后正义问题进行了较为深入的研究，并提出了"战后正义的法律化"的问题。[①]在构建战后法的理念被提出后，许多国际法学者也基于国际法律规范与国际道德之间的区别对"战后正义的法律化"问题进行了研究。在研究过程中，"*Law of jus post bellum*"一词开始被大量国际法学者和国际伦理学家使用，[②]战后法的称谓也由此而来。该称谓在国际法学界和国际伦理学界都具有一定的认知基础，使用其他新创造的名词则可能会在概念上造成混乱。从词意来看，战后法的称谓既能表明该类法律规范适用于冲突后阶段这一特殊历史时期，也能在内容上起到提示效果，使人产生该类法律规范被用以规范国际社会成员在冲突后阶段行为的联想。因此，"战后法"这一称谓也同时兼具了历史合理性与内容表现性两个方面的优点。

战后法是当前国际法研究中面临的一个新的课题。作为基本理论研究，本书更侧重研究战后法的法律体系及运行机理，笔者在研究过程中着重提出并回答以下问题：

第一，战后法是什么？该问题是本书的中心内容，也是展开其他研究的立论基础。回答该问题需要对战后法的源起及发展、现实及理论基础、具体内容及表现形式等问题进行深入思考。

① See Carsten Stahn, "Jus Post Bellum: Mapping the Discipline(s)", *American University International Law Review*, 2008(2), pp. 345-347.

② 参见黄德明、朱路：《"战后法"法律建构初探》，载《南京理工大学学报》(社会科学版)2011年第2期。

第二，战后法要解决什么问题？该问题是构建战后法体系的出发点和落脚点，澄清这一问题有助于进一步明确战后法对于冲突后社会的特殊价值和作用。回答该问题需要从战后法作为一种社会规范所具有的伦理性和其作为法律规范所具有的规范性两个方面入手加以研究。

第三，战后法如何解决这些问题？这是一个结构性的问题。任何法律其规范作用的实现都需要依靠完备的法律规范和法律机制。回答该问题即需要明确战后法是通过哪些法律机制，以及如何通过这些法律机制以发挥其规范作用，这需要对战后法的基本构架及其运转方式加以研究。

第四，战后法能否解决这些问题？这是一个实证性的问题，即战后法能否对国际社会成员的冲突后重建行为产生实际的规范作用。回答此问题，一方面要从战后法自身入手，考察其法律逻辑是否完善、法律规范衔接是否到位以及其具体制度是否存在缺陷等；另一方面还须从国际社会成员的实践入手，考察其对战后法的遵守及践行情况，通过对国际实践的考察也能更深刻地了解战后法的运行情况及存在的问题，并为进一步解决这些问题提供思路。

国际社会对战后法的研究始于新正义战争理论。该理论预先设定了胜利者是战争中的正义一方，并基于此讨论战争胜利者在冲突后阶段的重建责任。但事实上并非所有武装冲突的胜利者实施的都是正义战争，也并非所有的武装冲突都存在正义方。新正义战争理论家们对于作为该理论核心概念的战后正义没有统一的认识，他们在“战后正义的法律化”问题上的态度也是相当保守的。[①]以新

① 参见黄德明、李若瀚:《论“后冲突时代”战后责任机制的发展》，载《河北法学》2013年第12期。

正义战争理论为预设前提探讨战后法问题通常会导致战后正义道德标准的直接套用，站在道德立场探讨法律问题的缺陷是显而易见的：在法律规范层面对武装冲突胜利者提出的道德要求越高，这些规范就越容易在国际实践中被国际社会成员违反或者规避。摆脱新正义战争理论的束缚，从国际法层面寻找战后法约束力得以产生的根源，实现战后法的“去道德化”是本书构建战后法的一个基本研究思路。

当前学界对国际法的研究仍遵循威斯特伐利亚范式（Westphalia Paradigm），[①]但该研究方法无法从法律角度解决现代国家体系与国际秩序构建之间存在的既有张力，即无法从法律角度解决被分割为平等主权单位的国家形态同国际社会成员在和平与安全问题上的相互依存状态之间的紧张关系。导致学者们在研究战后法时面临许多难题：一方面，学者无法为战后法在“战争与和平两分法”（War and Peace Dichotomy）框架下寻找合适的定位，无论是作为“平时法”还是“战时法”的国际法，都忽略了冲突后阶段“不战不和”的特殊状态；另一方面，遵循“国际法教义学”（Rechtsdogmatik Method）的研究方法，[②]学者很难从现有国际法体系中寻找更多研究战后法的素材，那些少量的、分散的、缺乏针对性的相关国际法律规范很难被

① 威斯特伐利亚范式也被称为无政府范式，该范式强调国际社会以国家主权为根本依托形成了国家实体在国际交往中的相互承认和对彼此身份的认同，国际法的产生以主权者之间相互无管辖权为伊始，并逐渐形成了主权者之间相互平等、不干涉内政、外交豁免等基本原则。

② 国际法教义学是指依据现有国际法律体系对某些法律规范以及某些具体问题进行分析研究的研究方法，即对国际法规则的解释和对国际现象合规性的研究。该研究方法的问题在于，其对既有实体法的解读，并不能回答诸如国际法价值、体系以及约束力如何产生等法理学问题。See Anthony Carty, *Philosophy of International Law*, Edinburgh, Edinburgh University Press, 2007, pp. 1-22.

捏合成可以规范国际社会成员冲突后重建行为的系统的法律体系。考虑到冲突后阶段的特殊性以及冲突后重建对国际社会和平与安全的重要意义，在构建战后法问题上，打破威斯特伐利亚范式，从“社会法”角度研究国际社会成员在冲突后重建过程中的共同治理模式，将战后法作为一个法律系统，从其产生、运行和适用三个环节探讨其产生和发展规律无疑是一种更科学的研究方法。

第一章　战后法概论

从法律角度而言，战后法不仅是一种社会规范，也是一种行为规范。它以冲突后社会根本利益为导向，旨在实现冲突后社会的持续和平。战后法的产生有其深刻的国际社会根源，其重要性的凸显缘于越来越多的国际社会成员将冲突后重建作为全球性问题加以关注。虽然现代国际法已存在较为完善的法律规范和法律机制来规范国际社会成员在武装冲突之前和武装冲突过程中的法律关系和相互行为，但受到"战争与和平两分法"的影响，那些被用以规范国际社会成员冲突后阶段重建行为的国际法律规范则一直处于缺位状态。战后法的提出无疑弥补了传统国际法这一结构性缺陷。按照国际法发展的一般规律，国际社会成员各异的内生需求导致国家交往过程中利益冲突的产生，从而促使代表国家间协调意志的国际法规范的产生。战后法的产生也是如此。虽然长期以来，冲突后重建问题一直被当作国际政治安排或国内事务处理，但随着全球化和国际法治的发展，对冲突后社会和平、法治和人权的保护也逐渐成为国际社会共同面临的全球性问题。在冲突后阶段，国际社会成员的主观需求与冲突后社会客观现实也要求国际社会构建更加完善的战后法体系，以更好地规范国际社会成员的冲突后重建行为。

第一节 战后法的基本内涵

法律不仅是一种社会规范，还是一种行为规范。其借以通过法律权威对相关主体的社会关系和相互关系施加影响以形成一种理想秩序。国际法是国际社会之法，它通常被界定为调整国家间相互关系的行为规范。[①]这种定义方式不但强调国际法的调整对象是国际社会成员间的社会关系，同时也强调其指向目标是国际社会成员实施的行为。据此，战后法可被定义为调整冲突后阶段国际社会成员之间的法律关系、规范其重建和恢复和平行为的法律原则和法律规范的总称。作为适用于冲突后阶段的一类特殊国际法规范，战后法旨在通过规范国际社会成员的冲突后重建行为以实现冲突发生国从武装冲突向持续和平的过渡。该定义中的冲突后重建行为是指国际社会成员在冲突后阶段为实现冲突后社会持续和平而实施的重建和恢复和平活动，主要包括“结束战争安排”“追究战争责任”“确立战后秩序”“国家机器重建”“战后安全保障”“战后法治重建”“战后经济及社会重建”等。该定义中的国际社会成员是指在冲突后阶段主导、参与或实施冲突后重建行为的国际主体，包括

① 如周鲠生先生将国际法界定为“规律文明国家相互关系之行为的规则”。参见周鲠生：《国际法大纲》，商务印书馆1934年版，第4页。

冲突发生国、参与冲突后重建的其他国家或国际组织。在一些特殊情况下，在国内武装冲突结束后，冲突发生国的叛乱团体、反政府武装和交战团体也可能作为行为主体参与冲突后重建进程。

一、战后法之“战”

“战”即指战争或武装冲突。武装冲突结束是战后法适用的前提。在国际法上，武装冲突不仅指国家间的武装冲突，还包括发生于国家内部的武装冲突（国内武装冲突）。明确战后法的“战”被用以指代哪些武装冲突，对进一步厘清战后法的适用范围有重要意义。

在国际法上，武装冲突通常被区分为国际性武装冲突和非国际性武装冲突。国际性武装冲突即传统上所称的国家间的战争。[①]日内瓦四公约共同第2条规定：“于平时应予实施之各项规定之外，本公约适用于两个或两个以上缔约国间所发生之一切经过宣战的战争或任何其他武装冲突，即使其中一国不承认有战争状态。”[②]依据该条规定，只要在国家之间发生的武装冲突，不论其形式如何，以及发生武装冲突的国家是否承认武装冲突状态存在，这类冲突都属于国际性武装冲突。实践中，此类武装冲突结束后的战后安排通常会对冲突发生国的和平恢复与国家重建产生重要影响，战后法无疑应当在此类武装冲突结束之后发挥作用。因此战后法的“战”包含了国际性武装冲突。

非国际性武装冲突是相对于国际性武装冲突而言的。虽然日

① 参见朱文奇：《战争罪与武装冲突性质的关系问题》，载《西安政治学院学报》2003年第1期。

② 参见日内瓦四公约共同第2条。

内瓦四公约共同第3条使用了非国际性武装冲突的概念，并要求在一缔约国之领土内发生非国际性武装冲突之场合，冲突各方应遵守一系列最低限度之规定，[①]但该条款实际上并未对非国际性武装冲突的内涵及外延作出明确界定。其后前南斯拉夫问题国际刑事法庭（以下简称前南刑事法庭）和卢旺达问题国际刑事法庭（以下简称卢旺达刑事法庭）在其各自相关判决中对非国际性武装冲突的内涵进行了阐释。在塔迪奇案中，前南刑事法庭上诉法庭认为非国际性武装冲突是“发生在政府和有组织的武装团体之间或者是一国内部武装团体之间的暴力行为”。[②]卢旺达刑事法庭在阿卡耶苏案中的观点也与此类似。[③]但从《日内瓦四公约第二附加议定书》的规定来看，两个国际刑事法庭对非国际性武装冲突的界定又似乎过于宽泛，该附加议定书第1条第2款指出：“本议定书不应适用于非武装冲突的内部动乱和紧张局势，如暴动、孤立而不时发生的暴力行为和其他类似性质的行为。”[④]显然，该条款中“本议定书不应适用于非武装冲突的内部动乱和紧张局势”的表述实际上已将“内部动乱和紧张局势”排除在非国际性武装冲突范围之外，而不论该“内部动乱和紧张局势”是否存在事实上的武装对抗行为。遗憾的是，该附加议定书并没有进一步提出区分“内部动乱和紧张局势”与非国际性武装冲突的法律标准。由此产生的一个问题是，同样属于发生在国家内部的武装冲突，非国际性武装冲突同“内部动乱和紧张局

---

① 参见日内瓦四公约共同第3条。

② Prosecutor v. Dusko Tadic. Case No. IT- 94- 1- T, 7 May 1997, para. 70.

③ See Prosecutor v. Jean-Paul Akayesu. Case No. TCTR-96-4-T, Trial Chamber I, 2 Sep.1998, para. 619.

④ 即《1949年8月12日日内瓦四公约关于保护非国际性武装冲突受难者的附加议定书》第1条。

势”的界限在哪里？或者从法律适用的角度，人们如何认定某一国内武装冲突属于非国际性武装冲突还是“内部动乱和紧张局势”？对此问题的回答关系到某些国内团体是否能够享有国际法赋予非国际性武装冲突当事方的固有权利。为此，有学者在理论上提出了非国际性武装冲突的构成要件：第一，它要求发生武装冲突的武装团体是有组织的；第二，这些武装冲突要持续一定的范围和时间；第三，它要求武装冲突达到一定的激烈程度。[①]只有同时满足上述要件的国内武装冲突才属于非国际性武装冲突。但即使按照上述标准，一些国内武装冲突的性质有时仍会难以判断，仅就武装冲突的激烈程度而言，即不存在具体的衡量标准。对于特定国内武装冲突性质的判断是一个十分主观的问题，一国政府为了自身利益往往极力否认其国内武装冲突满足上述要件，而作为冲突另一方的国内武装团体则往往主张该武装冲突已达到非国际性武装冲突的要求。该判断显然并不仅是一个法律问题，在很多情况下它与国际政治也密切相关。对战后法而言，其本身没有必要对非国际性武装冲突同“内部动乱和紧张局势”的界限作进一步界定（事实上武装冲突法本身也没有做到这一点），对非国际性武装冲突和“内部动乱和紧张局势”分别予以讨论有助于简化这一问题。在非国际性武装冲突结束后，并非所有的冲突后重建进程都需要国际社会力量的介入。通常在一国有能力处理自身重建和恢复和平事宜的情况下，其他国际社会成员并无权介入该重建过程，只有当冲突发生国无力处理该恢复和平事宜并向国际社会提出请求之时，国际社会成员才可以参与其中。因此，按照国际社会公认标准被认定的非国际性武装冲突无疑

① 参见佘发勤：《论非国际性武装冲突及其性质的判定》，载《理论界》2008年第8期。

属于战后法中“战”的范畴，但只有在冲突发生国同意其他国际社会成员参与该国冲突后重建的情况下，战后法才能对参与该进程的国际社会成员发挥约束作用。

需要指出的是，传统武装冲突法将“内部动乱和紧张局势”排除在非国际性武装冲突范畴之外，是基于使维护国际社会安全同国家主权原则相互平衡的结果。基于国家主权原则的考虑，国家行使其主权范围内的维护国内和平与安全的责任是具有优先性的。只有在国家愿意让渡这部分主权，或者国家没有能力履行或不愿履行该责任且会产生严重后果时，国际社会的力量才能有条件地介入处理该部分国内事务。就国内武装冲突而言，那些被排除在非国际性武装冲突之外的“内部动乱和紧张局势”结束之后也可能产生恢复和重建和平问题。此类武装冲突，即使其影响范围、持续时间和冲突烈度没有达到成为非国际性武装冲突所要求的条件，其仍可能会在一国之内造成和平状态被严重破坏的事实，并在国际社会造成十分恶劣的影响，如1994年的卢旺达种族屠杀事件。[①]在此类“内部动乱和紧张局势”结束后，妥善处理其重建和恢复和平问题，对于维护国际社会和平与安全也至关重要。实际上任何武装冲突一旦发生都无可避免地会造成冲突后阶段的出现，对战后法的界定显然不应局限于武装冲突法对武装冲突类型的界分而将不属于非国际性武装冲突的“内部动乱和紧张局势”完全排除在战后法“战”的范畴之外。对于那些不属于非国际性武装冲突但对国际社会的安全、法治和人权保护造成重大影响的“内部动乱和紧张局势”，国际社会

① 卢旺达种族大屠杀发生于1994年4月至6月，其间卢旺达的胡图族对图西族及胡图族温和派展开有组织的种族灭绝大屠杀，共造成80万~100万人死亡。

成员对其冲突后重建进程的参与也应受到战后法的规范和约束。但应指出，并非所有的“内部动乱和紧张局势”都应被划入战后法“战”的范围，只有那些达到一定烈度，[①]并对国际社会的和平、法治和人权保护造成严重影响的“内部动乱和紧张局势”才属于战后法中“战”的范围。那些持续时间不长、冲突烈度不大且并未造成严重损害的“内部动乱和紧张局势”，其冲突后重建事宜则应由主权国家自行处理。

二、战后法之“战后”

“战后”指武装冲突结束之后的冲突后阶段，即武装冲突结束到持续和平建立这一特定历史时期。[②]它进一步限定了战后法的适用范围。为明确其内涵，需要进一步回答“武装冲突何时结束”和“持续和平何时建立”这两个问题。

第一，“武装冲突结束”是指武装冲突各方武力对抗状态不复存在的事实。武装冲突法与战后法分别调整国际社会成员在“交战”和“战后”阶段的法律关系，两者的适用是前终后续的关系：武装冲突一旦结束武装冲突法即停止适用，[③]战后法继而可对参与冲突后重建的国际社会成员发生效力。因此“武装冲突结束”不仅是武装冲突法停止适用的标志，也是战后法开始适用的标志。

就如何判断武装冲突是否结束的问题，学者们存在不同的认

---

① 上文所称“一定烈度”即“内部动乱和紧张局势”被国际化的“最低阈值”。该最低阈值有两个因素构成：一是存在武装冲突的现实，一般认为其仅限于小规模的武装冲突（当武装冲突规模及烈度达到一定程度，则该局势即演化为非国际性武装冲突）；二是该“内部动乱和紧张局势”造成了严重的损害或者人道主义灾难，并对国际社会的安全、法治和人权保护造成重大影响。

② 参见李若瀚：《武装冲突法的新发展：“战后法”法律问题研究》，载《时代法学》2012年第5期。

③ 参见梁西：《国际法》，武汉大学出版社2011年版，第417页。

识：一种观点认为“武装冲突的结束”是指武装冲突在形式上的结束，即冲突各方基于某种明确的宣示表明武力对抗的状态不复存在，其形式上的表现可以从冲突各方的停火协定、联合国大会或安理会的相关决议以及冲突各方的宣告性问题件中寻找依据；[①]另一种观点则认为“武装冲突的结束”是指武装冲突事实上的结束，即只要冲突方在现实中停止使用武力对抗，该武装冲突即告结束，该状态的存在与冲突各方是否作出明确的宣示行为无关。前者坚持形式主义的观点，后者则采取了事实主义的思路。目前国际社会对于采用上述哪个标准来判断武装冲突是否结束尚未达成一致看法，两者各有其优劣之处。

前述形式主义观点的优点在于其采用的形式依据易于获取且许多相关文件本身即具有法律约束力，因而其判断结果更具说服力且易于被国际社会成员接受。其弊端在于依据该标准有时可能得出与事实严重不符的结论：一些武装冲突事实上已经结束，但却没有形式上结束该武装冲突的依据，以俄日关系为例，由于苏联在“二战”后一直未同日本签订和平协定，作为其继承国的俄罗斯也一直未解除其对日本的战争宣告，按照形式主义的标准，俄日两国目前仍处于战争状态，但这个结论显然不符合国际社会现实；而那些形式上达成了和解协议但现实中仍处于交火状态的国家，按照该标准则可能得出武装冲突已经结束的结论，例如，自“二战”结束以来，在以色列和巴勒斯坦民族权力机构之间曾不止一次达成停火协议，事实上两国之间（特别是在加沙地带）的武装冲突一直存在，

① 参见黄德明、朱路：《“战后法”法律建构初探》，载《南京理工大学学报》（社会科学版）2011年第2期。

如果按照形式主义的标准，我们则可能得出武装冲突结束的结论。事实主义观点强调武装冲突是否结束应以客观事实作为判断依据。对于那些情况复杂难以直观判断的情形可根据需要由中立的第三方，如中立的第三国、国际组织、事实调查委员会（Fact-finding Commission）等，在实地调查的基础上作出判断。采取事实主义标准的优点在于，它要求依据客观事实对具体武装冲突采取“一事一议”的方式判断其真实状态，但其缺陷在于，对事实的判断由于缺乏统一的标准往往具有很强的主观性，不同国际社会成员对同一事实状态可能会有不同理解。

从本质上来看，前述两种观点的区别在于，形式主义观点认为对“武装冲突结束”的判断是一个法律判断，即需要将相关文件作为法律上的构成要件以判断武装冲突的法律状态；而事实主义观点则认为该判断是一个事实判断，即武装冲突状态的确定应以客观的真实情况为依据。理论上，法律判断与事实判断并非绝对对立，法律判断的作出也应以客观事实为依据。在理想状态下，如果在认定事实和进行法律推理的过程中不存在错误和偏差，无论采用形式标准还是事实标准都会得出同样正确的结论；但现实中，无论以形式标准还是以事实标准单独作为判断武装冲突是否结束的依据都存在问题：一方面，并不是所有武装冲突的结束都可以在国际社会中找到形式依据；另一方面，不同主体基于其主观方面的差异，即使根据相同的事实也可能得出截然相反的结论。

对战后法而言，“武装冲突结束”是其发生作用的一个客观条件或者说是一个事实背景，该判断对于战后法的适用并不产生法律上的效果，因而战后法没有必要对“武装冲突停止”进行更加清晰的界定，来实现其同武装冲突法的无缝对接。对于特定的武装冲突是否结束，即使在最复杂的情况下按照不同标准进行判断，其可能产生的错误结果无非有二：第一，误把没有结束的武装冲突认定为已经结束，此情况下战后法可以被适用；第二，误把已经结束的武装冲突认定为冲突仍在继续，此时武装冲突法可以继续被适用。对于第一种错误，它实际上提前结束了武装冲突法的适用，其无疑会影响交战各方的武装冲突行为，也不利于对武装冲突受难者（如平民和战俘）的保护。但由于战后法的存在，武装冲突法结束适用之后，战后法被提前适用，在一定程度上可以为武装冲突中处于弱势地位的群体提供某种人道主义保护。退一步而言，即使战后法规范在武装冲突阶段不能发挥任何作用，在武装冲突法提前缺位的状况下，其提前适用至少不会对武装冲突现实造成更不利的影响。对于第二种错误，它实际上导致武装冲突法在冲突后阶段适用的结果。武装冲突法并不以实现冲突后社会持续和平为目的，其在冲突后阶段的适用可能并不能起到规范国际社会成员冲突后重建行为的作用。但不能否认，武装冲突法中的一些具体规范，如《日内瓦第四公约》《海牙第四公约》中与占领相关的占领法规范，对维持冲突后社会的安全和稳定也能起到积极作用。虽然此时战后法被推迟适用，但在武装冲突是否结束尚不能被准确判断的情况下，战后法即使被适用也并不一定能够立竿见影地发挥作用，毕竟冲突后重建是一个漫长的过程，在武装冲突刚刚停止时，战后法暂时缺位的影响也并不会十分严重。因此，战后法的存在在一定程度上降低了国际社会在“武装冲突是否结束”这一问题上作出错误判断所可能产生的不利影响。在战后法适用问题上，将“武装冲突结束”作为一个事实判断是更加适当的，国际社会成员在构建战后法时没有必要对武装冲突法自身尚不能清晰界定的问题作出更明确的法律界定。对武装冲突是否结束这一事实而言，采取事实主义的标准作出的判断无疑更加准确，其错误判断可能造成的不利影响也更小，但这并不意味着摒弃了那些可以反映武装冲突状态的形式文件的重要价值。国际社会在作出武装冲突是否结束的事实判断时，此类文件也是重要的参考和佐证——特别是那些具有法律约束力的文件，如联合国安理会的决议等。

第二，就如何判断持续和平建立而言，在战后法语境下，“持续和平的建立”意味着冲突发生国可以通过其国家和社会机制的运行维持自身的和平状态。这种不需要借助外力而依靠冲突发生国自身能力就能实现的和平状态一旦确立也意味着战后法适用的终止。

在判断持续和平是否建立这一问题上，一些学者主张采用一种抽象主义的进路：通过将冲突发生国重建后的效果同该国武装冲突前的国家治理状态加以对比，来认定持续和平是否建立。对上述抽象主义应采取的标准又存在三种不同看法：有人认为持续和平的建立意指恢复原状（*status quo*），即冲突发生国的主权和治理状态恢复到武装冲突发生前的状态；①有人认为持续和平的建立需要实现比武装冲突发生前更高标准的人权保护和治理状态；②还有人认为仅超越战前状态是不够的，冲突发生国应当实现比“如不发生冲突将产生的治理状态”更好的治理状态。③坚持抽象主义标准的观点因考虑到战前状态很可能正是导致武装冲突爆发的直接原因，故要求在

① See Robert E. Williams, Dan Caldwell, “Jus Post Bellum: Just War Theory and the Principles of Just Peace”, *International Studies Perspectives*, 2006(7), pp. 317-318.

② See Michael Wslzer, *Just and Unjust Wars: A Moral Argument with Historical Illustrations*, New York, Basic Books, 1997, p. 121.

③ See Richard P. DiMeglio, “The Evolution of the Just War Tradition: Defining *Jus Post Bellum*”, *Military Law Review*, 2005(186), pp. 152-153.

冲突后阶段建立的和平应优于（至少不低于）冲突发生国的战前状态，以防止过低的标准降低国际社会成员的重建责任，其出发点无疑是好的。如果存在一种方法可以对一国武装冲突前后的国家治理状态作出准确评估，那么采取前述第三种抽象主义标准是最理想的。它以一种发展的视角看待和平，无论是在恢复和平还是保障人权方面，都要求在冲突后社会实现一种更优的和平状态。遗憾的是至少目前这种方法是不存在的。在很多时候，人们不能准确度测冲突发生国武装冲突前后的国家治理状态，更不要说去确定冲突发生国"如果不发生冲突将产生的治理状态"，这显然仅是一个"美妙的理想"。比如一个军事独裁国家经过冲突后重建变成了一个军阀割据的国家，此时如何判断两种治理状态孰优孰劣呢？而且，该理论并没有为武装冲突前的国家治理状态确定一个最低标准，在一国战前治理状态十分糟糕的情况下——当前大部分发生武装冲突的国家治理状态都是如此，即使其在冲突后阶段的国家治理状态优于战前状态，但仍可能是十分糟糕的，此时坚持抽象标准建立"更好的主权和治理状态"的愿望就会落空。

笔者认为，在判断持续和平是否建立这一问题上应采取一种事实主义的进路，即通过综合考察影响和平的事实因素和参考冲突后重建的实际效果并参照持续和平建立的最低标准来认定持续和平是否建立。那些可被用作判断和平状态依据的事实因素有：和平协定是否签订；占领国军队是否已经撤离；国家主权是否移交；当地合法政府是否已经建立；是否存在认定持续和平建立的相关文件等。可被作为判断重建效果的事实依据有：冲突发生国的国家机器是否被有效建立并顺利运转；威胁和平的因素是否被最大限度地消除；冲突发生国维持和平的能力是否恢复；冲突发生国是否能够独立应对国内安全威胁等。判断持续和平建立的最低标准为：第一，威胁和平的因素是否被消除，至少那些严重威胁和平的因素在最大程度上被消除；第二，冲突发生国维持和平能力是否恢复，至少该国已具备维持国内社会稳定与安全的基本能力；第三，国内和平保障机制是否被有效建立，这些机制能够独立运行并能切实起到维持和平的作用。采取上述事实主义的进路能够避免采取抽象主义标准可能产生的主观性和不确定性，在考察前述各种事实因素的基础上对冲突后社会治理状况的判断无疑会更接近冲突后社会的真实状况。如果冲突后社会的和平状态能够满足持续和平建立的最低标准的要求，那么此时我们即可以认为冲突后社会的持续和平已经实现。

三、战后法之“法”

战后法的规范作用在于调整国际社会成员之间法律关系、规范其冲突后重建行为。冲突后重建内容的多样性（包括“结束战争安排”“追究战争责任”“确立战后秩序”“国家机器重建”“战后安全保障”“战后法治重建”“战后经济及社会重建”等内容）决定了作为冲突后重建行为规范的战后法应同时具有“纠正已发生之错误”和“消除和平之威胁”两个方面的功能。前者指反思武装冲突产生的原因及过程，并对相关责任者的责任予以追究；后者指规范并要求国际社会成员更积极地实施重建行为以消除各种威胁冲突后社会和平状态的不安全因素。两者在整体上形成了战后法的内部逻辑：由于冲突后社会的灾难是由武装冲突所造成，它给冲突发生国和该国人民造成了伤害，故在冲突后阶段，对武装冲突本身进行反思是十分必要的，需要找出引发武装冲突的原因并加以纠正，以避免武装冲突再次发生；但冲突后社会的灾难又并非仅依靠纠正错误就能得以完全治愈，它还需要立足冲突后社会现实，对那些由武装冲突引发、在冲突后社会滋生的危害冲突后社会和平与稳定的因素加以控制，才能实现冲突后社会的持续和平。“纠正已发生之错误”不但有助于为“消除和平之威胁”创造一个更好的客观环境，而且其本身也可以被视为一种消除和平威胁的有效方式，如对战争犯罪的审判是一种纠正错误的行为，同时又可以起到消除和平威胁的效果。“纠正已发生之错误”和“消除和平之威胁”两者之间相互统一、相互补充的关系，也促使按照一定内部秩序和内部联系构建而成的战后法体系具有了一个完整的法律体系所应当具有的整体功能。

根据具体内容的不同，战后法可被概括为以下几种类型：一是安排和处理武装冲突各方冲突后重建事宜的战后和平条约，如“一战”结束后签订的《凡尔赛和约》(《协约国和参战各国对德和约》)，其内容不仅包括战后德国与其邻国的疆界划分，对德国设定的军事限制以及战争赔款，甚至还包括追究德国战争犯罪（包括德皇威廉二世）战后责任的规定；二是追究武装冲突时期违法责任的国际条约或协定，如1945年8月，苏、美、英、法四国在伦敦签订了以控告和惩处欧洲轴心国主要战犯为目的的《伦敦协定》，并以此为依据通过《欧洲国际军事法庭宪章》建立了欧洲国际军事法庭；三是联合国安理会在武装冲突结束后以追究战争责任、确立战后秩序为目的通过的相关决议，如联合国安理会于1991年4月3日通过的第687号决议，决议包括重新确定了伊拉克同科威特两国间的边界，要求伊拉克销毁并禁止生产大规模毁灭性武器及化学武器，要求伊拉克归还战争期间侵占科威特的财产并进行战争赔款，在伊拉克实施“石油换食品计划”等内容；[①]四是国际社会成员以在冲突发生国维持或部署一定规模和数量的军事力量为目的而与其签订的临时部队地位协定，如伊拉克战争结束后美伊两国于2008年12月签订的《驻伊美军地位协议》，该协议规定了驻伊美军的豁免权和军事行动权限以及美军的撤军时间表等问题，再如利比亚战争结束后联合国同利比亚政府在2012年1月签订的《联合国特派团地位协定》，该协定规定了双方在涉及联合国利比亚支助特派团的行动与人员部署、驻扎和安全方面所拥有的权利、责任和相关议事程序等内容；五是国际社会成员在冲突后阶段与冲突发生国签订的帮助该国经济及社会重建的条约及协定，再如美国同伊拉克政府在伊拉克战争之后签订的旨在帮助和培训伊拉克治安警察的《“警察发展计划”协定》；六是武装冲突结束后国内主体在国际社会监督或帮助下签订的关于和平建国或国家重建的协定，如1991年柬埔寨冲突各方在巴黎签署的《柬埔寨和平协定》，其中《柬埔寨冲突全面政治解决协定》和《柬埔寨重建与恢复宣言》两个文件对结束柬埔寨内战、建立过渡时期最高权力机构、联合国的重建权力、柬埔寨重建计划等问题作出了相应的安排；七是规范国际社会成员冲突后重建行为的其他国际条约与国际习惯法。[②]

有学者以战争的阶段划分为依据（战争分为“开战”“交战”和

① See S/RES.687(1991).

② 战后法的习惯法规范指那些在冲突后重建进程中被大多数国际社会成员普遍接受和一惯践行的习惯性做法。如对于联合国维和人员实施的违反国际人道法或其他犯罪行为，国际社会虽无明确的成文法规定，但习惯上对该类违法人员实施审判管辖及责任追究的权利通常由其派遣国行使，该做法已成为一项被国际社会成员普遍接受和践行的国际习惯法。参见盛红生：《联合国维持和平行动面临的法律新挑战——基于对联合国刚果（金）维持和平行动的个案分析》，载《法学评论》2006年第6期。

"战后"三个阶段)将战后法定义为适用于冲突后阶段的一个无所不包的法律框架:"战后法至少应该包括国际人道法、国际人权法、国际刑法,以及国内法中的刑法、行政法、宪法和军事法,而且由于经济重建是战后阶段的重要组成部分,相关的国际法和国内法也应包括在内。"[①]上述观点认为所有能够被适用于冲突后阶段并对冲突后重建产生影响的法律规范均属于"战后法"范畴,它实际上是将国际法各个法律部门中能够在冲突后阶段发挥作用的相关法律规范进行"杂烩"并冠之以"战后法"之名,这种观点无疑是错误的。任何法律体系的存在从来都不是由其在某一时间阶段产生或在某一历史时期发生作用而决定的,正如适用于武装冲突阶段的法律不一定都是武装冲突法一样,适用于冲突后阶段的法律规范也并非都是战后法:如"二战"结束后民主德国和日本分别颁布的《德意志民主共和国宪法》和《日本国宪法》(也称"和平宪法"),虽然产生并适用于冲突后阶段,但无疑分别属于德国和日本的国内法范畴;再如《国际刑事法院罗马规约》无疑可以在冲突后阶段被适用于对武装冲突期间犯有严重战争罪行的罪犯进行追责,但该规约无疑属于国际刑法范畴。如果以适用于冲突后阶段作为界定战后法的标准,上述国内、国际法律规范都应被归于战后法范畴,但这种界定无疑违背了国际社会公认的国际法部门分类标准,不免过于牵强。与此相左,也有学者认为战后法概念的提出是毫无意义的,因为"除国际条约以及联合国安理会的相关文件为国际社会成员设定其在冲突后地区的行为规范外,国际人权法、占领法以及信赖原则等现有法

---

① Inger Osterdahl, Esther Van Zadel, "What Will Jus Post Bellum Mean? Of New Wine and Old Bottles", *Journal of Conflict & Security Law*, 2009(14), p. 182. 转引自黄德明、朱路:《"战后法"法律建构初探》,载《南京理工大学学报》(社会科学版)2011年第2期。

律机制都有（与冲突后阶段）相关的限制性规范，因此没有必要脱离现存法律规范和原则创造战后法的概念”。[①]这种观点同样值得商榷。如果国际社会仅依靠现有国际法律规范就能够完全解决冲突后重建问题，那么战后法的存在确实没有太大价值，但事实并非如此。正是由于仅依靠现存的分散于各个法律部门中的与重建和平相关的法律规范并不能涵盖冲突后重建的所有内容，也不能妥善解决当前国际实践中所面临的现实问题，才会导致当前国际社会的冲突后重建实践如此混乱并引发了诸多后续问题，[②]也因此才促使国际社会产生了构建专门用以规范冲突后重建行为的战后法法律体系的需求。

战后法作为一类特殊的法律规范，其无论在具体内容、规范对象、适用范围、法律渊源还是法律原则方面都具有其特征，比如：战后法规范调整参与冲突后重建的国际社会成员之间的权利义务关系，其权利义务指向对象至少应包括两个以上相关国际社会成员，而那些仅调整某一成员内部法律关系的法律规范，即使能够在冲突后阶段对特定国际社会成员适用，其仍不属于战后法范畴；[③]战后法仅作用于国际社会成员实施的冲突后阶段的冲突后重建行为，那些并非在冲突后阶段实施的行为或者在冲突后阶段实施的非冲突后重建行为都不是战后法的调整对象；战后法正式渊源（formal

---

① Eric De Brabandere, “The Responsibility for Post-Conflict Reforms: A Critical Assessment of Jus Post Bellum as a Legal Concept”, *Vanderbilt Journal of Transnational Law*, 2010（43）, p. 149.

② 如在伊拉克战争结束后不断发展壮大的极端恐怖组织伊斯兰国（IS）。Carsten Stahn, “Jus Post Bellum: Mapping the Discipline（s）”, *American University International Law Review*, 2008（2）, pp. 345-347.

③ 例如，冲突发生国在过渡时期颁布的宪法性文件（如南非在1993年颁布的《南非过渡时期临时宪法》），以及参与冲突后重建的国际组织的内部组织规则（如《红十字国际委员会章程》），它们都不属于战后法范畴。

source)[①]不仅包括规范国际社会成员冲突后重建行为的国际条约和国际习惯法，还包括一些由国内武装冲突各方签订的安排冲突发生国冲突后重建事宜的国内和解协议。[②]就其法律要件而言，只有那些在冲突后阶段发挥规范作用、以实现冲突后社会持续和平为目的、以明确国际社会成员在冲突后重建过程中的权利义务关系为对象、以规范国际社会成员的冲突后重建行为为内容的相关法律规范才属于战后法范畴。由于具体法律规范的法律功能并不是单一的，有时某一特定法律规范可能会因其具有多重的法律功能而可以被同时归类于不同的法律部门，以依据联合国同冲突发生国签订以在一国司法体系内部建立特别刑事法庭为内容的协议为例，如2003年联合国和柬埔寨王国政府签订的《联合国和柬埔寨王国政府关于按照柬埔寨法律起诉在民主柬埔寨时期实施的罪行的协定》，柬埔寨特别法庭依据该协议而建立，其按照柬埔寨国内程序法运转，对特定时期的某些严重国际罪行进行审判。从该法庭管辖的罪行来看，其包括灭绝种族罪、危害人类罪、战争罪及其他国内罪行，[③]因而它可以被认为属于国际刑法范畴；从该法庭运行程序来看，其隶属于柬埔寨国

---

① 国际法的正式渊源是指国际法规则由以产生或出现的一些外部形式或程序，如条约、国际习惯、一般法律原则。参见李浩培：《国际法的概念和渊源》，贵州人民出版社1994年版，第52页。转引自李伟芳：《论国际法渊源的几个问题》，载《法学评论》2005年第4期。

② 如1993年索马里冲突各方在的索马里全国和解会议上达成的和解协议，以及在该协议基础上于1994年签订的《索马里各政治组织领袖宣言》。

③ 《联合国和柬埔寨王国政府关于按照柬埔寨法律起诉在民主柬埔寨时期实施的罪行的协定》第9条规定："特别法庭的属事管辖权为1948年《防止及惩治灭绝种族罪公约》界定的灭绝种族罪、1998年《国际刑事法院罗马规约》界定的危害人类罪和违反1949年《日内瓦公约》的行为即及2001年8月10日颁布的《设立特别分庭法》第二章所界定的其他罪行。"

内司法体系，并适用柬埔寨国内刑事诉讼程序审判案件，[①]因而它也可以被认为属于柬埔寨的国内法范畴；但从该协定主要条款规定的权利义务关系的指向对象（该协定同时约束联合国和柬埔寨王国）、[②]该协定的主要功能（规范柬埔寨特别法庭的审判行为）[③]以及该协定实现过渡正义的基本宗旨（追究1975年至1979年在柬埔寨发生的严重犯罪的主要责任人之责任）来看，[④]无疑也满足战后法“在冲突后阶段发挥规范作用、以实现冲突后社会持续和平为目的、以明确国际社会成员在冲突后重建过程中的权利义务关系为对象、以规范国际社会成员的冲突后重建行为为内容”的要件，因而该协定也可被认为属于战后法范畴。

战后法同武装冲突法的关系也被学者所关注。即使在国际法两分法的框架下，战后法仍然是与武装冲突法相独立的。由于武装冲突法的适用“止于武装冲突结束”，战后法的适用“始于武装冲突结束”，所以两者之间是前终后续的关系。[⑤]冲突后阶段的产生无疑

① 《联合国和柬埔寨王国政府关于按照柬埔寨法律起诉在民主柬埔寨时期实施的罪行的协定》序言指出：“……目的是以国际协助，在柬埔寨现有法院结构内设立特别法庭，起诉民主柬埔寨时期所实施的罪行；”该协定第12条也规定：“程序应符合柬埔寨的法律。在柬埔寨的法律对某一特定事项没有规定时，或对柬埔寨法律的某一相关规则的解释或适用存在疑义时，火灾怀疑有关规则是否符合国际标准时，也可借鉴国际一级所制定的程序规则。”

② 《联合国和柬埔寨王国政府关于按照柬埔寨法律起诉在民主柬埔寨时期实施的罪行的协定》第3、5、6、8、11、14~17、28~32条。

③ 《联合国和柬埔寨王国政府关于按照柬埔寨法律起诉在民主柬埔寨时期实施的罪行的协定》第3~7、13、21~25、27条分别规定了特别法庭司法人员构成规则、应赋予被告人的基本权利、对证人等审判相关人员的保护、法庭的运作规则等问题。

④ 《联合国和柬埔寨王国政府关于按照柬埔寨法律起诉在民主柬埔寨时期实施的罪行的协定》第1条规定：“本协定的宗旨是规范联合国和柬埔寨王国政府之间的合作，以对民主柬埔寨高级领导人和对1975年4月17日至1979年1月6日期间所实施的罪行和严重违反柬埔寨刑法、国际人道主义法和习惯，以及柬埔寨承认的国际公约的行为负最大责任的人进行审判。”

⑤ 参见李若瀚：《武装冲突法的新发展：“战后法”法律问题研究》，载《时代法学》2012年第5期。

与武装冲突有关，实际上武装冲突法的一些法律规范，即传统占领法规范，也可适用于冲突后阶段以规范国际社会成员在冲突后阶段的军事占领行为，但战后法所规范的冲突后重建行为无疑远远超出了军事占领的范围。当然，武装冲突法有狭义和广义之分：狭义的武装冲突法仅指那些限制战争本身以及在战时实施人道主义保护的相关规则；广义的武装冲突法包括“关于战争（武装冲突）的开始与结束、战争期间交战国之间、交战国与中立国或非交战国之间的法律关系的原则和规则”和“武装冲突法规”。①还有学者更进一步将武装冲突法的范围扩展到包括“关于维护和平、禁止侵略和侵略战争的原则和规则以及制裁和惩处侵略及战争犯罪（反和平罪）的原则和规则”。②但即使在最广泛的意义上，武装冲突法仍不能涵盖战后法调整的所有内容，特别是与冲突发生国重建相关的内容。武装冲突法最根本的宗旨仍在于限制冲突方在战争中的行为以及保护战争中的受难者，这也是它同旨在实现冲突后社会持续和平的战后法的根本区别。

第二节　战后法的理论基础

战后法被作为法律术语提出，是基于国际社会对武装冲突本身的理解和认识发生了变化。当前，科学技术在战争中的广泛应用不

① 该武装冲突法规可进一步细分为“关于限制战争作战手段和作战方法的原则、规则和制度”和“关于保护平民和战争受难者的原则、规则和制度”。参见盛红生、肖凤城、杨泽伟：《21世纪前期武装冲突中的国际法问题研究》，法律出版社2013年版，第2页。

② 朱荔荪等：《国际公法》，中央广播电视大学出版社1985年版，第334页。

仅给交战国带来了人力、财力和资源的巨大消耗，也使战争具有了更大的破坏力。战争的后遗症并未因时代的发展得到治愈，反而有愈演愈烈的趋势。科技含量更高的武器装备在其精确度和摧毁力大幅提升的同时，却未能降低战争对无辜民众和客观环境造成的伤害，反而导致战争创伤的弥合需要经历更加漫长的过程。对于交战国来说，战争结束不等于和平建立，如何实现冲突发生国从武装冲突到和平状态的过渡已成为国际社会面临的一项重要课题。①

一、国际法产生和发展的一般原理

对战后法法理基础的考察不能脱离国际法框架。国际法是调整国际社会成员间相互关系的国际社会之法。②传统上认为国际法产生于国际社会成员的协调意志。③国家是国际社会的基本构成单位，也是国际法“最主要的”④制定者和实施者。在自然状态下（国际社会的“无政府状态”），基于“平等者无管辖权”这一基本原则，国家具有充分的行动自由，但国家间交往的需求和实践又表明国家的绝对行动自由是受到限制的。在由国家组成的平行架构下的国

① 参见李若瀚：《武装冲突法的新发展：“战后法”法律问题研究》，载《时代法学》2012年第5期。

② 国际法通常被定义为调整国际社会成员之间关系的各种规则和原则的总和。奥地利法学家阿尔弗勒特·菲德罗斯认为，作为国际法产生和存在前提的国际社会应具备四个必不可少的条件：一是众多的国家；二是国家的主权；三是国家间的交往；四是存在共同的法律观念。参见陈钟玮：《国际法的起源和新发展》，载《北京政法职业学院学报》2011年第1期。

③ 参见王铁崖：《国际法》，法律出版社1995年版，第9页。

④ 当前，国际组织甚至个人也在一定程度上成了国际法主体，但国家作为国际社会的基本构成单元仍是最重要的国际法主体，因此，学者对国际法起源问题的探讨通常也从国家层面展开。See James Crawford edited, *Brownlie's Principles of Public International Law*, Oxford, Oxford University Press, 2012, p. 115.

际社会中，那些被用以确定国际社会成员权利义务关系、约束其彼此行为的规范即被称为国际法规范。国际法规范反映了国家间的协调意志，考察此类协调意志产生的动因，应从考察国家间的交往行为入手。

国家间的交往行为作为国际社会的实践因素对国际关系的确立以及国际法的形成具有决定性作用。国家行为反映了国家的特殊利益需求，国家交往过程中的矛盾源于他们彼此间的利益冲突。在自然状态下，如果某个国家的行为在实践中产生了有损于或不利于其他国家的后果，就会造成国家间的紧张关系，受害国可能会采取类似或更激烈的报复措施，甚至会发动战争。但如果相关国家在尊重彼此利益的前提下对各自行为加以规范，并形成一种双方都能接受的行为模式。就可以在他们的交往行为中产生一种具有规范性的行为默契。这种默契可能是一次性的，也可能是经常性的——这取决于他们达成默契的内容和方式。推而广之，如果在更大范围内、更多国家之间形成了某种更经常性的行为默契。这种行为默契就表现为国际社会成员意志协调的效果。[①]

在国际交往中，国家的行为基于国家的内生需求，不同国家的

① 在国际社会形成之初，国家间协调彼此意志的需要不可能脱离国家行为单独产生。即使有些国家产生了这种需求，但在其采取行动之前事先达成某种妥协也缺乏必要，因为如果国家的决策和行为是理性的话，在一个没有更高权威约束的国际社会中，单个国家不会在没有任何利益需求之时主动放弃自身的行动自由与其他国家达成某种妥协。例如，在国家产生领土扩张的需求之后，并没有相关的国家就如何协调各自行为主动达成某种协议；直到他们各自的行为开始产生交集并彼此发生冲突，才最终形成了“先占”或“有效控制”的习惯法规则。但不可否认，在高度社会化的国际社会中，国家间的协调意志就可能会脱离国家间的交往行为而单独产生，但这种协调意志产生的前提是国际社会成员具有充分的社会意识和法律意识，能够尊重彼此的行为，以及承认并尊重国际社会既有的比其自身需要更高层次的公平、正义、秩序等价值。

行为指向不同的利益，国家在相互交往的过程中就产生了利益交织或利益冲突现象。作为理性实体的国家，[1]在面对共同利益或利益冲突时，通过相互间的交往行为（如磋商、谈判甚至战争等方式）对彼此利益进行协调，从而逐步构建起国家间的行为规范，并形成国际社会成员共同认可的价值。这种价值一旦被国际社会成员通过习惯法或者成文法确认就成为具有法律约束力的国际法规范。其中个别国家之间的行为规范即为特殊国际法，而构成大多数国际社会成员行为规范的国际法则被称为一般国际法。这些国际法律规范的形成反过来又加强了国际社会自身的结构，并增强了国际社会成员对其共同行为规范的价值认同。随着这些共同行为规范的进一步明确和完善，国际社会的结构性特征进一步加强。随着国际社会范围的逐步扩展，越来越多的国家产生了加入这一结构的需求，国际社会反过来对新加入的国家提出了要求，包括要求他们了解并接受既有国际社会行为规范，并获得其他国际社会成员所给予的对其身份的认同。新的国际社会成员通过尊重当前国际社会价值和遵守既有国际社会行为规范来获得这种身份认同。随着国际社会的各类行为规范趋于成熟，国际社会的整体结构也趋于稳定，此时国际法已成为国际社会结构本身的一部分。

但国际社会的结构并不是一成不变的，在国际社会结构趋于稳定的情况下，新的国际社会共同利益的出现为国际法的发展和革新

① 理性主体是指能够根据其主体偏好、经验背景、可选行动及预期利益而作出合理决策的主体。在现代国际社会中，大部分国际社会成员的行为是基于理性选择的结果。当然现实中并非所有的国家决策都是基于理性作出，如1969年洪都拉斯与萨尔瓦多之间的“足球战争”，以及1249年意大利博洛尼亚和摩德纳两个城邦因为一只军马桶而发生的战争。

提供了新的动力。[①]人们在不断追求更高发展目标的同时，对事物的认识也是逐渐发展的。国际社会成员内生环境的不断变化，使同一个国家在不同历史时期做出的相同或类似行为所反映出的价值追求也不尽相同。国家在不同时期发展需要的变化在国际层面直接表现为国家利益需求的变化和国家行为方式的变化。单个国家利益诉求的变化并不能直接催生既存国际法规范的变革；即使多数国家存在类似的利益诉求，在国家间的交往行为模式没有发生根本性变化之前，国际法的既定结构仍然是稳定的。而且国际社会成员变更既存国际法规范的诉求也不可能在同一时间发生，那些对变更既存国际法规范没有迫切需求的国家是否愿意同具有迫切利益需求的国家合作建立新的国际法规范就取决于国家间意志协调的结果。只有在国家认识到这种变革并不会有损其自身利益或者该变革对国家的预期利益更为有益之时，他们才愿意对既存国际法规范作出修改或变更。在由主权国家共同构成的国际社会

① 以战争法为例，战争从被国际社会承认到被国际法所禁止，这种变化产生的原因显然不能仅仅用战争的伤害性变得更大来解释。任何战争都具有两面性，它能为国家带来利益的同时，也会产生深重的灾难。以单个国家利益为出发点，战争作为一种利益实现手段无论如何都是有益的，即使再贫弱的国家也存在通过战争实现国家利益的可能——只要其愿意如此并积极地发展军事力量。但如果以国际社会整体利益为出发点，国家间的战争对国际社会结构的伤害是显而易见的：一方面，它可能摧毁国家间长期建立起来的相互信任和相互依赖关系；另一方面，它可能使国家间通过长期交往确立的行为模式发生颠覆性的变革。实际上，战争对国际社会最大的伤害是它严重冲击了国际社会已经确立的稳定结构，而这种结构代表着国际社会共同的价值。虽然有些国家倾向于通过战争促使国际社会的某一部分甚至整体结构发生改变，但对更多的国家来说这种改变显然是有害的，因而，当越来越多的国际社会成员认识到战争能够颠覆既有国际社会结构，而这种结构性的改变会损害其既定利益时，“禁止战争”这样的新的国际法规范的产生就成为可能。1928年《关于废弃战争作为国家政策工具的一般条约》(又称《白里安-凯洛格公约》或《巴黎非战公约》)的签订，标志着作为人类历史上第一个明确废弃战争作为国家政策工具的国际条约诞生。

中，越来越多的国家间的行为方式发生变化就会引起国际社会总体环境的变化，而国际社会环境的变化又会导致国家间既存行为默契被打破，从而使国际社会产生订立新的国际法规范或者修改旧有规范的需求。一旦这种需求在国际社会中通过大量的国家间的交往行为表现出来，那就意味着国际社会的共同价值发生了变化，而作为旧的国际社会结构支撑的既存国际法的变革就不可避免。如果说，国际社会成员共同体意识的觉醒以及其对国际社会结构价值的认同，对国际法的发展具有决定性作用的话，那么作为国际社会主要成员的国家内生和外在环境的变化则为国际法的变革提供了现实土壤。

二、战后法产生的国际社会基础

战后法的产生正是基于当前国际社会环境的变化。当前，越来越多的国际社会成员已经认同国家不能享有绝对主权。[①]全球化的发展、国际社会组织化趋势的加强都使国际社会成员之间的联系更加紧密，[②]国家间相互依赖的国际现实也促进了现代国家在价值观念上的趋同性，这种趋同性又在很大程度上促进了国际伦理道德的法律化趋势。其最深远的影响就是使普遍人权的观念（至少在其伦理价值方面）被大部分国际社会成员接受。在以国际社会共同价值观念为纽带的国际社会中，尊重、保护和改善人权已成为国际社会

---

① 在现代社会，国家不可能享有绝对主权，因为“现代科技和交通信息的高速发展使世界变得越来越小，在这个小小的‘地球村’里，一国的生存与发展还取决于全球的可持续发展，要谋求这两个方面的发展，就必须在一些领域适当限制国家的主权……但是，这种限制必须是全球共同利益所必需的，而且是公认为国际法原则所允许的”。参见曾令良：《论冷战后时代的国家主权》，载《中国法学》1998年第1期。

② 参见梁西：《论国际社会组织化及其对国际法的影响》，载《法学评论》1997年第4期。

的一个基本价值取向。国家作为国际社会的基本单元，其对本国人民的生命、安全和自由享有促进和保障的义务。①国际社会成员对于人类整体的人文主义关怀的不断加深，表现在国际法方面就是国家主权的有限让渡和国际法的人本化趋势不断加强②——它要求国际社会对全球性问题的全球性解决。虽然在相当长的一段时期内，冲突后重建一直被认为属于冲突发生国主权管辖的内部事务，但随着绝对主权观念逐渐被国际社会成员所抛弃以及国际社会成员自身安全观念的转变，那些发生在冲突后阶段的可能对其他国家或者整个国际社会的和平与安全产生严重威胁的情势，已经不再被认为属于主权国家“相对保留”的范围。在冲突发生国国家机器失灵、恢复和平十分困难的情况下，国际社会成员出于和平与安全或人道主义考虑参与冲突后重建工作，也不再被认为是对冲突发生国内政的干涉。随着一些国际实践的深入开展，如联合国在冲突后阶段实施

---

① 虽然有学者并不认同普遍人权的存在，在他们看来，“集体道德也是一种合理化的利益表现，国家作为人的集合，其维护自身免受外来影响的集体道德表现为一种整体利益，而这种整体利益的实现相对于个体利益的实现而言具有更高的道德价值”。尽管这种进路将人权问题的重心放在集体人权方面，但它实际上并不否认其坚持集体人权的最终目的仍是实现个体权利和自由，在这个意义上集体人权是普遍人权的一种特殊表现形式。参见Edwad H.Carr, *The Twenty Years's Crisis 1919-1939*, London, Maemillan, 1986, pp. 87-88。

② 国际法的人本化主要是指国际法的理念、价值、原则、规则、规章和制度越来越注重单个人和整个人类的法律地位，以及其各种权利和利益的确立、维护和实现。人本化不但表明了现代国际法的一种状态，也预示着国际法的一种动态进程或趋势：一方面，实在国际法中已经出现大量有关确立人和人类的法律地位和各种权益的原则、规则、规章和制度；另一方面，一些新的人本化的价值观在应然国际法中悄然兴起和发展。参见曾令良：《现代国际法的人本化发展趋势》，载《中国社会科学》2007年第1期。

的维和行动、联合国“冲突中和冲突后社会的法治行动”[1]以及一些国际社会成员单独实施的冲突后重建行动，冲突后重建问题已逐渐成为一项新的全球性安全问题。[2]

自20世纪中期以来，频繁发生的各种形式的武装冲突将冲突后阶段的“灰色地带”带入国际社会视野。现代武装冲突兼具高科技和不对称两个特点：一方面，现代武装冲突造成的破坏比传统战争更加巨大，影响也更加深远；另一方面，不对称战争通常会导致军事优势一方迅速取得战争胜利，但冲突各方的矛盾却往往在冲突后阶段通过各种暴力形式爆发出来，如针对占领国驻军、公民或侨民的袭击行为等，此时，军事优势的一方虽然取得了胜利，但却像“戴上了镣铐的巨人”，在冲突后阶段他没有明确的敌人，但似乎整个国家又都是他的敌人，战败方虽无力取得战争胜利，但却可以在冲突后阶段制造各种对抗以使不战不和的状态无限期地拖长。[3]因此，如何在冲突后阶段实施有效的战后安排以实现冲突后社会的和平，对参与武装冲突的各方来说都是一个十分现实的问题。

当前随着国家绝对主体地位的弱化，国际社会的行为主体也不再仅仅局限于国家，如在非国际性武装冲突中，冲突方可能是一个或多个与政府对立或彼此对立的武装团体。在武装冲突结束后，参

---

① 联合国法治行动（Uinted Nations Rule of Law Activities）的一个重要方面就是“冲突中和冲突后社会的法治”，其旨在通过联合国的行动在冲突后社会帮助冲突发生国更好地改善法治状况。A/61/636-S/2006/980.

② 参见吴燕妮：《论冲突中和冲突后社会的法治：联合国的行动及中国的贡献》，武汉大学出版社2014年版，第59~61页。

③ See Jean Rene Bachelet, Bringing the Violence of War under Control in a Globalized World, *Forum for a New World Governance*, Marseille,Causses and Cevenne,2009, pp. 11-12.

与冲突后重建的主体不仅会包含国家，还可能包含国际组织、国内相关团体或其他主体。在经历了你死我活的武装冲突之后，这些主体在冲突后阶段的利益冲突也可能是非常激烈的，特别是在有外部主体参与的情况下，冲突后重建的过程就会更加复杂。事实上在大多情况下这些主体间合作关系的建立是十分无奈的，虽然这些主体有可能并不愿意在他们之间达成妥协，但当没有一方有能力将其他主体完全排除在外，也没有一方能够独自轻易地实现冲突后社会向和平的过渡之时，如果在这些主体之间不能形成一些暂时的或长期的行为规范，就很难实现各方利益的协调，此时确立各主体间的行为规范就成为实现其和平共处的必然选择。质言之，冲突后社会的客观环境使国际社会成员产生了对冲突后阶段行为规范的内在需要。如果将冲突后社会视为一个小型的国际社会，那么在该社会中已经具备了形成国际社会成员间行为规范的社会基础。

但在“战争与和平两分法”（一个国家要么处于和平状态，要么处于战争状态）观念的影响下，国际社会长期忽略了冲突发生国在冲突后阶段的特殊之处：在冲突后阶段，冲突发生国既未发生公然的武装冲突，也并未实现稳定的和平状态；虽然该国存在大量威胁和平的不安定因素，但这些因素也不足以直接引发一场战争，而如不能消除这些安全隐患，武装冲突也可能随时再次爆发。这种“不战不和”的国家治理状态很难遵循“战争与和平两分法”思路将其界定为战争或和平状态。国际法的发展无疑也长期受到“战争与和平两分法”影响，传统国际法理论也采取了“两分法”的研究思路，将国际法分为规范国家战争时期行为的“战时法”（law of war）与规范国家和平时期行为的“平时法”(law of peace)。[1]在国际法的发展过程中，与规范国际社会成员战争行为有关的“战时法”得到了长足发展：不管是废除战争权、限制使用武力的国际法规范，还是规范国际社会成员在武装冲突中的行为方式和作战手段的武装冲突法规范，或是那些以保护战争受难者为目的的国际人道法规范，都已经在现代国际法体系中形成了比较完备的法律机制。但“两分法”带来的一个突出问题是，那些被用以规范国际社会成员在冲突后阶段实施的冲突后重建行为的国际法规范长期未得到重视和发展。无论是战时法还是平时法，可以被适用于冲突后阶段的法律规范相对缺乏，适用范围有限，实践中也未能被国际社会成员有效遵守。整体来看，在当前国际法体系中，被专门用以规范国际社会成员冲突后重建行为的法律规范仍处于缺位的状态。对于那些在国际实践中产生的战后法规范而言，在人们遵循“两分法”思路将其划归类为战时法或平时法时也未遇到困难，这也使战后法规范自产生以来即不断被杂糅到既存“战时法”或“平时法”规范体系之中，并导致了其具有先天的破碎性和分散性特征，在很长一段时间内未被国际社会作为一类特殊国际法规范加以对待。

概言之，国际法的形成和发展通常是由国际环境的变化引起的。冲突后社会国内外环境的变化催生了国际社会成员对于战后法的需求。由于武装冲突并非国际社会的常态，对战后法更紧迫的需求主要来自冲突发生国(无论是战胜国还是战败国)、实施武装干

① 虽然历史上并没有学者明确提出国际法的两分法，但其已作为一种潜移默化的观念反映在学者的论著和观点之中。很多早期国际法著作，如格劳秀斯的《战争与和平法》以及《奥本海国际法》第1版，都深受战争和平两分法的影响。参见朱采真：《国际法ABC》，世界书局1929年版，第4~6页。

涉的国家(也可以是国际组织或国家的联合)、被武装冲突严重影响的国家(冲突发生国的邻国或者周边国家)以及武装冲突中的利益相关方(包括冲突发生国的国内主体)。这些主体出于各自利益的需要参与冲突后重建进程,并在该进程中通过彼此间的交往行为协调彼此间的利益冲突,并由此产生了对冲突后阶段行为规范即战后法的共同需求。当前,国际社会成员在冲突后阶段的交往行为正逐渐形成一种规范化的行为模式,并引起了其他国际社会成员的关注和重视,这也使战后法的构建具有了更广泛的国际社会基础。在法律层面,虽然当前国际法体系内与冲突后重建相关的国际法规范尚未得到充分发展,但在战后法被提出以前,除通行于国际社会的国际法基本原则外,一些既有的占领法、[①]国际人权法[②]以及国际刑法规范[③]都可被适用于冲突后阶段以调整相关国际社会成员间相互关系。其中也不乏一些已经十分成熟的法律机制,其对于规范国际社会成员在冲突后阶段的某些行为也具有积极意义,这些法律规范的发展无疑为战后法的构建提供了一定法律方面的支持和积累。只是这些法律规范相对分散、互不联系且不成体系,其建立的根本意图也并非为实现冲突发生国的持续和平,隶属于不同法律部门的规范之间有时也会发生冲突,仅靠这些法律规范也并不能规范冲突后重建的所有内容。也正因如此,战后法的构建须借鉴、吸收并融合既有国际法规范中的有益因素以形成体系化的法律机制,以弥补当

① 比如《日内瓦第四公约》第二编第四章、第五章,第三编,以及《海牙第四公约》中与占领相关的占领法规范。

② 比如《世界人权宣言》《公民权利和政治权利国际公约》等国际人权公约。

③ 比如《防止及惩治种族灭绝罪公约》《关于侦查、逮捕、引渡和惩治战争犯罪和危害人类犯罪的国际合作原则》等实体和程序性的公约。

前国际法体系中的结构性缺陷。

三、战后法产生的伦理学基础

法律缘于道德，国际法律规范实际上反映了国际社会某些方面最低限度的道德要求。战后法的产生得益于国际伦理学对正义战争理论的探索和研究。正义战争理论主要研究战争的正义性问题，即“什么样的战争是正义的”。该理论最早由中世纪思想家奥古斯丁（Aurelius Augustinus）提出，他从基督教义出发，提出以和平为目的的战争是伸张正义的方式。该思想被后世思想家如巴特鲁斯（Bartolus de Saxoferrato）、维多利亚（Francisco de Vitoria）等思想家继承并进一步发展成为一套关于与战争伦理相关的正义战争理论。[①]该理论以理性主义为依托，在基督教理论框架下将正义分为“自然正义”和“实在正义”两个层面，并提出了正义战争的基本要求：一是“正当的理由”，即国家诉诸战争必须有充分的理由，该理由通常被限定为“敌方的行为已造成现实的伤害”；二是“正当的意图”，即国家发动战争应具有惩恶扬善的目的，以和平为目的的战争是符合正义要求的；三是“合法的权威”，即战争权应当被合法的主权者掌握，战争发动者须拥有能够代表上帝意志的世俗权力。[②]

17~18世纪，格劳秀斯（Hugo Grotius）、沃尔泽（Michael Walzer）等思想家在经院哲学框架之外以自然法和实在法为基础对古典正

① 参见林国华：《西洋正义战争简述——从奥古斯丁到维多利亚》，载《学术月刊》2015年第2期。

② 参见［意］托马斯·阿奎那：《阿奎那政治著作选》，马清槐译，商务印书馆1963年版，第135~136页。

义战争理论行了"世俗化"改造，[①]提出了更具普遍意义的现代正义战争理论。受到"战争与和平两分法"的影响，学者们从国家间的战争行为入手，将其区分为"开战"和"交战"两个过程，据此提出战争正义的两个基本要素，即开战正义（*jus ad bellum*）和交战正义（*jus in bello*），并认为只有同时符合开战正义和交战正义要求的战争才是正义的战争。[②]开战正义的基本要求包括："正当的理由"，即国家发动战争必须基于正当的理由；"正当的意图"，即战争行为应为维护和平而实施；"合法的权威"，即战争须由合法的主权者实施；"成功的可能性"，即只有在可能取得胜利的前提下才可以发动战争；"相称性原则"，即发动战争应充分考虑战争可能造成的损害；"最后的手段"，即只有在不得已的情况下才能诉诸战争。[③]交战正义包括两个基本原则，一是"相称性原则"，与开战正义不同，交战正义的相称性原则要求交战各方使用武力必须有所节制，应根据战争的目的限制其作战方法和手段；二是"区分原则"，即在战争的实施过程中，交战各方应区分军事人员和平民、军事设施和民用设施以免对非军事目标造成不必要的破坏。[④]

18世纪末，康德在其《法的形而上学原理：权利的科学》一书中

---

① 参见吴征宇：《"正义战争理论"的当代意义论析》，载《现代国际关系》2004年第8期。

② See Brian Orend, *War and International Justice: A Kantian Perspective*, Waterloo, Wilfrid Laurier University, 2000, pp. 176–216.

③ 如布朗即指出，对于2003年伊拉克战争，"（美国）在并非不得已的情况下实施没有计划和没有授权的干涉行为，显然是不负责任和没有必要的"。Bartram S. Brown. Intervention, "Self-determination, Democracy and the Residual Responsibilities of the Occupying Power in Iraq", *U.C. Davis Journal of International Law and Policy*, 2004（3）, p. 73.

④ See Michael Walzer, *Just and Unjust Wars: A Moral Argument with Historical Illustrations,* New York, Basic Books, 1997, pp. 260–288.

提出“战争之后的权利”概念，并认为“战争之后的权利开始于和平条约生效之时，并且涉及战争的后果”，[①]虽然康德的观点旨在以战争的三个阶段为结点论述人民应享有之权利，其本意并非强调国际社会应当将战后阶段的人权保护列入战争正义的讨论范畴（康德本人也并非正义战争理论家），但康德的上述观点仍被后来许多新正义战争理论家认为是最早关于战后正义的论述。20世纪末期，以舒克（Michael Schuck）、奥兰德（Brian Orend）、迪米格里奥（Richard DiMeglio）为代表的一批学者进一步发展了正义战争理论，他们将20世纪之前的正义战争理论统称为“传统正义战争理论”，该理论流派也因此被称为“新正义战争理论流派”。[②]新正义战争理论将战争进程进一步细分为“开战”“交战”和“战后”三个阶段，除对开战正义和交战正义的内容进一步完善之外，该理论还提出了正义战争的第三个基本内容——战后正义（*jus post bellum*）。该理论认为，战争各方不仅应遵守开战和交战规则，其在战后阶段实施的战后重建和恢复和平行为还应当符合战后正义的要求。决定战后正义的因素包括：第一，战争是否以正确的形式结束；第二，战争及其过程中发生的错误是否被准确、及时地矫正；第三，战争结束后的和平状态是否是一种持续稳定的和平状态。在战后阶段，通过正义的行为实现正义的目标是正义一方应负的责任，[③]该责任要求战争胜利者在战争结束后不能仅为实现自身利益而实施战后安排，

① [德]伊曼努尔·康德：《法的形而上学原理——权利的科学》，沈叔平译，商务印书馆1991年版，第179页。

② 参见李若瀚：《武装冲突法的新发展："战后法"法律问题研究》，载《时代法学》2012年第5期。

③ See Alex J. Bellamy, "The Responsibilities of Victory: Jus Post Bellum and the Just War", *Review of International Studies*, 2008(34), p. 622.

他们应当承担更多地帮助失败者重建和平的责任，如“拆除战争工事”“惩办战争犯罪”“维持安全秩序”“消除战争隐患”“重建国家机器”等。①

同传统正义战争理论相比，新正义战争理论将战争伦理问题进一步拓展到了战后阶段，与古典正义战争理论和现代正义战争理论所持的“动机论”和“行为论”不同，②新正义战争理论对战争伦理的思考采取了一种“效果论”的思路。③该理论认为，战争的恶性与战争行为相伴而生，战争本身的道德属性并不能改变这一现实，要实现正义的目标，就需要尽量降低战争所带来的不利影响，将正义战争的目的局限于“打败侵略者”是不够的，以1991年海湾战争为例，伊拉克作为侵略国虽然被打败了，但战争的结果“并不能改变该国人民正遭受的专制统治和其周边国家受到的安全威胁”。④在战后阶段，正义战争的实施者还应推动侵略者重建以实现一种更好的治理状态，这种更好的治理状态意味着：在冲突发生国人民以及国际社会看来，该国现存的政权是合法的，对内尊重并满足其国内人民的基本人权要求，对外遵守国际社会行为规范，不对外实施侵略。⑤虽然新正义战争理论家承认

---

① See Louis V. Iasiello, “Jus Post Bellum: The Moral Responsibilities of Victor in War”, *Naval War College Review*, 2004(57), pp. 33-52.

② 参见王海平:《西方正义战争理论的两个重要范畴：诉诸战争的权利(jus ad bellum)和战争法规(jus in bello)》，载《西安政治学院学报》2004年第3期。

③ See Carsten Stahn. “Jus Post Bellum: Mapping the Discipline(s)”, *American University International Law Review*, 2008(2), pp. 345-347.

④ Dieter Fleck. “Developments of the Law of Arms Control as a Result of the Iraq-Kuwait Conflict”, *European Journal of International Law*, 2002(13), p.111.

⑤ See Brian Orend, *The Morality of War*, Peterborough, Ont.,Broadview Press, 2006, p. 163.

并非所有的正义战争都会取得这一理想结果，但他们也认为这并不妨碍正义战争的实施者应在战后阶段承担更高标准的责任以满足战争正义的要求。

新正义战争理论对战后正义的研究经历了一个不断发展的过程。早期新正义战争理论家深受“绝对主权”观念影响，①认为胜利者不能介入冲突发生国内部事务，其在打败侵略者后应“尽早退出战争”，如舒克最早提出的战后正义原则就是建立在绝对主权观念之上，它包括：“悔悟”，即要求战争胜利者应在战后谦卑地反思战争的残酷性；“体面地投降”，指战败国的荣誉和权利应得到尊重和保护；“恢复原状”，即要求胜利者归还其在战争中占领的土地，移除军事设施，并为战败国修复基础设施建设提供必要帮助。②其后一些学者逐渐突破绝对主权观念影响，将战后正义扩展到战后重建层面，如奥兰德将战后正义的基本原则总结为：“正当的理由”，即要求侵略者归还所得、停止对抗以及惩罚战争犯罪；“正当的意图”，即要求平等对待战争双方在战争中的犯罪行为；“合法性原则”，即要求尊重代表战败国人民利益的合法政府之权利；“相称性原则”，即要求避免对侵略者实施报复性的惩罚；“区分原则”，即要求对侵

① 绝对主权观念是指在国际社会中对国家主权管辖内的事务绝不容别国侵犯的一种认识。近代以来，这种观念曾被大多通过民族解放运动建立的新兴民族国家所坚持，绝对主权被认为是保证国家生存和发展的基础，也是反对外部侵略和干涉的重要武器。在全球化时代，这种观念不断受到冲击，当前绝对主权论仍被一些国家所坚持用以反对霸权主义和外来干涉，特别是当一些西方学者提出“主权过时论”和“人道主义干涉论”后，一些国家又重新回归到绝对主权论的阵营。参见杨宏山：《干涉主权论、绝对主权论与限制主权论——关于国家主权的三种不同理论立场》，载《世界经济与政治》2000年第3期。

② See Michael J. Schuck, “When the Shooting Stops: Missing Elements in Just War Theory”, *Christian Century*, 1994(3), pp. 982–983.

略国的普通民众和政治精英加以区别对待。[①]近年来，学者们进一步提高了战后正义的要求，即除了要求胜利者实施“追责”“恢复原状”等具体重建措施之外，还要求其重建措施必须实现“持续和平”的重建结果，即冲突发生国可以通过其国家和社会机制的良性运转维持其和平状态，它表现为冲突发生国自身维持和平能力的提升、内部主体的融合以及外部主体的退出。[②]

新正义战争理论流派对战后正义的探讨值得关注，但不容忽视的是，以国际伦理道德为基础的新正义战争理论也存在一定缺陷：第一，新正义战争理论的隐含前提是战争胜利者是正义的一方，在此前提下，该理论提出的战后正义标准实际上更多地被指向战争的胜利者，基于这一预设前提，失败者作为非正义的一方，因其在战争中的行为违反开战正义或战时正义，其在冲突后阶段的行为已不可能满足战争正义的要求，[③]该理论并未考虑在冲突后阶段为战争的失败方设定相应义务，也就是说，在该理论框架下，战争胜利者必须按照战后正义的要求帮助失败者消除战争的恶果，而失败者却不需要承担任何积极义务，这种单方面的责任设定不仅会引起胜利者对战后正义标准的抵触，也会加剧失败者对由胜利者主导战后安

---

① See Brian Orend, *War and International Justice: A Kantian Perspective*, Waterloo, Wilfrid Laurier University, 2000, pp. 232–233.

② See Richard P. DiMeglio, “The Evolution of the Just War Tradition: Defining Jus Post Bellum”, *Military Law Review*, 2005(186), p. 146.

③ 新正义战争理论认为“违背了开战正义，就自然意味着违反了战争正义和战后正义，一旦成为战争的侵略者，就面临着道德上的彻底失败，无论其在冲突后阶段如何行为都不能改变其实施的非正义战争的性质”。See Brian Orend, *The Morality of War*, Peterborough, Ont., Broadview Press, 2006, p. 162.

排的不合作态度，以胜利者为中心构建的冲突后社会行为规范显然很难被国际社会成员有效遵守；第二，新正义战争理论将其对战后正义的讨论限定在国际性武装冲突之中，其对于非国际性武装冲突的战后正义问题则没有涉及，[①]但实际上非国际性武装冲突的情形却可能更为复杂，在很多情况下也不能套用适用于国际性武装冲突的战后正义标准，在非国际性武装冲突中很难区分谁是正义一方，甚至有时根本就不存在正义的一方，武装冲突的最终结果也并非总是正义一方取得胜利，有时冲突各方也会在胜负未分的情况下达成和解，在非国际性武装冲突已成为当前国际社会武装冲突最主要表现形式的前提下，新正义战争理论回避了非国际性武装冲突中的战后正义问题，这就使该理论对国际实践的实际指导意义大打折扣；第三，新正义战争理论在一定程度上回避了违反战后正义的责任问题，不管是战争胜利者还是失败者，他们在冲突后阶段实施的行为都可能会违反战后正义的要求，但该理论在讨论战后责任问题时仅关注相关主体违反开战正义和交战正义的战后责任，却忽略了国际社会成员违背战后正义本身应承担战后责任问题；第四，新正义战争理论对于战后正义如何被适用于国际实践以及在什么情况下通过何种方式被国际社会成员适用的问题并没有给出明确答案，这一缺陷也使国际社会成员很难将新正义战争理论提出的道德标准适用于指导现实中的冲突后重建工作。[②]

① See Brian Orend, *The Morality of War*, Peterborough, Ont., Broadview Press, 2006, p. 162.

② 正如有学者指出："正义战争理论所设想的这些原则或缺乏客观标准，或缺乏规范性，自由裁量的余地过大，缺乏保障措施，流于形式、徒有其表的可能性较大。" 参见黄德明、朱路：《"战后法" 法律建构初探》，载《南京理工大学学报》(社会科学版）2011年第2期。

历史上，国际法的发展很大程度上受惠于正义战争理论提出的一些观点和思路，[①]比如国际法对战争权的限制就吸纳了开战正义的如正当理由原则和最后手段原则；[②]战时正义中的比例性原则和区分原则也被武装冲突法所借鉴。同样地，新正义战争理论也为战后法的构建提供了有益因素，特别是在实现冲突后社会更好的治理状态这一目标上，战后正义与战后法建立持续和平的追求是契合的。基于对传统正义战争理论的反思，新正义战争理论提出的战后正义更加重视国际社会对于冲突后阶段行为规范的现实需求。实现战后责任（Post Conflict Accountability）是实现战后正义的一个核心要求。新正义战争理论认为“如果不对非正义者实施制裁，正义就没有意义”。[③]虽然该理论将战后责任限定于侵略战争，但从法律角度而言，使实施战争犯罪的人承担由该犯罪行为导致的不利后果是法律正义的基本要求。在实现战后责任问题上，新战后正义理论提出了“制裁”“审判犯罪”“赔偿”“恢复原状”等原则以及相关实

① 自19世纪末期以来，各种类型的武装冲突不断发生，正义战争理论有关限制战争及作战方法的主张被重新重视，并被逐步应用于与战争有关的国际条约的签订之中，这也促进了现代国际法特别是武装冲突法的发展。See Inger Osterdahl, Esther Van Zadel, “What Will Jus Post Bellum Mean? Of New Wine and Old Bottles”, *Journal of Conflict & Security Law*, 2009（14）, pp. 175–207.

② 国际法对战争的限制经历了从“战争合法”到“战争非法”再到“禁止使用武力或以武力相威胁”的发展，当前国家使用武力的范围被限制在“联合国集体安全机制”和“自卫”两种情况之内。参见苗吉伟:《论战争法对战争与武装冲突的制约机制》，载《国际关系学院学报》2007年第6期。

③ See Michael Wslzer, *Just and Unjust Wars: A Moral Argument with Historical Illustrations*, New York, Basic Books, 1997, p. 288.

施标准，如避免对战败国实施报复性的掠夺、[1]对战败国的政治精英和普通民众加以区别等，这些观点无疑与现代国际法治理念相契合，并能够为战后法所吸收。

战后法体系建立在对新正义战争理论进行反思和借鉴的基础之上。首先，新正义战争理论提出的，开战正义、战时正义和战后正义是互相联系的：在任何阶段违背战争正义的行为是相互影响、互为因果的，交战方违反任何环节的战争正义要求，都会导致其行为的正义性丧失；[2]反之，三者之间也是可以相互促进的，当交战方的某些行为在某一阶段的正义性不够明确时，可借助他们在其他阶段行为的正义性加以判断。[3]与此不同，在国际法框架中，国际社会成员诉诸武力的行为规范、武装冲突中的行为规范以及冲突后阶段的行为规范之间是相互独立的，判断某一国际社会成员行为合法性的基础仅是该行为本身，国际社会成员使用武力的行为、武装冲突中实施的行为以及其在冲突后阶段实施的冲突后重建行为的合法性之间不会也不能产生关联。战后法的构建应避免站在道德立场探讨法律问题，允许国际社会成员在战争不同阶段所实施行为的合

---

① 过分的惩罚很可能引发激烈的反抗和复仇情绪，反而不利于冲突后社会向和平的过渡。例如，第一次世界大战结束后协约国与德国签订的以惩罚和削弱德国为目的的《凡尔赛和约》，该条约对德国过分的剥夺激起了德国国内对《凡尔赛和约》的普遍抵制情绪，而纳粹政党也正利用了德国人民的不满大肆煽动日耳曼民族主义情绪逐步掌握了德国政权，并最终发动了第二次世界大战。

② 例如，加里·J.巴斯（Gary J.Bass）就指出："如果一个国家作战的目的在于推翻一个灭绝种族的政权，但结果却使被占领国充满了战争创伤和苦难，且未建立保护人民安全的机制，那么其诉诸战争的正义将不复存在。" See Gary J. Bass, "Jus Post Bellum", *Philosophy & Public Affairs*, 2004(32), p. 400.

③ See Brian Orend, *The Morality of War*, Peterborough, Ont., Broadview Press, 2006, p. 181.

法性产生关联将导致十分危险的后果：对那些已经违反开战规则的国际社会成员来讲，既然其开战行为已经违法，那么也就没有必要再遵守武装冲突法规范和战后法规范；而对那些没有获得合法授权使用武力的国家来说，如果遵守交战和战后两个阶段的法律规范将有助于其获得诉诸武力行为的合法性，这无疑会促使一些国家更倾向于在没有合法授权的情况下对别国使用武力。[①]其次，国际法主体在冲突后阶段的冲突后重建行为也存在违反国际法或国内法的可能，而且有时其违法后果可能会更为严重。与新正义战争理论将战后责任的产生限定在“开战”和“交战”两个阶段，以及主张对非正义一方单方追责相比，战后法也涉及国际社会成员在冲突后阶段的违法责任，并强调对任何违法者一视同仁的全面追责原则，如当前联合国维和行动中的责任追究机制，即可被适用于处理执行维和任务的维和人员在冲突后阶段实施的违法行为。最后，新正义战争理论认为，战后正义的实现方式是通过促使战争双方对战争行为的反思，弥补战争发生及其进程中的错误，以避免战争再次发生。[②]但该理论放大了“制裁和处置”措施对构建持续和平的作用；仅仅通过惩罚引发战争的人来震慑将来可能发动战争的人并不足以保障和平。现实中引发武装冲突的原因有很多，如社会动乱、军阀割据、经济贫困、宗教或民族矛盾等，仅通过更换政治精英或实施有限的民主化改革也并不能完全避免新的战争爆发。实施“制裁和处置”只

① 参见李若瀚：《武装冲突法的新发展：“战后法”法律问题研究》，载《时代法学》2012年第5期。

② 新正义战争理论提出的战后正义原则和标准，如对惩罚的克制、对失败国的尊重、对胜利者的约束，以及对正当意图的坚持，无不反映出该理论通过合理地结束战争以防止战争再次爆发的思想。

能被认为是正确地结束了战争，却不能由此认定战后正义已经实现。新正义战争理论忽视了“国家重建”对于实现冲突后社会持续和平的作用，[①]只有具有正常国家形态的国家才有可能脱离战争状态，而不再成为国际社会的安全威胁。[②]国家重建意味着重新修复已破碎的国家机器，并促进该国社会机制的正常运转。在战后法框架下，国际社会可以借助合理的“制裁和处置”方式追究与武装冲突有关的犯罪行为的战后责任，也可以通过实施“国家重建”帮助冲突发生国消除国内外各种不安定因素，以实现从战争向和平状态的过渡。

战后法的产生与冲突后阶段重要性的凸显直接相关，随着国际社会成员国际共同体意识的觉醒，以及由此产生的对人类个体、群体及整体命运的人道主义关怀，越来越多的国家开始放弃绝对主权观念，关注并参与到全球范围内的冲突后重建工作当中，战后法作为一类特殊法律规范对于冲突后社会持续和平的实现无疑具有的重要意义。

---

① See Michael J. Schuck, “When the Shooting Stops: Missing Elements in Just War Theory”, *Christian Century*, 1994(3), pp. 982–983. Also see Brian Orend, *Michael Walzer on War and Justice*, Montreal, McGill–Queen’s University Press, 2000, pp.136–152.

② 不具有正常国家形态的冲突发生国，即使没有武装冲突发生，也仍处在国际社会文明体系之外，这样一个社会无疑存在大量威胁地区和国际社会和平与安全的因素，如西亚德政权倒台后的索马里。

第三节 战后法的价值取向

法的价值是指法律满足人类生存和需要的基本性能，即法律对人的有用性。由于人类的需要是多元化、多层次的，以人的需要为依据的法的价值也是多元化、多层次的。不同法律体系的基本价值取向并不相同。就战后法而言，其所适用的冲突后社会的特点决定了战后法的基本价值在于完善法治、实现和平和保障人权三个方面。

一、完善冲突后社会的法治

国际法对于保障国际社会和平与安全具有不可或缺的作用。根据国际法在冲突后社会中的作用，可以将冲突后社会的法治分为三个层次。第一层次是"胜利者的正义"。[①]它是一种强制的法律正义，是冲突后社会法治的最低层次。这种正义甚至不能被称为完整意义上的法治。此时法律的工具性效用过于明显，国际条约在很多时候沦为确定胜利者利益的"证书"；对胜利者行为起更大约束作用的是道德上的自律和其对自身国际社会成员身份的认同，而非法律。[②]第二层次是"国

① 也有学者将"胜利者的正义"称为"选择性的正义"(selective justice)，即在战争结束后按照胜利者的意愿安排战后事宜。参见曾令良：《〈国际刑事法院规约〉与国际法的发展》，载邵莎平、余敏友主编：《国际法问题专论》，武汉大学出版社2002年版，第226页。

② 当前，在冲突发生国的战后重建过程中，国际道德在现实中的作用很可能要比战后法更加有效。新正义战争理论为限制胜利者的权力而提出的一系列规范胜利者冲突后重建行为的标准，如正当理由、相称性原则、区分原则等道德规范，在冲突后阶段得到了更加广泛的遵守，但与冲突后重建相关的国际法规范，如要求占领者履行善意管理义务的占领法规范，却被一些国际社会成员无视。即使这些国家宣称并力图证明其行为的合法性，但无论如何大部分国际社会成员都不会相信美国在阿富汗、伊拉克战争结束后作出的战后安排是缘于美国认识到其有参与战后重建的法律义务而不是基于其政治、经济和安全利益方面的考量。

际社会的正义”。此时国际法因其确立了大多数国际社会成员共同遵守的行为规范而具有了其作为国际社会结构支撑的独立价值。其法律规范能够体现国际社会共同需求，并促使国际社会成员尊重这些共同价值，但总体上国际法仍体现出一定程度的工具性效用，其规范作用的发挥仍有赖于国际社会成员对其价值的共同认知或出于对违法责任的担忧。[①]第三层次是“自发的正义”。它指国际社会成员在遵守法律时并非出于对道德或法律中强制性因素的考虑，而是完全自发地遵守——“之所以如此行为仅因为它是法律”。此时法律的作用不再是工具性的，而是成为国际社会成员行为本身的一个组成部分。[②]它是冲突后社会法治的最高层次，也是国际社会建设冲突后社会法治的终极目标。冲突后社会的法治水平可以由较低层次逐步向较高层次发展。以两次世界大战为例：第一次世界大战的战后安排在很大程度上表现为胜利者对失败者的掠夺（如战后协约国对同盟国国家领土及海外殖民地的瓜分），它无疑是“胜利者的正义”；第二次世界大战的战后安排则更多地体现了反法西斯同盟在取得胜利后为建立新的国际秩序所作的努力，虽然该努力也产生了许多负面效果（如战后形成的以苏联为首的社会主义阵营同以

① 此时促使国际社会成员遵守国际法的主观因素从根本上讲仍是道德，即国际社会的共同认知。但不能忽视的是，在某些情况下，国际社会通行的价值观可能在道义上是正确的，但并不一定是正义的，现实中也存在基于国际社会共同意愿而作出的违背正义要求的战后安排（如第一次海湾战争之后国际社会对伊拉克实施的战后处置，其在维持萨达姆政权存在的同时却允许该政权将经济制裁的结果转嫁于伊拉克人民），而恰恰是出于对国际社会共同认知的认同，国家在行为时会产生一种“从众心理”，即使其注意到某些战后安排可能与正义相悖，但出于国际社会的压力国家却“不得不如此行为”。

② 当然，遵守法律的自发性并不是盲从或者迷信于法律规范；对法律自身价值的承认以及对一项法律符合正义要求的内心认同才是构成国际社会成员自发遵守国际法的基础。See Anthony Carty, *Philosophy of International Law*, Edinburgh, Edinburgh University Press, 2007, pp. 100–105.

美国为首的资本主义阵营间的对抗)，但从国际社会在战后对轴心国处置的实践来看，“二战”结束后的战后安排仍不失为一种“国际社会的正义”。

在经历了激烈的武装冲突之后，冲突后社会的治理状态远不能达到国际法治对“良法”和“善治”的要求。[①]如果说国际社会距离“完美法治”尚有一定距离，[②]冲突后社会离这种法治理想就更加遥远了。对于冲突后社会，可以从以下三个方面考察其治理状态：第一，国际社会成员对战后安排遵循什么样的规则；第二，拥有绝对权力的主体其权力是否受到制约；第三，与前两者相关的法律规范和法律机制是否完善。如果在武装冲突结束后拥有绝对权力的主体主宰着整个冲突后重建进程，其权力不受任何法律约束而仅依靠道德自律去行使，那么即使该冲突后社会的和平最终得以实现，该重建进程也是违反国际法治要求的；如果拥有主导重建权力的主体愿意在一些问题上接受法律的约束，但现实中却并不存在能够真正约束其权力的法律规范，这种治理方式仍不能被称为法治，因为此时法律仅被作为一种权宜的政策性工具，对于那些不愿意遵守法律的主体而言，法律仍然是缺乏约束力的；而如果在冲突后阶段不存在绝对的权力，国际社会成员愿意接受相关法律规范的约束，且法律

---

① 国际法治“意味着，在全球的范围内，已经建立起了一套表述明确、内容合理、结构妥当的规范体系，这套体系得到了国际社会的普遍尊重和遵守，对于偶尔的违背规则的行为存在公正而有效的监督和纠正机制，全球民众形成了对于这种规范的信赖和信仰”。参见何志鹏：《国际法治：全球化时代的秩序构建》，载《吉林公安高等专科学校学报》2008年第1期。

② 易显河教授在其《完美法治》一文中认为，完美法治要求法律优位或者说法律被遵守只是出于法律自身的缘故，其特征为：法律被遵守是出于自觉的行为；这种行为的根本原因是法律本身。完美法治是一种“尚未实现的理想”，特别是在国际社会中，“它是一个更美妙的理想”。参见易显河：《完美法治》，载《西安交通大学学报》(社会科学版)2008年第5期。

在冲突后重建过程中发挥着主要的或者决定性的作用。此时，我们至少可以认定该冲突后社会正处于法治进程之中。

就当前国际实践来看，国际社会的冲突后重建实践仍未改变“胜利者的正义”的模式；国际法也从未摆脱其工具性价值。但随着国际法的发展完善以及国际社会对法治的不懈追求，这种情况正在逐步改观。战争胜利者已不能再明目张胆、肆无忌惮地滥用其通过战争而获得的权力，在很多情况下，他们也会不遗余力地从现有国际协定法或者国际习惯法中寻找其行为的合法性依据。这不能不被认为是一种法治的进步，因为战争胜利者至少在形式上已经需要认真考虑国际法治的要求，当前冲突后重建正逐步走向“国际社会的正义”模式。但另一方面，那种根植于冲突后社会自身需求的法治仍未出现，造成这种情况的一个直接原因在于，冲突后阶段行为规范的缺位以及国际社会成员对此类法律规范认同的缺失。在冲突后社会推行法治，其实质是要求司法、和平与民主不能相互排斥。这是由冲突后社会自身特点决定的：[①]一是冲突发生国自身重建和平的能力相当薄弱，其很难独自实现冲突后阶段的社会管理；二是当前能够用于规范冲突后重建行为的国际法律规范十分有限，其作用范围远不足以应付复杂的冲突后重建问题，特别是其对于那些有多个国际社会成员参与的、由国内武装冲突引起的战重建问题近乎无能为力。在此背景下，国际社会构建战后法的基本目标就是建立和发展一套良好的法律体系以完善冲突后社会的法治。

在冲突后社会，法律正义的实现意味着在冲突后阶段存在足以

① 参见吴燕妮：《论冲突中和冲突后社会的法治：联合国的行动及中国的贡献》，武汉大学出版社2014年版，第61页。

调整国际社会成员间的关系、约束国际社会成员行为的法律规范。这些规范能够反映冲突后社会的特定现实，并被大多数国际社会成员认同和遵守，国际社会成员普遍支持违反该法律规范的行为应承担特定责任。冲突后社会法治的实现并不是一蹴而就的，而是一个长期的发展过程，其建立需要一系列用以支撑和平、人权、民主和文化繁荣的组织构架和现实机制。除法律制度的构建外，其建立还需要法治文化和政治制度方面的支持。冲突后社会是建立在战争废墟之上的，不论该战争的形式为何（国内武装冲突或是外部武力干涉），以使用武力为基础的冲突后重建同国际法治对自由、平等和民主的要求本身就是相悖的。要克服这一问题，国际社会在构建战后法时需要平衡以下几类关系：一是平衡短期利益与长期利益，比如来自国际社会的军事力量的介入能够给冲突后社会的治安维持带来立竿见影的效果，但长期依赖国际社会力量也会造成冲突发生国自身治安维持能力的萎缩，一旦外部军事力量撤出，该国依靠自身力量则很可能无法控制国内局面；二是平衡国际社会成员的政治需求与冲突后社会的自身利益，它要求实现冲突后社会法治建设的政治中立化，避免国际社会成员为了自身政治利益在冲突发生国实施违反法治精神或损害该国人民根本利益的做法，如建立傀儡政权或政治代理人，这种行为可能为国际社会成员带来短期获益，但也很可能造成该国新的危机爆发；三是平衡当地法律文化与国际法治标准，法治是一种文明和立法，但更是一种文化上的接纳，国际社会通行的法治原则不一定会被所有的冲突后社会所接受，那些有异于国际法治标准的当地法律文化有时更符合冲突后社会的基本需求，冲突后社会具体问题的解决有赖于公众对法治的信仰，无论这种信仰源自何种法律文化传统都应被给予充分尊重。[①]

二、实现冲突后社会的持续和平

人类在经历无数次战争洗礼后，更加深信一个和平与安全的世界更符合全人类的共同利益，国际社会共同体的观念也更加深入人心。[②]和平是指国家间没有战争或任何其他暴力敌对行为的状态。在国际法语境下，和平的具体内涵不但包括国际社会成员之间和平相处以及通过和平方式解决他们之间矛盾的非暴力状态，而且包括国际社会成员内部国家机制正常运转的和谐状态。理论上，根据和平的实现程度可以将其分为三个层次：消极和平（Negative Peace）、积极和平（Positive Peace）和永久和平（Perpetual Peace）。

消极和平是最低阶段的和平。在此和平状态下，国际社会成员表面上和平相处，但各种矛盾已相当明显，他们不会轻易发生武装冲突是基于自身生存需要和对彼此武装力量的忌惮，但战争仍可能随时爆发；就单个国家而言，该国表面上不存在国内武装冲突，但内部矛盾已十分激烈，只是国内对抗未形成一定规模，或国内暴力行为尚未达到不可控的程度。这种和平状态的维持，需要国际社会成员采取更积极的措施（如建立符合彼此利益的行为模式和行为准则）以协调彼此间的利益冲突和矛盾。[③]积极和平是一种较高水平的和平状态。在该和平状态下，国际社会成员间的关系更加稳定，由

① 参见吴燕妮：《论冲突中和冲突后社会的法治：联合国的行动及中国的贡献》，武汉大学出版社2014年版，第62~64页。

② 参见杨泽伟：《当代国际法的新发展与价值追求》，载《法学研究》2010年第3期。

③ See Inger Osterdahl, Esther Van Zadel, "What Will Jus Post Bellum Mean? Of New Wine and Old Bottles", *Journal of Conflict & Security Law*, 2009（14）, p. 198.

于存在大量共同利益，不到万不得已他们之间不会发生战争，但国家间的竞争关系又使他们不得不保持警惕、相互戒备；就单个国家而言，其内部不同政治团体之间虽然也存在矛盾和冲突，但其争端仍能够通过和平方式加以解决，暴力已不被作为解决问题的合法手段。此时，国际社会成员可以通过建立比较完善的国家间治理模式和国内治理模式来实现持续和平，但它仍是一种可以被进一步发展的和平状态。[①]和平的最高层次是永久和平。在此和平状态下，国际社会成员之间的关系十分和谐，他们出于共同发展和进步的需要，彼此合作，相互依存，任何形式的战争行为已被国家废弃；在国家内部，不同政治团体之间能够和谐相处，共同发展，且不存在不可调和的矛盾和紧张关系，暴力在任何时候都是被摒弃的行为方式。此时，国际社会已不存在武装冲突发生的条件，也不存在孕育武装冲突的土壤，用康德的话讲"人类社会已经开始步入永久和平"。[②]从消极和平走向积极和平需要采取各种和平保障措施以降低武装冲突发生的可能，从积极和平走向永久和平则需要彻底消除各种威胁和平的直接因素。对人类社会的发展来说，永久和平显然是一种最理想的状态，是国际社会发展的终极目标，是"和平状态

---

① See Inger Osterdahl, Esther Van Zadel, "What Will Jus Post Bellum Mean? Of New Wine and Old Bottles", *Journal of Conflict & Security Law*, 2009(14), p. 177.

② 康德在论述其"永久和平"的最高阶段时提出了"世界公民权利"观念，他指出："既然大地上各个民族之间（或广或狭）普遍占上风的共同性现在已经到了这样的地步，以致地球上的一个地方侵犯权利就会在所有的地方都被感觉到；所以世界公民权利的观念就不是什么幻想的或夸诞的权利表现方式，而是为公开的一般人类权利，并且也是为永久和平而对国家权利与国际权利的不成文法典所作的一项必要的补充。唯有在这种条件之下，我们才可以自诩为在不断地趋近于永久和平。"参见［德］伊曼努尔·康德：《永久和平论》，何兆武译，上海人民出版社2005年版，第25~27页。

之永续”。[1]

在武装冲突结束后，冲突后社会的和平状态是一种临时状态。由于客观上存在各种威胁和平的国际、国内因素，这种和平状态十分脆弱。国际社会成员需要通过实施包括重建法制、惩治犯罪、经济改革等措施才能消除武装冲突再次发生的隐患。一旦上述措施失效或者中止，和平状态即可能遭到破坏——这显然是一种消极和平状态。通常，冲突后社会和平的确立需要经历三个阶段。第一个阶段是强制和平。任何通过战争手段（无论是国际性还是非国际性的武装冲突）实现的和平都可被认为是一种强制的和平。一方被彻底征服或被打败的战争自不必说，即使是通过和平谈判而停止的战争也都是双方基于军事力量对比以及对战争形势的判断而不得不做出的妥协。这种妥协实际上也是无奈之举，是基于任何一方没有能力彻底打败或消灭敌对方的现实而不得不接受的安排。不管其实现是通过外部强制还是内部强制的手段，强制和平在本质上是不稳定的，它表现为和平状态对于强制力量（如军队、安全部队、武装警察等）的依赖。第二个阶段是自发的和平。此时强制和平因素的影响已经减弱，重建并维持和平状态成为国际社会成员的自发性行为，即在没有外部强制和平措施干预的情况下，国际社会成员仍然愿意改善彼此关系、维持和平状态。国际社会成员间可以通过自愿方式在冲突后重建问题上展开积极合作。第三个阶段是自主的和平。它表现为冲突发生国自身维持和平能力的提升、内部主体的合作以及外部主体的退出。任何一个独立国家和平的实现，都不能永远依靠外部力量，外部的强制或者帮助只能在短期内起到维持和平

① 参见［德］伊曼努尔·康德：《永久和平论》，何北武译，上海人民出版社2005年版，第27页。

的效果，但冲突后社会和平状态之维持最终仍有赖于冲突后发生国自身能力的提升。外部主体在重建过程中应注重帮助冲突发生国提高其自身的维持和平能力，并在其能够独立应付和平之威胁时将维持和平的任务交还冲突发生国。自主的和平的实现意味着冲突发生国可以通过其国家和社会机制的良性运转维持其和平状态。这种不需要借助外力而实现的和平即被称为持续和平。

国际法的发展一直以保障国际社会的和平与安全为目的。[①]战后法也旨在实现冲突后社会的持续和平，即一种不需借助外部力量仅依靠冲突发生国自身能力就可以维持的一种状态，它是一种积极和平。持续和平的建立应至少满足以下条件：第一，威胁和平的因素被消除，至少那些严重威胁和平的因素在最大程度上被消除；第二，冲突发生国维持和平能力的恢复，至少该国已具备维持国内社会稳定与安全的能力；第三，有效的和平保障机制被建立，这些机制能够独立运行并能切实起到维持和平的作用。持续和平不会因武装冲突的停止而自动建立，其只能通过国际社会成员实施积极的冲突后重建行为“被建立起来”。[②]持续和平的实现，要求作为冲突后社会行为规范的战后法必须具有“创造持续和平的条件”和“保障和平不被破坏”两个基本功能。就创造持续和平的条件而言，战后法应有助于国际社会成员帮助冲突发生国建立相对稳定的社会状

① 参见高岚君：《国际法的价值论》，武汉大学出版社2006年版，第61页。

② 诚如康德所言：“人与人生活于相互间的和平状态并不是一种自然状态，人类的自然状态是一种战争状态；也就是说，纵使不永远是敌对行为的爆发，也是不断在受到它的威胁。因此和平状态就必须是被建立起来的。” See Immanuel Kant, *Perpetual Peace and other Essays on Politics, History, and Morails*, translated by Ted Humphrey, New York, Liberal Arts Press, 1983, p. 10.

态，并规范国际社会成员在冲突后阶段的冲突后重建行为。它一方面要求国际社会成员提高其自身在冲突后阶段的维持和平能力；另一方面也要求他们帮助冲突发生国提高这种能力。就保障和平不被破坏而言，战后法应有助于国际社会成员建立和平保障机制，并促进这些机制的良好运转以确保和平威胁的消除；应有助于通过制度化的措施实现外部力量和内部力量的平衡，并使其能够在持续和平建立之时实现顺利交接。①

三、保障冲突后社会的基本人权

与和平问题一样，人权也是人类社会发展过程中的一个永恒话题。随着人权问题的国际化，②在不同的社会阶段和历史时期人们对人权有不同的理解。一些学者提出了“三代人权”理论：③第一代人权是公民权利和政治权利等“消极权利”；④第二代人权是经济、

① 即战后法应当保证，一旦冲突发生国具有实现持续和平的能力，国际社会成员即应将建设和平的工作留给该国政府继续完成，并退出冲突后阶段的和平建设。当然在一些国内武装冲突中不存在国外力量介入的问题，因而无须建立相应的交接机制。但在有其他国家或国际组织参与的国内武装冲突的冲突后重建过程中，这种机制也是十分必要的。

② 人权国际化是指人权制度从国内独立的设定和操作走向各国之间协同议定和执行的过程和状态，它也包括人权的思想、意识、观念和学说的国际交流与融合。虽然一般人权在其国际化的过程中发展并不平衡，但对于基本人权的国际法保护已成为国际社会的普遍共识，《联合国宪章》《国际人权宣言》等一系列国际法基本文件中无不强调保障基本人权的重要性。参见何志鹏：《人权国际化基本理论研究》，吉林大学2004年博士学位论文。

③ 该理论由联合国教科文组织前法律顾问法国学者卡雷尔·瓦萨克（Karel Vasek）在20世纪70年代提出。参见胡欣诣：《三代人权观念：源流、争论与评价》，载《泰山学院学报》2011年第4期。

④ 之所以称为消极权利，是因为这一类权利与政府的公权力相对。对政府而言，其在建立内部法律机制之时限制自身权力并实现公民权利和政治权利是其基本义务，因而只要国家履行上述义务，其即不需要再采取额外的积极措施以实现人民的上述权利。

社会和文化权利等“积极权利”;[1]第三代人权是发展权、环境权等基于国际社会相互依存现象而产生的“连带权利”。[2]此后也有学者将“和谐权”作为第四代人权加以讨论。[3]但无论如何,以代际关系区分人权的缺点是显而易见的,因为不同种类的人权之间实际上并没有孕育或者继承关系,人作为人的权利是人类群体共同拥有和追求的价值,是没有代际关系的,它们可以存在于同一时空,更不存在层次高低、孰优孰劣的问题。在这些人权之中,有一些权利是国际社会公认的人作为人应享有基本的权利,是需要在任何时候优先予以实现的,这一类人权就是基本人权。[4]与一般人权相比,基本人权是不可或缺的、不能剥夺的和不容侵犯的。它在人的权利体系中具有核心地位,其在国家的权利体系构建中也具有优先地位。

在冲突后社会,根据人们享有权利的不同内容,可将基本人权分为三类:第一,与人的生存息息相关的权利即生存权利;第二,与人参与群体生活息息相关的权利即社会权利;第三,与人的持续发

---

① 之所以称“经济社会文化权利”为积极权利,是因为这一类权利的实现要求一国政府在相关方面做出有利于个人参与的制度性安排,以帮助和促使人民更好地实现这些权利。

② 之所以称“发展权和环境权”为连带权利,是因为在关系到整个人类生存和发展所共同面临的重大问题上,个人甚至单个国家都不能独自解决这些问题,这些问题的解决需要“把个人带回到他所从属的社会,而使人权社会化”。在国家层面上也是如此,由于整个人类社会的利益是相互联系的,发展和环境问题作为全球性问题其产生和解决也都具有连带性。See Chris Maina Peter, *Human Rights in Africa*, New York,Green Wood Press, 1990, p. 53.

③ 参见徐显明:《和谐权:第四代人权》,载《人权》2006年第2期。

④ 随着人类社会的发展,基本人权的范围会有所变化,除生命、财产和政治权利之外,经济社会文化权利也被越来越多的国家承认为基本权利,此外,环境权、发展权也正被逐步发展为基本权利。参见陈颖洲、徐钝:《基本人权:宪法之终极追求》,载《安徽农业大学学报》(社会科学版)2003年第6期。

展息息相关的权利即发展权利。生存权是人们在冲突后阶段的第一需要。在冲突后阶段，战争虽然停止但社会并不安定，个人无力保护自己不受暴力的侵害，群体、社会和国家也不能为他们提供足够的安全保障。人们的生存状况虽然比战时有所好转，但仍十分恶劣，人们不但要应付上一场战争带来的死亡、伤病和贫困的威胁，还要担心随时可能再次爆发的战争。社会权利，是指人们作为社会交往主体存在而应当享有的参与社会治理、享有最低生活保障的权利。在冲突后社会，人们社会权利的实现也面临严峻挑战：国家机器和社会机制的破碎和失灵导致人们不能完全享有政治权利，无法接受良好的教育，无法获得稳定的工作、良好的医疗条件以及有效的社会保障和救济，也不能更好地参与文化生活和体育活动。总体而言，冲突后社会并不是一个功能完整、运转有效的社会，人们社会权利的保障水平亟待提高。发展权，是指作为个体的人和作为集体的国家和民族自由地参与和增进经济、社会、文化和政治的全面发展并享受发展利益的一种资格或权能。[①]对冲突后社会而言，其缺乏实现发展权的物质条件和制度基础：一方面，个人不能够充分参与社会分工和分配，也不能获得由整个社会发展所带来的收益；另一方面，冲突发生国由于国家机器失灵、发展能力欠缺，也不能确保其有限的资源能为其国民提供平等的发展机会，并使每个人都能共享整个社会发展的成果，发展权的实现也是冲突后社会亟待解决的问题。

在冲突后社会，对基本人权的保障不再仅仅局限于通过传统的国家安全力量（国家军事力量和国内警察力量）对人民基本安全的

① 参见汪习根：《发展权含义的法哲学分析》，载《现代法学》2004年第6期。

保护，它还同一国的国家机制健全程度、政治健康程度、公民的道德与文化发展程度息息相关。通过建立有效的法律机制以提升冲突发生国自身的社会治理能力，以此来实现对冲突后社会基本人权的保护符合国际社会的共同利益。作为冲突后社会的行为规范，战后法对冲突后社会基本人权的促进和保护有重要作用。首先，在保障人民生存权方面，战后法应确立安全保障机制以实现对个人及社会安全的保护。对个人安全的保护包括：对个人的生命、健康、财产等权利的保护，对侵害个人生存权益行为的制裁，以及对受害者提供的救济；对社会安全的保护包括：在国家内部建立安全保护机制（或特殊机构）并赋予其安全保障职能，以国家强力为依托保障社会正常运行秩序。其次，在保障人民社会权利方面，战后法应通过其规范作用以促进冲突发生国建立良好治理环境。它包括：要求在冲突发生国建立一个能够代表广大人民利益的政府，确保该政府能够尊重人民基本权利，愿意通过国家机器重建并完善其社会保障机制以促进人民社会权利的实现，同时它还要求在冲突发生国建立有效的权力制约和监督机制以保证政府权力受到有效监督。最后，在保障人民发展权方面，战后法的规范作用表现在：一是它要求创造有利于冲突发生国发展的国际和国内环境，以使冲突发生国能够更快、更好地恢复其自身发展能力；二是它要求确保在冲突发生国建立合理的社会分工和利益分配机制，以使人民能够获得公平的发展机会，并从国家和社会的发展中获益；三是它要求有效平衡外部主体同冲突发生国的关系，以确保外部主体对冲突后重建的参与不能损害冲突发生国的自主发展能力，并且它要求国际社会建立有效的制约机制，以避免外部主体通过参与重建掠夺冲突发生国人民的发展利益；四是它要求确保国际社会的援助被正确地用于冲突发生国人民发展权利的实现，避免国内政府因其自身利益拒绝使其人民获得国际社会的援助，或将这些援助挪为私用而有损该国人民的生存和发展。

第二章　战后法的法理之维

当前战后重建实践，如索马里战争、波黑战争、阿富汗战争、伊拉克战争结束之后的战后重建实践无不反映出规范国际社会成员战后重建行为法律规范的欠缺；加之国际社会长期以来遵循的以政治利益为导向的战后安排策略，使当前的战后重建仍遵循一种“胜利者的正义”模式。战后法的确立有助于打破这一战后安排模式。在战后重建问题上，战后法并不承认胜利者可以拥有更多特权；相反它通过对胜利者的重建权力加以限制以培育冲突后社会自身的治理能力，从而保障冲突后社会从战争向持续和平的过渡。就其目的而言，战后法乃是以冲突后社会的利益为导向的法律体系。

随着国际社会实践的发展和国际法治的不断完善，构建用以调整国际社会成员在冲突后重建过程中法律关系的特殊法律规范体系即战后法，已成为现代国际法发展的必然趋势。战后法并不是其他法律部门相关法律原则和法律规范的简单拼凑和松散罗列，它是以建立冲突后社会持续和平为目的、调整冲突后阶段国际社会成员之间的法律关系、由规范其重建和恢复和平行为的法律原则和法律规范所构成的一个有机整体。为实现战后法内部结构的平衡，战后法通过在其内部法律规范构建中去道德化的方式实现冲突后社会的法律正义；通过合理构建战后法体系中法律规范的内部结构以更好地规范国际社会成员的冲突后重建行为；通过构建特定的冲突后重建法律框架，并在这些框架中明确国际社会成员对于特定冲突后重建事宜的权利和责任来合理分配主体权责。就战后法的外部遵守而言，国际社会成员遵守战后法的主观意愿缘于其对冲突后阶段行为规范的迫切需求。战后法原则及其具体规范对国际社会成员在冲突后阶段相关利益的关注和认同是其遵守战后法的内在动力。在冲突后阶段国际社会成员遵守战后法的方式包括：遵守国际社会成员自身制定的战后法规范，遵守其参加的国际组织的战后行为规范及其相关立法，尊重其他成员在冲突后阶段的守法行为并监督其违法行为，以及努力实现既存战后法规范的发展和革新。总体上，按照一定的内部秩序和内部联系构建而成的战后法具有其独特的整体功能，战后法的进一步发展和完善将更有助于减少国际社会成员战后重建行为中的随意性和不确定性。虽然国际法本身是“不成体系”的，[①]但作为其分支的战后法，其法律规范、法律机制和法律原则作为一个整体却是自成体系的。

① 所谓国际法不成体系主要是指“随着国际法所规范领域的扩大，即‘多样化’和‘扩展’而导致的国际法的不同规则之间的不和谐、缺乏一致性和冲突”。参见王秀梅：《试论国际法之不成体系问题——兼及国际法规则的冲突与协调》，载《西南政法大学学报》2006年第1期。

第一节 战后法的主要法律机制

战后法的构建是一个系统的工程，其法律体系由规范国际社会成员在冲突后阶段实施的冲突后重建行为的法律规范和由功能相似的法律规范组成的法律机制构成。研究战后法的运行机理，应从战后法的主要法律机制入手。就当前战后法部门中法律机制的成熟度而言，其法律机制主要包括：冲突后阶段的军事行动规范机制、冲突后阶段的过渡正义实施机制、冲突后阶段的国家机器重建机制和冲突后阶段的社会重建机制。

一、冲突后阶段的军事行动规范机制

军事行动是指那些有组织的使用武装力量的活动。它既可以发生在武装冲突期间，也可以发生在和平时期。[①]如果说武装冲突因其本身会不可避免地带来死亡和灾难而必须对其予以禁止或加以限制的话，一些军事行动本身的危害性则是有限的。此类军事行动只涉及单方面动用武装力量，其实施并不旨在发生武装冲突，更不是以造成人员伤亡为目标，比如军事演习、灾难救援等，对此类军事行动国际法是不予禁止的。国际社会成员在冲突后阶段实施的军事行动，即使其本意并非旨在侵占一国领土或造成特定人员伤亡，但因该军事行动发生在一个主权国家境内，对此类军事行动进行某种程度上的限制是必要的。战后法通过确立冲突后阶段的军事行动规范机制来避免国际社会成员在采取军事行动时对冲突发生国

① 参见朱之江：《论非战争军事行动》，载《南京政治学院学报》2003年第5期。

的主权及其人民的生命、财产安全造成损害。该法律机制的主要规范对象包括冲突后阶段的军事占领和冲突后阶段的维和行动——前者用以规范国际社会成员的军事占领行为,[①]后者用以规范国际社会成员的维持和平行动。冲突后阶段的军事占领一般存在于国际性武装冲突引发的冲突后阶段,冲突后阶段的维和行动则可能发生在任何武装冲突引发的冲突后阶段,这是二者在适用范围上的区别。

冲突后阶段占领的产生基于这样一种现实:出于某种安全需要,战争中胜利一方的军事占领会在冲突后阶段存续相当长的一段时间,有时甚至贯穿整个冲突后阶段。在此过程中传统占领法的一些法律规范可以适用,[②]这些法律规范在功能上也可以在一定程度上起到维护占领地区的公共秩序和社会安全的效果,但在冲突后阶段,这些法律规范无论在内容还是在作用上都是有限的,主要原因在于,以"维持战前状况"为基本指导思想的占领法规范并不能满足国际社会成员实现冲突后社会持续和平的客观需求;其大部分法律规范仅涉及占领区的治安维护和临时军政安排,并不涉及占领

---

① 对与军事占领的具体内涵,1907年《海牙第四公约》(《陆战法规和惯例公约》)与1949年《日内瓦第四公约》均未对其进行明确界定。《海牙第四公约》第42条规定:"领土如实际上被置于敌军当局的权力之下,即被视作被占领土。"《日内瓦第四公约》第2条规定:"凡在一缔约国的领土一部或全部被占领之场合,即使此项占领未遇武装抵抗,亦适用本公约。"一般认为,在国际性武装冲突中判断军事占领是否存在的核心因素在于敌方武装力量是否有效控制了该领土。

② 占领法(the Law of Occupation)是指调整国际性武装冲突中冲突发生国之间军事占领关系的国际法律规范的总和。占领法的相关规范主要反映在1907年《海牙第四公约》、1949年《日内瓦第四公约》,以及《日内瓦四公约第一附加议定书》和《日内瓦四公约第二附加议定书》等国际条约之中。See Yutaca Arai-Takahashi edited, *The Law of Occupation*, Leiden & Boston, Martinus Nijhoff Publishers, 2009, pp. 5-10.

区恢复和重建和平的内容；而且其中一些法律规范由于制定年代久远，已与时代脱节，很难起到应有的规范作用，如《海牙第四公约》第32条关于军事使者的相关规定。[①]战后法从恢复冲突后社会持续和平的要求出发，旨在避免国际社会成员的军事占领行为对冲突发生国国家及其人民的权益造成严重伤害。其对冲突后阶段的军事占领提出以下基本要求：第一，无论冲突后阶段军事占领的目的为何，此类军事占领不能使占领国获得占领地区（其实际控制区域）的主权或使该占领地区与其母国之主权相分离；第二，占领者必须尊重冲突发生国对占领地区的主权，应允许其母国在冲突后阶段建立或恢复的各项制度及法律规范的效果及于该占领地区；第三，占领者须负责维持其占领地区的公共秩序和社会安全，并保障占领地区人民基本权利的实现，对该地区不属于占领者自身的财产承担善意管理义务；第四，占领者须在"军事必要"不再存在的情况下从其占领地区撤军，并帮助其母国接受该占领地区之主权。另须指出，在由国内武装冲突引发的冲突后阶段中，如果该国内武装冲突中并不存在外国军事力量的介入，上述战后法的军事占领规则在该情况下并不适用。

就冲突后阶段的维和行动而言，其主要是指联合国在冲突后阶段的维和行动。但有时维和行动的实施主体也包括其他获得合法授权的国家或国际组织。当前，由于维和行动经历了从"冷却冲突"到"解决冲突"的嬗变，冲突后阶段的维和行动其内容不仅包含传统的停火、隔离等"冷却冲突"措施，有时还包括冲突后阶段的

---

① 1907年《海牙第四公约》第32条规定："个人若被交战一方授权与对方联系，而其高举白旗前进，应视为军事使者。军事使者有权不受侵犯，其陪同之号手、号兵或鼓手、旗手以及翻译人员亦同。"

政治重建、法治计划等“解决冲突”的措施，[①]如“重建和平”(peace-building)已成为当前联合国维和行动的一个重要任务。上述变革也带来了一些问题，比如更深入地参与冲突发生国的冲突后重建和国家管理，会使联合国维和机构面临授权合法性欠缺以及干涉国家内政的质疑。[②]为规范冲突后阶段的维和行动，保证维和机构对冲突后重建的参与以实现当地所有权(local ownership)为目标，[③]在战后法框架下，联合国等国际社会成员实施的冲突后阶段的维和行动至少应当满足以下要求：第一，维和机构进入东道国实施重建行动，原则上应获得东道国的许可；[④]第二，维和机构对管理领土职能的实施只能作为一种临时应急措施；第三，应将维和人员的战后责任纳入战后法的责任机制之中；第四，维和机构在适当时候须退出东道国，将维持秩序和建设和平的任务交由冲突发生国自行实施。[⑤]

---

① 参见黄德明、李若瀚：《战后法视野下联合国维和行动机制的制度化革新》，载《时代法学》2014年第1期。

② 参见杨诚：《国际刑法与冲突后国家法制的建立——联合国利比里亚维持行动分析》，载《太平洋学报》2009年第11期。

③ 当地所有权指在冲突后阶段冲突发生国在多大程度上实现了对国家事务的管理权。在国际性武装冲突结束后，当地所有权的实现标准主要表现为冲突发生国相对于其他国家或国际组织在多大程度上对本国主权范围内部事务享有管辖权。在国内武装冲突结束后，当地所有权的实现标准主要表现为冲突发生国的中央政府在全国范围内多大程度上实现了对国内事务的管理权。参见黄德明、李若瀚：《论“后冲突时代”战后责任机制的发展》，载《河北法学》2013年第12期。

④ 需指出，在由国内武装冲突引发的冲突后阶段中，能够代表东道国作出上述同意意思表示的主体仅限于东道国的合法政府，其国内的交战团体、叛乱团体无权作出上述合法意思表示。

⑤ 参见黄德明、李若瀚：《“战后法”视野下联合国维和行动机制的制度化革新》，载《时代法学》2014年第1期。

二、冲突后阶段的过渡正义实施机制

过渡正义(Transitional Justice)最初被用以指代“一国新的民主政府通过各种方式对原有政府侵犯人权行为的处理”。[①]国内法意义上的过渡正义至少包括四个方面的内容:第一,法律的适用尽可能明确以减少司法机构的自由裁量权;第二,司法机构必须独立,不受政府及外界机构的影响;第三,法官不偏不倚地解释法律;第四,过渡正义的实施须严格遵守正当程序的要求,如赋予被告辩护权、无罪推定等。[②]此后,这一概念被国际法学者借用并用以指代“对发动战争或者在国内武装冲突中实施的暴行追究刑事责任的行为”。[③]在冲突后阶段,战后法通过建立战后责任机制的方式来实现过渡正义。战后责任机制是指对于国家或个人实施的违反“开战规则”“交战规则”和“战后规则”的行为由特定主体依照特定方式追究其责任并使其承担某种法律后果的制度性安排。

战后责任的实现存在司法途径和非司法途径两种方式。一方面,随着国际实践的发展,国际特设刑事法庭、国际刑事法院、混合法庭以及国内特别法庭等类型和功能各不相同的刑事司法机构在冲突后阶段被不断建立,且呈现出多样化的趋势;[④]另一方面,在一些情况下,为了实现民族和解、国家统一和社会稳定,一些非司法责

---

① Jamal Benomar, “Justice after Transitions”, in Neil J. Kritz eds, *Transitional Justice: How Emerging Democracies Reckon with Former Regimes*, Washington D.C., United States Institute of Peace Press, 1995, p. 32.

② See Jon Elster, *Closing the Books: Transitional Justice in Historical Perspective*, Cambridge, Cambridge University Press, 2004, p. 86.

③ 参见吴燕妮:《论冲突中和冲突后社会的法治:联合国的行动及中国的贡献》,武汉大学出版社2014年版,第68页。

④ 参见黄德明、李若瀚:《论“后冲突时代”战后责任机制的发展》,载《河北法学》2013年第12期。

任的方式如民族和解、真相委员会、部落审判等战后责任方式也被一些冲突后社会所适用。虽然这些非司法责任方式牺牲了司法正义，但却以此换来了冲突后社会不同群体间的和平与谅解。对某些具有特殊法律文化传统的国家而言，通过非司法责任方式实现过渡正义与司法责任方式同样重要，有时甚至更加重要。[①]但就整个国际社会的冲突后重建实践而言，司法途径无疑是战后责任的主要实现方式。国家和国际社会都有责任惩罚战争犯罪，追责的作用不仅在于惩罚已经发生的罪行，还在于警示和预防新的犯罪发生。战后责任的实现更有赖于各种司法机构的建立，如通过国内法院、国际法院或其他国际刑事司法机构来实现。[②]其中国内法院有权管辖大多数战争中的违法和犯罪行为，国际刑事司法机构则负责处理严重违反人道主义法的国际罪行。这些违法责任的承担者可以是个人、国家、国际组织以及非政府组织，违法者责任的承担应基于其违反的具体法律规范及其行为的危害程度，且应符合冲突发生国人民之根本利益。[③]而就通过非司法途径实现战后责任而言，特别是通过真相委员会或赦免等方式放弃对武装冲突中一些违法和犯罪行为的追责是存在一定风险的。以牺牲司法正义为代价达成的妥协有时未必能起到维持和平的作用。在具有独特法律文化传统的国家，虽然战后责任机制的建立应当尊重并着重考虑这种传统，但也不能因为其法律文化传统的特殊性而完全排除通过司法途径实现战后责任

① 参见黄德明、李若瀚：《论“战后法”视野下战后责任机制建立的标准》，载《西安电子科技大学学报》（社会科学版）2014年第2期。

② Chritopher Rudolph, “Constructing an Atrocities Regime: The Politics of War Crimes Tribunals”, *International Law Organization*, 2001 (55), p. 655.

③ 参见黄德明、李若瀚：《论“战后法”视野下战后责任机制建立的标准》，载《西安电子科技大学学报》（社会科学版）2014年第2期。

的可能。[①]当然，对于国际性武装冲突和非国际性武装冲突而言，其在冲突后阶段实现过渡正义的方式也不尽相同：在国际性武装冲突结束后，相关国家通常借助国际刑事司法机构惩治武装冲突期间发生的严重战争犯罪，武装冲突期间发生的一般性犯罪则交由冲突发生国国内司法机构处理，非司法途径的责任方式通常不会被采用；在非国际性武装冲突结束后，国内司法机构则承担了实现武装冲突期间犯罪行为责任人战后责任的主要职责，但有时冲突发生国也会将一些国内罪犯交由国际刑事司法机构予以审判，真相委员会、部落审判等非司法途径的战后责任方式有时也会被冲突发生国采用。

三、冲突后阶段的国家机器重建机制

冲突后阶段的国家机器重建是消除冲突后社会和平之威胁的重要方式。它旨在通过对冲突发生国的国家政治体制、安全保障机制、法律机制以及其他国家机构的改革或重建以实现冲突发生国国家治理能力的恢复。冲突发生国政治体制重建的目的是在武装冲突结束后建立一个能够代表该国利益的政府。该政府一般由过渡时期政府或行使过渡时期政府权力的实体（如联合国特别机构）组织全国范围内的选举而产生。也有一些国家在武装冲突结束后直接建立了民选政府。冲突发生国安全保障机制建立的目的在于保障冲突后社会的基本稳定和人民生产生活的基本安全。该机制一般由冲突发生国负责建立，在该国尚不完全具备该能力之时，外部的维持和平力量可直接负责该国过渡阶段的安全保护责任，并帮助

① Chritopher Rudolph, “Constructing an Atrocities Regime: The Politics of War Crimes Tribunals”, *International Law Organization*, 2001 (55), p. 655.

该国恢复维持国内社会安全的能力。冲突发生国法律机制重建的目的在于恢复或重建该国法律体系并保障其在社会生活中的有效运行以实现对人们基本权利的保护。总体上，冲突后阶段的国家机器重建的核心目标是提高冲突发生国的国家治理能力。在该过程中，最为国际社会成员所关注也最具争议的问题是冲突后阶段的国家政治体制的重建。武装冲突对一国国家机器的伤害是巨大的，特别是那些以掠夺和征服为目的的侵略战争。新正义战争理论家认为，在侵略者被打败后必须对其政治体制加以重建，因为侵略国的政治精英利用其不合理的政治体制发动了侵略战争，要实现冲突后社会的持续和平就必须更换侵略国的政治精英，并改革其旧有的政治体制。①上述观点被一些国际关系学者借鉴，并进一步提出，冲突发生国的冲突后重建应符合民主化的要求，对于发动侵略战争的国家，其在冲突后阶段政治体制重建的基本要求是在该国建立民主制度，因为“只有那些尊重法制、实行民主、努力增进人权的国家才最不可能发动侵略战争”。②这种观点看似合理但实际上却存在问题。在国际法框架下，每个国家都是平等的，都有权选择自己认为合适的政权组织模式，即使是侵略战争发动国，“发动战争的错误可能在于决策者而并不一定在于该国的决策机制”，③其他国际社会成员强制该国在冲突后阶段实施的民主化改革是有可能违反国家主权原则要求的。整体而言，冲突发生国国家治理功能的恢复是以该国国

---

① See John Norton Moore, *Solving the War Puzzle: Beyond the Democratic Peace*, Durham,Carolina Academic Press, 2004, pp. 53-58.

② Daniel L. Byman, “Kenneth M. Pollack, Democracy in Iraq?” , *The Washington Quarterly*, 2003 (26), pp. 119-126.

③ Jean Coben, “The Role of International Law in Post-Conflict Constitution-Making: Towards a Jus post Bellum for “Interim Occupations’”, *New York Law School Review*, 2006(71), p. 525.

家机器的正常运转为基础的；冲突发生国人民基本权利的保障和实现也最终有赖于一个功能健全的合法国内政府。在一些情况下，对冲突发生国的国家机器进行重建和改革是必要的。它不仅是恢复冲突发生国国家治理能力的基础，也是该国顺利实施经济重建、社会重建的前提。[①]在此情况下，实现国际社会的参与同国家主权原则之间的平衡、兼顾国内各民族和政治团体的利益需求都是非常必要的。但归根结底，对冲突发生国国家机器的重建应以提高该国治理能力为归旨。其实施应尊重冲突发生国人民的根本意愿，且不能有损于该国的国家独立和主权完整，即冲突后阶段的国家机器重建应以保证冲突发生国的国家所有权实现为目的。[②]在冲突后阶段，可以用以评价国家机器重建效果的因素有很多，如该国是否存在非法的政权变更、该政权是否通过公正有效的选举程序而建立、该政府在多大程度上对其国内事务具有管理和控制能力、该国的非军事化措施是否到位（包括解除武装、复原和销毁大规模杀伤性武器）、地区和社会安全保障机构是否被建立并有效运作、该国法律框架是否完整并有效运行、该国政府是否能够有效控制政府官员的腐败和官僚主义作风等。这些因素都可以用以考量冲突发生国国家机器整体功能的恢复水平。[③]

---

① See Richard P. DiMeglio, "The Evolution of the Just War Tradition: Defining Jus Post Bellum", *Military Law Review*, 2005(186), p. 146.

② 参见吴燕妮：《论冲突中和冲突后社会的法治：联合国的行动及中国的贡献》，武汉大学出版社2014年版，第200~201页。

③ 参见［美］保罗·F.戴尔、丹尼尔·德鲁克曼：《和平行动的评价》，聂军译，世界知识出版社2014年版，第149~153页。

四、冲突后阶段的社会重建机制

对于经历武装冲突之后生活在千疮百孔的冲突后社会的人们来说，相比于民主、选举、宪政等政治问题，他们更加关心的是其自身所处社会环境是否安全以及他们能否重新获得稳定的生活预期。但实践中，特别是在冲突后重建的“起步阶段”，①社会重建在很大程度上是被忽视的，如伊拉克的冲突后重建，国际社会成员的冲突后重建思路是在结束军事对抗，实施政治重建和经济重建之后才开始考虑“帮助解决重建公民社会的复杂问题，进而对公众和社会作出长期的许诺”。②这种冲突后重建思路显然不是以冲突发生国人民的基本需要为出发点，而是以国际社会成员特别是以战争胜利者的利益为出发点而实施重建安排。在武装冲突结束初期，国际社会对冲突后社会秩序的预期与国际社会成员在当时客观环境下实施社会重建能够达成的实际效果是存在差距的。在此情况下，对胜利者而言，他们在社会重建中能够发挥的作用和影响远不及他们对政治重建的影响重大，而社会重建为胜利者带来的实际利益也远不及经

---

① 美国战略与国际问题研究中心（CSIS）2002 年《冲突后重建框架》（post conflict reconstruction framework）报告中将冲突后阶段的重建行动分为三个阶段：一是起步阶段（initial response phase）它始于广泛的暴力结束之际，其特征是提供紧急人道主义服务，通过稳定行动和军事干涉提供基本安全；二是转型或过渡阶段（transformation or transition phase），此时合法的地方政府产生并得到支持，重建行动关注重点是重启经济发展，包括物质上的重建，确保有效的治理和管辖，并为提供诸如教育和医疗等基本社会福利奠定基础；三是巩固可持续发展阶段（fostering sustainability phase），该阶段的重建重点在于巩固先前的恢复性努力以预防冲突再次爆发，军事行为体特别是国际维和人员逐渐退出社会和政治舞台，社会重归“正常”。See *Post-Conflict Reconstruction Task Framework Report*, Washington, D.C., CSIS, May 2002. http://csis.org/images/stories/pcr/framework.pdf.

② See Michael E. Brown, *Internal Conflict and International Action,* in Michael E. Brown eds., *Nationalism and Ethnic Conflict*, Cambridge Mass., MIT Press, 1997, pp. 260–263.

济重建带来的利益巨大，因此国际社会成员在社会重建、政治重建和经济重建中所拥有的话语权以及其能够带来的实际利益间的巨大反差，使国际社会成员不愿将更多的精力放在冲突发生国的社会重建方面，如在科索沃战争结束后，据美国国防部统计，2005年美国在科索沃花费的91亿美元中用于难民援助的支出为1.4亿美元，仅占总援助金额的1.5%。[①]

在战后法框架下，参与到冲突后重建的国际社会成员对于冲突发生国的社会重建是负有法律义务的。该义务的产生不是以国际社会成员自身的安全和利益为基础，而是基于冲突后社会基本人权（包括生存权利、社会权利和发展权利）保护的需要。冲突后重建是一个长期的过程。在不同的国家以及冲突后阶段的不同时期，社会重建的需求是不尽相同的。总体而言，战后法要求国际社会成员在冲突后阶段的社会重建问题上至少满足以下要求：第一，任何主权者或代行主权者应在武装冲突结束之后立即承担治安维持的责任，直到冲突发生国具有维持治安能力或冲突后社会的正常秩序得以恢复；[②]第二，主权者及外部主体应支持和帮助战争受难者重返并融入社会，[③]包括创造条件提供和维持这些人员的基本生产和生活需

---

① 参见江涛：《后冲突时代的秩序重塑：美国在海外的国家重建行动研究》，世界知识出版社2009年版，第144页。

② 在战后法框架下，可作为冲突发生国社会治安能力的恢复情况的考量因素有：该国治安部队和武装警察力量是否能够维持地方的安全、当地民众是否有自由移动的安全保障、冲突后阶段的暴力犯罪是否降低、该国每年的非正常死亡人口数量是否减少等。

③ 其主要表现为帮助难民重返家园以及遣散武装部队成员，如在波斯尼亚内战结束之后，在波斯尼亚当局和联合国维和机构执行部队的共同下，至2008年，波斯尼亚的难民人数从1993年的50万人减少到7.5万人，有超过30万名士兵得以复员，并重新回归正常的社会生活。参见［美］保罗·F.戴尔、丹尼尔·德鲁克曼：《和平行动的评价》，聂军译，世界知识出版社2014年版，第153页。

要；第三，主权者及外部主体应当注重冲突后社会管理模式的建设，以加强冲突发生国的社会管理能力；第四，在任何情况下，在冲突发生国基于自身社会资源建立的内部社会管理机制成熟之时，外部主体都应将其掌握的冲突发生国的社会管理权移交冲突发生国，而不论该国已建立的管理机制是否与该外部主体的价值观念相一致；第五，任何国际社会成员都不能以冲突后社会的政治重建、经济重建尚未完成为借口，而置其社会重建于不顾——在冲突发生国尚未具有独立的社会管理能力之前，在冲突后重建过程中起主导作用的国际社会成员对于冲突发生国的社会重建也负有不可推卸的重建责任。

第二节　战后法的基本原则

战后法的基本原则，是指国际社会公认的、构成战后法规范基础的、贯穿于整个战后法体系并居于其核心地位的、具有强行法性质的法律原则。其与一般原则的区别在于：战后法的一般原则都是由其基本原则中衍生并发展而来的；战后法的一般原则及其具体规范都不能违反或有悖于其基本原则。战后法的基本原则包括：善意管理原则、能力建设原则、协调原则、相称性原则和区分原则。

一、善意管理原则

在国际法上，善意管理的理念最早产生于传统战争法。20世纪中期以前的战争大多以侵占和争夺霸权为主题，发动或者参与这些战争的国家大多以获得土地、赔款以及外交特权为目的；战争胜利者通常会在战争结束后获得战后安排的绝对支配权力。在战争伦理上，善意管理最初被作为胜利者在其占领地区的道德规范而提出。其基本逻辑在于：由于战争形势瞬息万变，一时的胜利并不能决定战争最终的成败，如果占领者不约束自身的占领行为，那么当其领土被敌对方占领时就会遭到相应的反报措施。在战争最终结束之前维持占领地区的战前状态在实践中逐渐被发展为国家在战争中的行为习惯。“维持战前状态”的习惯法规范与那些要求占领者在占领地区保护该地区人民基本权利的占领法规范一同构成了传统战争法中的善意管理原则。

与武装冲突法不同，战后法语境下的善意管理原则并不仅涉及冲突后阶段的军事占领，而是及于整个冲突后重建进程。它要求：参与冲突后重建的国际社会成员应尊重冲突发生国土地、资源、公共设施等财产之主权，其实施的任何管理、使用和控制行为都应为善意目的而为之，以尊重该国人民之根本利益并以确保建立持续和平为归旨。[①]对于占领者自不必言，其善意管理义务已为传统占领法所确认。对于其他参与冲突发生国冲突后重建的国际社会成员而言，他们在参与并实施冲突后重建行为时也负有善意管理的义务。特别是在一国政府无力管理国内事务或代表该国的全国性政权尚未建立的情况下，一些国际社会成员已经参与到该国的国家机器重建及内部政权组织事务之中，甚至在一些情况下代行了冲突发生国过渡政府的职能。此时参与或主导冲突后重建进程的国际社会成

① 参见李若瀚：《武装冲突法的新发展：“战后法”法律问题研究》，载《时代法学》2012年第5期。

员在代行冲突发生国某些国家管理职能之时，不应为获取自身利益而实施有损于冲突发生国及其人民根本利益的行为，如科索沃战争结束后，联合国安理会第1244号决议授权联合国成立科索沃临时行动特派团作为科索沃的临时行政机构，根据该决议，该特派团对科索沃人民和土地有管辖权，并负有善意履行其职责的义务。[①]

二、能力建设原则

对于冲突后重建，特别是在有外部主体参与的情况下，国际社会关注的重心通常集中于外部主体。不但新正义战争理论所倡导的“责任自负”观念是以胜利者为中心的，[②]目前许多可以适用于冲突后阶段的武装冲突法规范（如传统占领法）也都是围绕胜利者为中心构建的。以外部主体为中心的冲突后重建模式的弊端在于：一方面，它给国际社会造成了一种错误认识，即冲突后社会的和平恢复必须依靠外部主体的参与，外部主体在冲突后重建问题上也相应

① 如作为科索沃的临时行政机构的科索沃临时行动特派团，该机构由1999年联合国安理会第1244号决议授权成立。根据该决议，该特派团对科索沃人民和土地有管辖权，并据此执行行政、立法和司法的功能。1999年7月联合国秘书长的报告中指出，该特派团的工作将分5个阶段执行：一是巩固特派团的权威；二是改善社会服务并加强法治建设；三是筹备选举工作；四是协助科索沃当选代表建立能够行使自治权利的临时机构；五是监督临时机构的运作并实现权力移交。可以说，在2001年11月科索沃民族自治机构建立之前，科索沃临时行动特派团实际上代行了科索沃行政机构的政府职能，其先后建立了联合国临时行政组织、区域行政机构以及市级地方行政机构。参见江涛：《后冲突时代的秩序重塑：美国在海外的国家重建行动研究》，世界知识出版社2009年版，第125~128页。

② 伦理学家通常用“you break it, you owe it”这句西方谚语来解释胜利者对于冲突后社会所负的重建责任，他们认为，对于发动正义战争的国家，实施正义的战后安排也是其履行战争正义的一个部分。See Doug McCready, “Ending the War Right: Jus Post Bellum and the Just War Tradition”, *Journal of Military Ethics*, 2009(8), p. 68.

地拥有了更大的权力与行动自由，这很容易导致外部权力的失控；另一方面，它也造成了冲突发生国对外部力量过分依赖，从而导致冲突发生国国家治理能力的恢复情况极不平衡。毕竟在未获得国际社会普遍关注之前，冲突后重建事宜都由冲突发生国自行解决，实现和平与稳定的压力要求其必须重视自身能力的建设，但随着越来越多的国际社会成员介入冲突后重建，冲突发生国提高自身治理能力的动力被无形地减弱了。以冲突后社会治安维护为例，冲突发生国通常更愿意将将维持治安及社会稳定等“高投入、少收益”的重建事宜交由力量更为强大的外部主体完成，其自身就能够利用有限的资源去实现政治机制重建、经济重建等对其而言更为现实的重建事宜，如在1995年波斯尼亚内战结束后，由于联合国维和部队的介入，波斯尼亚并未对恢复当地武装警察部队的维持治安能力投入过多精力，以致直到2002年当地武装警察力量仍不能为当地居民提供必要的安全保障。[①]

实际上，无论是否有外部主体参与，冲突发生国自身所具备的管理内部事务及维持国家和平稳定的能力对冲突后社会持续和平的建立都至关重要。参与冲突后重建的外部主体，无论是国家还是国际组织，其最终必然要退出冲突后阶段。如果在此期间不重视冲突发生国自身维持和平能力的培养，一旦外部强制和平力量撤离，冲突发生国自身能力欠缺的事实必然暴露无遗。[②]国际社会已逐渐

① 参见[美]保罗·F.戴尔、丹尼尔·德鲁克曼：《和平行动的评价》，聂军译，世界知识出版社2014年版，第149页。

② 如科索沃安全重建，由于科索沃和国际社会在重建过程中都忽视了对科索沃自身维护安全能力的培养，直到2009年科索沃警察部队职员的人数仅为7070人，其根本不具备维护当地基本社会安全的能力，即使在其宣告独立后，北约仍需要在该地区部署约为1.6万人规模的科索沃维和部队以帮助其维护当地社会治安。参见江涛：《后冲突时代的秩序重塑：美国在海外的国家重建行动研究》，世界知识出版社2009年版，第128~130页。

认识到冲突发生国持续和平的实现最终还有赖于其自身维持和平能力的提升。[①]应当承认，刚刚结束武装冲突的国家常常面临自身能力严重缺乏的现实，特别是在一国国内社会处于严重混乱和动荡的局面下，外部援助是一种消除潜在安全威胁的有效方法。但该国持续和平的实现最终还是要依赖于其自身维持和平能力的提升。战后法的能力建设原则旨在实现这一目标，它要求：参与冲突后重建的国际社会成员应帮助该国建立可代表其人民根本利益之合法政府，任何行动及措施，包括建立机构和法制，都应以有助于增强（至少不能减损）该政府自身消除潜在安全威胁、维持持续和平之能力为归旨。[②]

三、协调原则

由于参与冲突后重建的主体繁多，冲突后重建的内容也十分多样。在冲突后重建过程中，具有不同政治目的和利益追求的主体之间不可避免地会产生矛盾和冲突。有学者认为，国家在单纯的政治性问题上的决策分歧缘于不同主体各自政治立场的不同，但从政治本身的属性来看，不存在不能协商解决的问题，即使在最缺乏民主的环境里，人们也不能永远依靠武力来解决争端，况且当前国际社会已最大限度地禁止使用武力解决争端，所以在冲突后阶段，国际社会成员之间的分歧也可以通过谈判或者在国际组织框架内协商

① 如2011年联合国高级咨询小组的报告就指出“（为）实现和平过渡……必须培养冲突发生国的潜在治理能力”，此后联合国秘书长于2011年和2012年分别提交的《冲突后文职能力》和《冲突后民事能力》报告从能力建设角度向联合国机构和成员国提出了的一些具体的行动要求和建议。参见 A/67 /321 /–S /2012 /645，A/66 /311–S /2011 /52。

② 参见李若瀚：《武装冲突法的新发展："战后法" 法律问题研究》，载《时代法学》2012年第5期。

解决。[①]该观点强调通过协商方式解决冲突后重建过程中国际争端的主张不无道理。国际社会成员在冲突后重建过程中产生的矛盾和分歧是可以通过协商、谈判或合作的途径加以解决的。但该观点也反映了学者对国际关系的一种理想主义认识，在现实中几乎没有国际主体仅基于“单纯的政治目的”参与冲突后重建。就国家而言，实践中几乎不存在纯粹以维护国际社会利益或以保护基本人权为目的而参与冲突后重建的情况；[②]联合国的冲突后重建实践似乎更接近这种假设，但联合国作为一个政治性机构，其在冲突后阶段的行动也不能摆脱其成员国（特别是超级大国）的政治博弈和利益平衡的影响。[③]从现实主义的角度来看，国际社会成员参与冲突后重建通常都希望将重建进程导向对自身更有利的方向发展，如美国主导的伊拉克战后重建，美国利用其在伊拉克具有的政治和军事优势抢占了伊政府对外开放的大量工程，包括总金额高达500亿美元的石油开发和基础设施重建项目。[④]

---

① See A. S. Milovidov, E. A. Zhdanov, “Sociophilosophical Problems of War and Peace”, *Russian Studies in Philosophy*, 1981(20), pp. 3-39.

② 纯粹意义上的人道主义干涉实际上很少发生，联合国安理会的第940(1994)号决议是安理会第一次以恢复民主和人权为目的而授权使用武力。该决议指出：“在海地进一步恶化的人道主义形势，特别是非法的、事实上的系统地侵犯公民自由的形势继续升级……海地的形势继续构成了对该地区和平与安全的威胁。” See Gareth J Evans, Mohamed Sahnoun, *The Responsibility to Protect: Report of the International Commission on Intervention and State Sovereignty*, Ottawa, International Development Research Centre, 2001, p. 12. also S/RES/940(1994).

③ 参见何增科：《全球民主治理与联合国改革》，载《当代世界与社会主义》2004年第1期。

④ 在伊拉克经济重建过程中，美国政府支持伊拉克当局出台《石油天然气法》以“公平方式”向全国各省分配石油利益并将伊拉克的石油资源向外国石油公司开放，但另外，美国却利用其在伊拉克的政治和军事优势抢占了大量的石油开发和基础设施重建项目。参见刘月琴：《伊拉克战后重建及问题》，载《西亚非洲》2004年第1期。

不可否认，不同的国际社会成员参与冲突后重建会有不同的利益诉求。要求国际社会成员纯粹为了冲突发生国恢复和平而参与冲突后重建显然是不现实的；相反，承认不同主体的不同利益诉求是将冲突后重建行为限制在法律可控范围之内的前提。在冲突后重建问题上，允许国际社会成员通过参与冲突后重建获得正当的利益，同时约束其追求各自利益的行为以避免其威胁到冲突后社会的和平秩序，是一个更有助于恢复冲突后社会持续和平的方法。在冲突后重建问题上，战后法可以为参与冲突后重建的国际社会成员提供一个解决矛盾、协调分歧的法律平台。它允许国际社会成员在参与冲突后重建过程中通过相互合作来获得正当利益，[①]同时又约束国际社会成员的冲突后重建行为，以避免其对已经建立的和平秩序造成破坏。战后法的协调原则要求：参与冲突后重建的国际社会成员应协调各自行为，在相互尊重基础上通过对话、协商等方式消弭分歧，不应拒绝合作而使已建立的和平状态遭到破坏。[②]以科索沃的安全重建为例，在科索沃战争结束后，俄罗斯同北约国家有不同的安全利益诉求。在经过反复磋商和谈判之后，北约与俄罗斯于1999年6月最终达成了关于科索沃维持和平问题的《赫尔辛基协定》，双方在争议问题上达成妥协并决定共同维护该地区的和平稳定，该协定的达成无疑是战后法协调原则的一个现实表现。[③]

---

① 参见刘志云：《国家利益理论的演进与现代国际法——一种从国际关系理论视角的分析》，载《武大国际法评论》2008年第2期。

② 参见李若瀚：《武装冲突法的新发展："战后法"法律问题研究》，载《时代法学》2012年第5期。

③ 参见江涛：《后冲突时代的秩序重塑：美国在海外的国家重建行动研究》，世界知识出版社2009年版，第128页。

四、相称性原则

相称性原则是武装冲突法的一个基本原则。它要求“作战方法和作战手段的使用应与预期的、具体的和直接的军事利益相称（或称成比例），而禁止过分损害的攻击行为以及引起过分伤害和不必要痛苦性质的作战手段和方法”。[①]武装冲突法的许多具体规范都反映了这一原则，如《日内瓦四公约第一附加议定书》第57条，它规定“如果……发现攻击可能附带造成与预期的具体和直接军事利益相比会对平民生命、人身或财产造成过分损害，该攻击应被取消或停止。”[②]武装冲突法的相称性原则旨在实现国家在战争中追求军事利益最大化与最大限度地保护战争受难者之间的平衡。其平衡方式是通过具体法律规范对国家在战争中的行为加以限制，那些过分追求军事利益而实施的不必要的作战方式和作战手段是被武装冲突法禁止的。

在具体的冲突后重建事宜上，如何实现国际社会成员短期利益诉求与实现冲突后社会持续和平之间的平衡，需要国际社会成员根据具体情况对其行为进行自我评估和自我约束。对于武装冲突的胜利者而言，由于其在冲突后阶段通常会获得更大的重建权力，无论是从人道主义角度还是从实现公平正义的角度而言，限制战争胜利者的重建权力是十分必要的。胜利者作为武装冲突中的当事方，一旦其在冲突后阶段成为最终的裁判者，这种身份上的竞合会使人有足够的理由质疑胜利者能否在冲突后重建问题上本着公平、公正

① 参见盛红生、肖凤城、杨泽伟：《21世纪前期武装冲突中的国际法问题研究》，法律出版社2013年版，第96页。

② 《日内瓦四公约第一附加议定书》第57条。

的原则作出决断。如在追究战后责任的问题上，正确的做法是考虑追责目的并选择适当的追责方式，即使是对发动侵略战争的侵略者，过分的惩罚或报复性的处理措施也是存在问题的，[①]它可能引发激烈的反抗和复仇情绪，反而不利于冲突后社会向和平的过渡。战后法旨在避免这种情况发生，其相称性原则要求：任何战后法的内容和规范都应使其阶段性目标与实现持续和平之目标相称，最大限度地与持续和平目标相一致（至少不能明显背离该目标）；国际社会成员在实施冲突后重建行为时应充分考虑其行为目的与可能产生的损害结果之间的平衡，且不能背离实现冲突后社会持续和平这一根本目标。[②]

五、区分原则

同相称性原则一样，区分原则也是武装冲突法的一个基本原则。[③]它要求在武装冲突中将平民与战斗员、战斗员与非战斗员、有战斗能力的战斗员与丧失战斗能力的战斗员、军事目标与非军

① 奥兰德指出，在任何时候报复性的处罚都会招致战败者更多地不满和复仇心理，反而会给冲突方将来的和平相处带来障碍，实施了正义战争的胜利者，其在获得军事上胜利的同时，也赢得了国际社会的认同，报复性的惩罚是没有必要的，它只能导致非正义的结果，也会使战败国获得再次开战的借口。See Brian Orend, *War and International Justice: A Kantian Perspective*, Waterloo, Wilfrid Laurier University, 2000, p. 232.

② 参见李若瀚：《战后法法律体系构建》，载《武大国际法评论》2017年第2期。

③ 如《日内瓦四公约第一附加议定书》第48条和《日内瓦四公约第二附加议定书》第13条中均有与区分原则相关的具体规定。国际法院在1996年的“以核武器相威胁或使用核武器的合法性”咨询意见中重申了区分原则是武装冲突法的“核心原则”。

事目标区别开来，并在武装冲突中分别给予其不同的对待。[①]就武装冲突的性质和目的而言，在武装冲突过程中作上述区分是非常必要的。即使战争带来的死亡和伤害不能避免，但战争的实施者仍要最大限度地减少不必要的杀戮和伤害，尤其不能以伤害平民为目的。[②]该原则反映了武装冲突法对人本价值的关怀，武装冲突各方恪守区分原则对于在战争中保护战争受难者的基本权利十分重要。[③]

在冲突后阶段，通过区分原则保护冲突发生国人民的生存和发展权利也十分重要。无论是传统正义战争理论还是以往的冲突后重建实践，国际社会成员在强调对侵略者施以惩罚的同时，却忽略了这种惩罚的结果可能被施之于冲突后发生国人民，或者被该国的执政者通过各种形式的国内机制转嫁于该国人民。不管是近代以来的战争赔款，还是现代战争结束之后的经济制裁，战争的恶果实际上最终还是由冲突发生国的人民承担，如第一次海湾战争之后国际社会对伊拉克实施了经济制裁，其结果造成伊拉克国内经济的崩溃，伊拉克人均收入大幅下跌，但萨达姆政权却能够在制裁期间通过联合国“石油换食品”计划非法聚敛财产101亿美元之

---

① 参见盛红生、肖凤城、杨泽伟：《21世纪前期武装冲突中的国际法问题研究》，法律出版社2013年版，第97页。

② 战争并不是以屠杀或消灭平民为目标，而是以取得军事胜利为目标的。对失败者一方而言，造成更多的平民伤亡也无助于该目标的实现；对于胜利一方而言，既然已经取得了胜利也无必要造成更多的伤亡。在战争中冲突各方尽量减少对非战斗人员造成不必要伤害是古往今来一直被遵循的战争法习惯。

③ 参见曾令良：《现代国际法的人本化发展趋势》，载《中国社会科学》2007年第1期。

巨。[1]因此，要求国际社会在对冲突发生国实施制裁时将其政府同该国人民加以区分是十分必要的。另外，国际社会也应当将其对冲突发生国政府提供的援助与向该国人民提供的援助加以区分。从国际实践来看，对外部援助作此区分不无道理，虽然在许多武装冲突发生后国际社会通常会向武装冲突的受难者提供大量的援助和物资，但这些援助却并不会被全部用以惠及武装冲突中的受难者。[2]对于那些不得不交由冲突发生国或其他国际实体代为向武装冲突中的受难者发放的援助和物资，国际社会成员应建立监督机制或要求冲突发生国政府公开该援助的发放办法及实施过程，以免此类援助被挪用、贪污或因管理不善而灭失。

战后法区分原则的提出旨在避免上述不良结果产生。它要求，国际社会成员在冲突后阶段的各种安排，特别是实现战后责任时，应区分冲突发生国的国家政府、政治精英与普通民众，避免针对该国政府或者某些政治精英的制裁和处罚措施直接施加于或被转嫁给该国的普通民众并对其造成严重伤害，同时还应避免该国政府或某些政治精英将国际社会向该国人民提供的外部援助据为己有或挪为他用。

---

① 通常，在国际社会看来是针对一个国家实施的制裁其结果，却往往由国家通过赋税或者其他形式转由其人民承担，而这种制裁对那些作出侵略决策的政治精英并不发生效果，他们甚至能够从国际社会对其人民的人道主义援助中获得更多利益。See Joseph A.Christoff, *United Nations: Observation on the Oil for Food Program*, Washington, D.C., U.S. General Accounting Office, 2004, pp. 4–5.

② 据联合国估计，在波黑战争中，国际社会援助的物资在最终到达发放地的过程中至少丢失了30%。在物资发放过程中普遍存在腐败行为和黑市交易现象，甚至联合国维和部队的一些成员也参与其中。参见［美］保罗·F.戴尔、丹尼尔.德鲁克曼:《和平行动的评价》，聂军译，世界知识出版社2014年版，第146页。

但应明确，对冲突发生国人民基本人权的保护并不意味着要求国际社会放弃对侵略国施以惩罚或者为了避免该国人民不被牵连而放弃追究侵略者的战后责任。它只是要求国际社会在建立战后责任机制以实现违法者战后责任之时尽量避免制裁结果被直接作用于冲突发生国人民而不能起到真正的制裁效果。当然上述区分应是有限度的，现实中，在战后责任问题上将国家责任的承担与其人民对该责任的分担完全隔离既是不可能的，也是不现实的。

第三节　战后法的运行机理

战后法的运行机理是指战后法作为一个法律系统其法律规范的内在联系、功能及运行原理。对战后法运行机理的研究，就是要回答“战后法是如何运行的”这一问题。该问题的解决需要从以下两个角度对战后法加以研究：第一，从法律自身的协调和运作角度考察战后法的内部逻辑及其如何通过其内部相关规范发挥约束作用的，也就是战后法的构造问题；第二，从国际社会成员的角度考察战后法是如何确保其自身在冲突后阶段被国际社会成员践行的，也即战后法的遵守问题。

一、战后法的内部结构

战后法的内部结构，是指国际社会成员为实现冲突后社会的持续和平，通过其交往行为构建起来的战后法体系内部的法律规范和法律机制所具备的结构性特征。冲突后社会的性质决定了战后法的内部结构和规范性特征。

（一）战后法如何实现法律正义

冲突后社会“自发的正义”的实现离不开战后法规范和法律机制的完善。与国内法意义上的法的适用不同，[①]国际社会并不存在凌驾于国家主权之上的立法、执法和司法机构，与冲突后重建相关的法律规范和法律机制的构建只能依赖作为立法者的国际社会成员自身。前已述及，任何战后法规范产生，都源于国际社会成员在冲突后阶段的交往行为，其交往行为中产生的行为规则，又被国家通过国际协定法或者国际习惯法的方式发展为具有法律约束力的战后法规范，这些规范在形成之后又反之对国际社会成员适用。国际社会成员在通过其自身行为塑造战后法规范的同时，也通过国家间交往行为对这些规范加以选择。[②]他们通过否定性的行为避免不符合法律正义的行为规则发展成为法律；通过肯定性的行为促使符合法律正义要求的行为规则被发展成为法律。国际社会成员实施的交往行为发生作用也不是立竿见影的，而是需要一个作用效果反馈的过程。该过程对整个国际社会产生影响的期间十分漫长，它也会因国际社会成员对冲突后重建问题认识的变化而产生反复或自我否定的情况。从整体来看，在冲突后阶段国际社会的立法趋势是，通过国际社会成员间的交往行为，使更多更符合法律正义的行为规则发展成为战后法规范。

---

① 国内意义上的法律适用是指国家机关及其公职人员实现法律规范的活动，它包括立法（创设法律）、执法（执行法律）和司法（依法律审判）三个方面。

② 在冲突后阶段，那些符合国际社会成员一般认知和国际法规范的行为无疑会被国际社会成员提倡和支持；相反，那些违反一般认知和国际法规范的行为则会遭到其他国家的质疑和反对。

由于冲突后社会并不存在更高一级的权威对违反战后法的国际主体施以制裁，国际社会成员的违法行为并不会直接导致不利的行为后果，而只能在国际社会成员今后的交往行为中对违法者产生不利的影响。该影响发生作用的基础是国际社会成员间的“行为信赖”。[①]由于在冲突后阶段任何单个主体都很难独自完成冲突后重建工作，持续和平的建立只能通过国际社会成员间合作的方式来实现。对那些经常违反战后法规范的主体来说，随着他们在冲突后社会中“行为信赖”的降低，其他国际社会成员同其合作的意愿也会逐渐减小。长此以往，实施违法行为的国际社会成员在冲突后重建中的实际作用以及预期利益的实现都会受到不利影响，因此，确保自身在冲突后社会的“行为信赖”对国际社会成员在参与冲突后重建过程中利益的实现无疑十分重要。如果在冲突后阶段对国际社会成员行为合法性的判断不能依赖于更高的权威，而只能依赖于平等主体间的共同认知，那么对于战后法的构建而言，其法律规范本身就需要更加接近国际社会成员对特定重建问题的一般认知标准以及普遍存在于人类群体中的道德底线。因为这样的法律规范更能获得大多数国际社会成员的认同和遵守，而对此类法律规范的违反也更容易减损违法者的“行为信赖”，从而影响其预期利益的实现。因此，战后法规范需要更近“人情”，即更符合冲突后社会的现实以及人们对特定重建问题的一般认知。

冲突后社会是多元化的，它意味着不同国际社会成员在冲突后阶段在政治、经济、文化等方面的价值取向是多样的。即使同一国

① 国际社会成员的“行为信赖”是指国际社会成员在国际交往中对其他国际社会成员会遵守国际社会共同行为规范的确信程度。

际社会成员其参与冲突后重建也不总是仅具有单一的利益追求，其在冲突后阶段不同时期的利益追求也是不断发生变化的。通常，在武装冲突停止的最初阶段，国际社会成员最注重的是安全价值；当安全价值基本得到满足之后其关注重心便会转向政治利益；而在冲突发生国的国家机制得以重建并逐渐恢复之后，国际社会成员的关注重心又会转向经济方面的利益。但即使如此，特定国际社会成员在冲突后阶段的行为在整体上又是具有特定指向的，即每一个国际社会成员虽然其参加冲突后重建的目的可以是多重的，但其中必然有一些价值追求是更加重要和更加根本的。如实践中联合国主导的冲突后重建，其最主要的目的是恢复冲突后社会的和平与法治；美国主导阿富汗、伊拉克等国的冲突后重建，其主要目的则是通过对这些“失败国家”政治机制的民主化改造以消除他们给美国及其盟友可能带来的安全威胁。[①]因而，战后法对国际社会成员冲突后重建行为的规范应避免被静止不动、一成不变的思想所主导，其除了应对国际社会成员的冲突后重建行为进行全面规范的同时，还应根据特定主体参与冲突后重建的根本目的对其重建行为进行针对性的规范，即在冲突后阶段的不同时期根据冲突后重建的不同内容区分相关主体的不同权责。

冲突后社会法治的基本要求是禁止绝对权力（不受限制的权力）的出现。在冲突后阶段，特别是武装冲突结束初期更容易出现绝对权力。在国际关系受自然法则支配的时代，战争胜利者通常

---

① 美国前总统乔治·布什（George Bush）曾直言不讳地宣称（他本人）“强烈支持民主的原因是因为民主国家不会发生战争……中东的出路在于促进民主”。See George W. Bush, “President and Prime Minister Blair Discussed Iraq, Middle East”, http://www.wihtehouse.gov/news/releases/2004/11/20041112-5.html.

拥有战后安排的绝对权力，该权力的存在使国际法发挥作用的空间十分狭小。双边条约乃至多边条约，都可能沦为强权的工具，以实现胜利者既得利益的法律化。在现代社会，国际法的作用虽然得到了显著加强，但国际社会仍不能忽视战争胜利者在冲突后阶段获得绝对权力的内在需求，以及胜利者将其绝对权力伪装在冲突后重建主导权之下的可能。[①]战争胜利者在冲突后阶段的绝对权力对冲突后社会持续和平的建立无疑是种威胁：一方面它是对国际法基本原则的破坏，在国际事务中包括冲突后重建事务，任何国家不论其大小、强弱都应是平等的；另一方面它会引起参与冲突后重建的其他国际社会成员对绝对权力者的敌视，因为权力越大就会导致权力者越倾向于滥用该权力，也更容易激起不满和反对，这反而不利于冲突后重建工作的顺利展开。虽然战后法避免绝对权力出现的要求主要是为了在冲突后重建问题上限制处于绝对优势地位的国际社会成员的重建权力，在冲突后社会普遍存在权力滥用的背景下，这种限制也能够在一定程度上起到缓解国际社会成员间矛盾的作用。

在战后法框架下，法律本身并不要求战争胜利者在武装冲突结束后必须参与到冲突后重建进程之中。胜利者参与重建是出于自愿的行为。战后法也并不认为胜利者具有任何法律上的优势地位，一旦其参与到冲突后重建进程之中，它就应当同其他国际社会成员

① 与以往战争不同，在现代战争语境下，胜利者绝对权力的获得往往是通过妥协方式实现的，其具有一定的隐蔽性。胜利者作为军事优势一方，其对冲突后社会和平状态的影响至关重要。现实中国内主体有时迫于压力也不得不允许一定程度的强权存在，但它又不是绝对的强权。胜利者在最大限度地利用其军事优势实现其政治目的的同时，也会充分考虑其自身行为的合理性与合法性。

一样接受战后法规范的约束。实际上除了冲突后阶段的军事占领外，战后法并未专门对胜利者设定与其身份有关的特殊义务。这种法律规范的构建方式，一方面可以淡化战争胜利者的道德身份，另一方面也有利于在相关问题上将胜利者同其他国际社会成员同等对待。例如，对战争犯罪的处罚，武装冲突中的任何一方对其实施的战争犯罪都应承担责任，即使是胜利者也不能因为其获得了武装冲突的最终胜利而逃脱惩罚。吸引战争胜利者继续留在冲突后阶段参与冲突后重建的动力，显然不是新正义战争理论所宣称的道德责任，①而是冲突后社会存在的各种现实利益。战后法虽然否定了胜利者在道德上的特权，但却并不禁止他们通过符合战后法规定的方式在冲突后阶段取得这些利益。承认胜利者有权利获得合法利益无疑有助于其积极参与冲突后重建并成为恢复和平的推动力量，越多法律可控力量参与到冲突后重建当中就会越有利于冲突后社会持续和平的建立。因此，为淡化国际社会成员的道德身份对冲突后重建产生的不利影响，战后法在承认特定主体特殊利益追求的前提下对所有参与冲突后重建的国际社会成员给予同等对待。

（二）战后法如何规范主体行为

战后法对国际社会成员在冲突后阶段法律关系的调整是通过确定主体间权利义务关系的方式实现的。长期以来，国际社会成员在冲突后阶段的行为一直处于无序状态，不管是冲突发生国的内部主体还是其他外部主体，他们的冲突后重建行为都没有受到

---

① 新正义战争理论认为胜利者负有参与侵略国国家重建的责任，该责任来源于战争本身的“恶”：战争双方都应当对战争承担责任，出于道义上的要求，胜利者有义务推动侵略国实施重建（主要指政治重建）以保证该国以后不再实施侵略行为。

明显约束，这也导致战争胜利者在其所处特定国际环境中能够拥有最大程度上的发言权和行动自由。这种情况至今仍未得到根本改善。一些参与冲突后重建的外部主体，常常以胜利者身份或者代表国际社会集体利益的姿态出现，他们不但拥有更多权力安排冲突后重建相关事务，而且这种权力也因其表面上更符合战争伦理而被认为是理所应当的。但随着国际社会对冲突后阶段认识的不断深入，人们发现即使是最能代表国际社会利益的联合国，其在冲突后阶段实施的一些行动也会出现问题，并产生不良影响。事实证明，在冲突后重建问题上根本不存在绝对的权威，也不可能有哪个主体能够保证其在冲突后阶段所作出的决策和实施的行为都是符合法律正义要求的。在战争胜利者在冲突后重建中的权力不断膨胀的情况下，对那些可能影响持续和平实现、可能损害冲突发生国及其人民利益乃至国际社会整体利益的行为加以禁止已成为战后法的主要任务。在规范国际社会成员战后重建行为的问题上，相对于授权性规范，战后法无疑要更加依赖禁止性规范。①

战后法避免为国际社会成员设定绝对权力，但也要求在特定的冲突后重建事宜中必须有承担主要义务的主体存在。对战后法体系而言，义务性规范（那些规相关主体必须实施积极行为的法律规范）尤为重要。在冲突后阶段，冲突后社会处于由消极和平状态向积极和平过渡的历史时期。只有要求国际社会成员采取更加积极

① 战后法的禁止性规范是指那些禁止国际社会成员在冲突后阶段实施某种行为的法律规范。

的行为，才更有利于持续和平的实现。[1]由于冲突后重建的过程通常是不可逆的（如新政府的建立），而战后法作为国际法本身仍是一类“软法”，赋予国际社会成员在冲突后阶段的行为权利并不困难，但对这些主体行使相关权利时的监督以及对其实施的越权行为的矫正则十分困难。因此，过多的授权性规范反而会产生更多负面影响。为避免国际社会成员在冲突后阶段对权利的滥用，战后法对义务性规范的依赖要远大于其对授权性规范的需求。

在任何情况下，不同国际社会成员之间的力量都存在强弱不同（虽然这种强弱仅仅是相对的）。战后法的一个重要任务是在冲突后阶段尽可能地排除战争胜负和国际社会成员间的实力差距对他们之间相互关系的影响。战后法通过将由战争造成的不同主体的道德身份同他们法律上的权责相剥离以实现冲突后阶段的法律正义。战后法需要更多地借助普遍性规范以实现这一目标。[2]但普遍性规范本身也存在一个问题：一个具体规范越普遍、其适用的主体越多，其本身的内容就会越抽象，也越容易在现实中被国际社会成员所规避。比如现代国际法一般性地禁止在他国建立“傀儡政权”以实施殖民统治，但这样的规定并不能防止胜利者利用手中掌握的重建权

① 以对冲突后社会治安的维护为例，如果战后法不在特定阶段为特定主体设定保障冲突后社会基本安全的义务，几乎没有主体愿意主动承担这项任务，因为该任务不仅需要相关投入大量的治安维持力量，而且也很可能使自己成为各种暴力行为针对的对象，在联合国维和行动中联合国维和部队受到来自冲突各方直接攻击的情况也越发频繁；但如果没有稳定的社会秩序，冲突后社会的其他重建工作又很难继续，因而通过战后法确定特定主体维护冲突后社会治安的义务十分必要。参见贺鉴、蔡高强：《从国际法视角看冷战后联合国维和行动》，载《现代国际关系》2005年第3期。

② 战后法的普遍性规范是指在冲突后阶段对所有参与战后重建的国际主体统一适用的法律规范。

力在冲突发生国建立一个对其依附性更强的政府机构。再如，战后法要求对国际社会成员在武装冲突中的违法和犯罪行为加以追究，但该规范也不能避免一些国家怠于对其本国公民在武装冲突中的犯罪行为施以惩罚。因而，战后法的构建除应注重建立普遍性规范之外，还应重视建立更具针对性的法律规范作为补充。针对性规范更加注重从冲突后重建的具体问题入手，通过依据特定主体在特定事务中发挥的作用分配相关主体权责，以避免普遍性规范设定的过于宽泛的义务带来的不确定性。那些具有广泛约束力的普遍性规范和在具体问题上更加细致的针对性规范共同构成了战后法处理冲突后重建问题的规范体系。

从其调整的内容来看，战后法不同法律机制之间的联系并非十分紧密。[①]调整内容上的分离性也造成了战后法规范的分散性。在冲突后阶段，在不同的冲突后重建事宜上，不同国际社会成员的行为所指向的利益、其利益的实现方式以及其在冲突后重建行为都可能发生冲突。战后法规范的分散性以及不同战后机制之间的疏离使国际社会成员在发生利益冲突之后的事后补救变得相对困难。促使国际社会成员在冲突产生之前通过相互合作的方式化解潜在矛盾则可以避免上述困境出现。战后法更提倡通过行为主体间协调的方式解决不同主体间的矛盾。上述要求使战后法规范呈现一种合作性规范多于对抗性规范的特征，因为一方面，在不同的战后法机制中不同法律主体的任务和作用是存在主次之分的，国际社会

① 战后法的主要调整内容包括：冲突后阶段的军事行动、冲突后阶段的过渡正义、冲突后阶段的政治重建和冲突后阶段的社会重建等内容。这些内容在很大程度上是彼此分离的，比如冲突后阶段的军事行动和冲突后阶段的过渡正义，除了相关主体在军事行动中实施的违法或犯罪行为之外，很难由其他因素使两者发生联系。

成员间的合作关系比对抗关系更容易形成；[①]另一方面，冲突后社会持续和平的实现要求避免任何可能使冲突后社会重回战争状态的对抗。

同其他国际法部门一样，战后法也同时存在实体性规范和程序性规范，但这两类规范在战后法中又具有特殊性。整体而言，战后法的实体性规范和程序性规范都相对缺乏，其程序性规范则更少。虽然冲突后重建已成为国际社会共同面临的一个全球性的问题，在不同的冲突后社会中，冲突后重建的具体环境和其面临的主要任务是不同的，不同国际社会成员在重建实践中所面临的具体问题也是不同的。现实中，在相关法律规范和重建经验都十分缺乏的情况下，冲突后重建的需求却总是十分紧迫的，这导致在许多时候国际社会成员处理具体冲突后重建问题的行为和方式都具有应急性和临时性特征。而过于严格的程序性规范会限制国际社会成员快速做出反应的能力，从而阻碍国际社会成员对紧迫的冲突后重建问题采取更权宜的措施。[②]因而在战后法的构建过程中，基于冲突后重建问题的复杂性以及国际社会成员重建行为与方式的多样性和易变性，冲突后社会在战后法初创阶段对战后法中实体性规范的需求相比于程序性规范更加强烈。

---

① 以战后责任机制为例，各种刑事司法机构是实现战后责任的基本主体，国家在该事宜中只能起辅助作用，此时国家之间的矛盾对该机制的影响并不显著。但反之，国家之间通过合作方式追究武装冲突过程中的违法责任，无疑会更有助于促进战后正义的实现。

② 这并不是说程序性规范是不重要的。实际上，在某些情况下其重要性甚至可能超过实体性规范，比如在战后责任的实现过程中，明确而公正的司法程序对法律正义的实现是至关重要的。但整体上看，特别是在战后法的初创阶段，那些与重建和平相关的程序性规范因其对相关主体行为的限制更加具体，反而不容易获得国际社会成员的认同和遵守。

（三）战后法如何分配主体权责

在特定的冲突后重建事务中，战后法除为国际社会成员设定义务之外，也赋予其相关权利和职责（以下简称权责）。[①]冲突后重建权责的分配，不仅同参与冲突后重建的主体有关，更与这些主体所参与的冲突后重建具体事宜有关。在纷繁复杂的冲突后重建事务之中将战后法调整的事宜从其他国内事务中抽离出来，即区分战后法同国内法调整范围之间的界限是战后法分配国际社会成员权责的基本前提。在冲突后阶段，很难通过明确"国家主权内部事务范围"的方法划分这一界限，因为战后法的产生本身就是建立在打破"国家主权内部事务范围"的基础之上。鉴于此，明确战后法自身的调整范围，也即确定国际社会成员在冲突后阶段权责的外部界限就变得非常重要。就国际社会成员参与冲突后重建事务内容的范围而言，其限度原则上不能超越并深入冲突发生国国家机器的内部运转之中。以冲突后社会的政治重建为例，在冲突发生国建立一个能够代表该国人民意愿的政府是冲突后重建的一个最基本的要求。任何外部力量都不可能永远代行该国政府管理的职能，其自身政府机制的建立和有效运作是维持冲突发生国和平与稳定的基础。因而在冲突后社会的政治重建问题上，战后法对国际社会成员权责分配的范围仅限于帮助在冲突发生国建立合法政府（如协调冲突发生国国内主体间的矛盾、监督民主选举等），至于该政府的部门构成、人员组成和运行模式则由该国人民自行决定。

---

① 如前所述，持续和平的建立需要依靠国际社会成员更积极的行为，仅仅依靠为相关主体设定义务是不够的；通过相关主体的权责分配调动其参与战后重建的积极性，对于持续和平的实现也是必不可少的。

总体而言，战后法所调整的国际社会成员的冲突后重建行为在内容上是不连贯的。比如冲突后阶段的军事占领同冲突后社会的政治重建两者之间就不存在明显的关联，不同的国际社会成员在这涉及这两种事务的处理问题上的权责也是不同的。在冲突后阶段的不同时期，即使相同主体的角色、地位、作用和影响也是不断变化的。有时在某一机制中处于主导地位的主体，在其他重建机制中却可能处于从属地位，甚至可能完全不能发挥作用。比如占领国对其占领地区在占领期间享有临时管理的权力，但这种权力并不能延伸至非占领阶段，对于占领之外的问题，如在战后责任机制的建立问题上，占领国就不能将其临时代行的政府管理职能延伸至建立国际刑事司法机构方面，更不能代替上述司法机构对战争犯罪行使管辖权。国际社会成员在冲突后重建的不同阶段以及在具体重建事宜中的不同作用，是战后法在冲突后阶段合理分配国际社会成员的冲突后重建权责的依据。其在构建相关主体权责时不能仅根据主体不同分配其权责，而应当以冲突后重建在不同时期的主要内容为根据。同时战后法应确保这些权责发生作用的范围仅限于处理该特定的冲突后重建事宜，避免其延伸至其他冲突后重建事务之中以产生权力滥用的风险。简言之，战后法在分配国际社会成员权责时应当确保相关主体在特定问题上的权责“不越界”。

冲突后重建的进程在时间和空间上都不是呈线性的。国际社会成员实施的各种与重建相关的活动会发生在同一时空，冲突后阶段的军事占领、治安维持、审判战犯、政治重建等活动通常是同时发生、同时进行的。其重建过程和重建效果相互独立，有时也会产生反复和波折。各项重建工作的进行都需要投入大量的人力、物力和财力。但国际社会成员在冲突后阶段能够投入的资源往往又是有限的，如何有效利用有限的资源来处理冲突后阶段庞杂的重建事务是当前冲突后重建面临的一个现实困境。战后法对特定冲突后重建问题的处理是通过在确立相关法律规范的基础上建立相关法律机制来实现的。具有不同功能和作用的战后法机制对于妥善处理特定冲突后重建事宜具有重要作用。因此考虑到冲突后社会资源有限的现实，战后法在分配主体权责时应当以解决特定问题为目的，以特定法律机制为框架来分配参与该机制的相关主体的权责。这也是战后法实现资源有效利用的一种方式。

在一个战后法机制内部，与该特定重建事宜相关的权责原则上应当由不同主体分享。因为一方面，在大多数情况下仅依靠单一主体很难完成特定的冲突后重建任务，如冲突后社会治安的维持，实践中无论是冲突发生国还是占领国甚至是联合国，他们并不总是能够依靠其自身力量实现冲突后社会的安全与稳定，这一现实使国际社会成员分享冲突后重建权责成为可能；[①]另一方面，即使特殊情况下某一主体能够独自承担并完成冲突后重建任务，但任何情况下在一个法律机制内部仅存在单一的权利主体都会带来很高的权利滥用风险。使不同主体分享相关权责实际上也是为了实现国际社

① 对占领国而言，由于其投入军队的多少与其经济上的开支和人员的伤亡是成正比的，因而一旦武装冲突结束，他们通常更愿意在其军事、政治、经济目的实现后或者部分实现后，尽快撤出冲突地区；对冲突发生国而言，由于武装冲突带来的严重伤害，该国往往欠缺维护社会安全的能力，而其自身治安力量的建立又需要一个长期的过程；对于联合国维和机构而言，其能够利用的维和部队和资金也都十分有限，特别是随着联合国维和行动在全世界范围内更广泛地实施，其资源匮乏的问题进一步凸显。总体上看，从有效利用资源的角度而言，国际社会成员通过合作，在冲突后阶段的社会治安维持问题上形成合力，更有利于他们共同利益的实现。

会成员间的相互制约和必要监督。同时，在一个战后法的法律机制内部，特定主体一经明确的权责原则上是不能被其他相关主体所共享的，即在特定冲突后重建问题上的权责一旦被赋予某一主体之后就不能再被赋予另外的主体。以战后责任机制为例，虽然在冲突后阶段国际特设法庭、国际刑事法院和国内法庭等司法机构共同分享了实现战后责任的权能，但这些司法机构各自的权责也存在明确的界限：国际刑事法庭主要负责处理那些对国际社会具有严重危害的战争犯罪；国内法庭则主要负责处理战争期间的国内犯罪。反之，如果对上述司法机构各自管辖范围（也即其权责分工）的界分并不明确，就很容易造成对特定犯罪的双重管辖，从而引发这些司法机构之间的管辖权冲突。不同主体权责的重叠不仅可能会引起双重或者多重管辖，进而引起不同主体间的权力争夺，其也很可能造成相关主体在特定冲突后重建问题上的相互推诿，并最终导致这些主体都不履行该职责的后果。对国际社会成员来说，他们并非总是愿意在任何情况下都履行其法律责任；如果存在其他责任主体，他们也可能选择在不承担违法后果的情况下避免履行其职责。

在战后法特定法律机制内部，不同主体的权责是有主次之分的。这种主次的分别并不意味着那些主要的权责其位阶更高，而是因为不同的战后法机制所要处理问题的内容是特定的。就一些特定的内容而言。比如冲突后社会的经济建设，必须有从整体上推动其向更加稳定和健康方向发展的主要力量存在。在此问题上冲突发生国无疑对其国内经济事务的安排和重建负主要责任，缺乏这个主要的推动者其经济重建就不可能实现。但这并不意味着冲突发生国在其经济重建进程中的权责位阶更高；相反，在很多情况下仅依靠冲突发生国自身是不可能实现冲突后社会经济状况的恢复的，国际社会的援助，如特定国家的经济援助或者联合国的人道主义援助，却可能对这一进程起到决定性的作用。因此，虽然区分国际社会成员在特定冲突后重建事务中权责的主次是必要的，不如此就不足以明确国际社会成员在该法律机制中的主要任务，但这种区分不能被作为用以判断哪个主体在该重建问题上所负权责位阶高低的基础。实际上，这种安排仅仅是为了明确哪个主体应当成为推动该重建事宜的基础性力量，并对该项特定的重建工作承担主要责任，而非为了赋予其更多的权利和更大的行动自由。简言之，区分不同主体权责的主次，不意味着具有主要权责的主体会享有更多的权利；相反，这意味着其应承担更多的重建义务。

二、战后法的外部遵守

战后法的外部遵守，是指国际社会成员依照战后法规定行使法定权利、履行法定义务，自觉按照战后法规范的要求实施冲突后重建行为的活动。一项国际法规范在国际社会中的实际效力取决于国际社会成员对遵守该规范的主观态度和客观遵守方式。研究战后法的遵守问题应从国际社会成员的视角出发，即回答国际社会成员为何遵守战后法以及如何遵守战后法的问题。

（一）国际社会成员为何遵守战后法

对国际社会来说，冲突后重建虽然不是现阶段才产生的新问题，但当前国际社会在冲突后重建问题上却面临许多新的情况：一方面，当前参与冲突后重建的主体比过去显著增多，除冲突发生国的内部主体之外，越来越多的国际社会成员也开始参与到冲突后重建进程当中，不同主体之间基于不同利益诉求产生的利益冲突使这些主体间的关系更为复杂；另一方面，由全球化引起的国际事务范围的相对扩大导致国家管辖范围相对缩小，冲突后重建的内容向冲突后阶段不断延伸，其已不再局限于投降、签订合约等与武装冲突结束事宜相关的安排，而是被扩展到与冲突后社会恢复和平相关的国家重建事宜。在由多个主体参与的国际事务中，任何人的行为都不受规制就意味着任何人都不能自由行动。在冲突后阶段有着不同利益追求的国际社会成员需要通过彼此间的交往行为构建一定的行为规范来协调彼此间的矛盾和冲突。面对当前冲突后重建内容发生变化的现实，国际社会也应及时发展出一套与此变化相适应的行为规则。

虽然在战后法产生以前国际社会已存在可被适用于冲突后阶段的行为规则（这些规则不仅包括道德规范，也包括一些国际法规范），但如前所述，就现存国际法律规范而言，它们显然并不足以应付当前冲突后重建工作所面临的挑战。这些法律规范无论是在指导思想还是在具体内容方面，都不能适应当前在冲突后社会建立持续和平的要求。在实践中，国际社会成员在许多冲突后重建问题上会选择性地忽略那些对其自由行动产生阻碍的国际法规范。这些行为虽有规避法律之嫌，但不能否认的是，某些法律规范本身也存在不适应冲突后阶段现实的情况。例如，无论《日内瓦公约》体系还是《海牙公约》体系中都存在要求占领者在占领地区“维持战前状态”的规定，[①]即占领者不得随意改变或者废除被占领地区的既存法律。但现实中，有时为了维持被占领地区的社会稳定和安全，对既存法律作出适当改变却是必不可少的，这也为冷战结束以来的冲突后重建实践所证实，如联合国开发计划署在达尔富尔地区的实践，[②]联军临时管理当局（Coalition Provisional Authority）在伊拉克的实践，联合国科索沃特派团（United Nations Mission in Kosovo）在科索沃地区的实践等。[③]

一直以来，国际社会成员在冲突后阶段的行为，无论是对冲突发生国政治体制、法律机制的改革，还是对冲突后社会的经济重建、社会重建的参与，往往更多地依赖于国际伦理道德。但国际伦理道德对规范国际社会成员在冲突后阶段行为的实际作用是十分有限的。道德规范的低效一方面是由于道德标准本身的模糊性——在冲突后重建问题上国际社会并不存在普遍被接受的道德标准，面对现实而具体的冲突后重建事宜，缺乏针对性的道德标准并不能真正约束国际社会成员的冲突后重建行为。例如，国际社会普遍赞同国际社会成员不应为实现自身利益而强迫冲

① 《日内瓦公约》体系指国际社会为保护平民和战争受难者而签订的一系列国际公约，主要包括1949年签订的4个公约及其后签订的3个附加议定书；《海牙公约》体系指国际社会为限制和规范战争而签订的一系列国际公约，主要包括1907年海牙和平会议通过的14项公约以及附件。

② 联合国法治行动旨在促进“灰色地区”（处于冲突后阶段的地区）法律的执行，并帮助其司法人员履行依法惩罚犯罪的职责。联合国法治计划已经在苏丹的达尔富尔地区执行，联合国还正试图将该计划引入其他17个冲突国中。See A/61/636-S/2006/980.

③ 联军临时管理当局从其2003年3月建立到2004年6月解散期间在伊拉克通过了12项规章、100项命令及17项解释性的备忘录，联合国科索沃特派团自1999年至2004年在科索沃地区共颁布了257项法律。See Letter from the Permanent Representatives of the U.K. and the U.S. to the U.N. addressed to the President of the Security Council, S/2003/538. 转引自李若瀚：《武装冲突法的新发展：“战后法”法律问题研究》，载《时代法学》2012年第5期。

突发生国实施政权更迭，但在具体问题上，如国际社会成员在冲突后社会实施的民主化改革，其目的在于国际社会成员自身利益还是为了冲突发生国的利益本身就是一个很难判断的问题。另一方面是由于道德规范的主观性，不同主体由于各自立场不同，其对于同一行为的合道德性所作出的判断往往不同，有时甚至截然相反。仍以民主化改革为例，一些国家认为民主化改革有利于冲突发生国公民基本权利和自由的实现，是符合道德要求的；但也有国家则认为由外部力量主导的民主化改革并不能真正反映冲突发生国人民的利益诉求，民主化的初衷可能是好的，但将其强加给别国人民本身就是不道德的。以国际伦理道德作为冲突后重建的行为规范并不能给国际社会成员带来明确的行为指导，国际社会成员也很难从这些不成文的规范中获得明确的行为预期，道德规范显著的主观性特征也会引起具有不同利益诉求的国际社会成员之间的矛盾。

作为专门调整国际社会成员冲突后重建行为的国际法规范，战后法其提出不但完善了国际法体系，同时也满足了国际社会对于冲突后阶段行为规范的迫切需求。在对冲突后重建行为的规范性方面，相比于既存国际法规范和国际道德，战后法的优点在于：一方面，它通过构建专门的冲突后重建机制避免了既存国际法规范在处理冲突后重建问题上缺乏系统性和针对性的缺陷；另一方面，它通过将国际社会成员冲突后重建行为标准具体化和规范化（也即成文化和法律化）来避免国际道德标准的主观性和不确定性的缺陷。战后法致力于解决冲突后社会存在的和平、人权和法治三大问题。它要求国际社会成员在冲突后阶段无论采取何种措施、实施何种行为都不能偏离和平、人权和法治的方向。无论是对冲突发生国还是对其他国际社会成员而言，战后法对于规范冲突后重建行为无疑具有重要价值。但战后法本身并不是国际强行法，[①]其有效实施仍需要获得国际社会成员的认同和遵守，因而其法律机制的构建也必须考虑国际社会成员因素。构建战后法并不能仅限于为国际社会成员设定行为限制，更重要的是，它还应通过战后法规范的构建在国际社会成员间建立协调与合作关系以实现国际社会成员间的和谐相处，并促使其共同促进并提升冲突后社会自身的治理能力。

不可否认，国际社会成员在冲突后阶段的决策和行为是以各自利益为导向的，其对冲突后重建的参与以实现某种利益为前提。他们通过参与冲突后重建可以获得的利益主要有安全利益、政治利益和经济利益。安全利益是国际社会成员追求的首要利益，无论是对冲突发生国（包括其国内主体）还是对其他国际社会成员乃至整个国际社会而言，一个和平稳定的冲突后社会都是至关重要的。[②]冲突发生国的政治改革，特别是那些通过外部强制方式实施的政治改革，其发生的一个基本前提是，在这些推动改革的外部主体看来，在冲突后阶段维持或保持原有政治机制不足以完全消除该国将来

---

① 国际强行法“是经过列国国际社会作为整体接受与承认的法律规范”。这类规范“由国际社会成员作为整体通过条约或习惯，以明示或默示的方式接受并承认具有绝对强制性，且非同等强制性质之国际法规则不得予以更改，任何条约或行为如与之相抵触则归于无效”。参见万鄂湘：《国际强行法与国际法的基本原则》，载《武汉大学学报》（社会科学版）1986年第6期；张潇剑：《论国际强行法的定义及其识别标准》，载《法学家》1996年第2期。

② 国内主体自不必言，即使是实施外部军事行动干涉者，其实施军事行动的目的也在于消除该国对干涉国自身以及国际社会的安全威胁。See Peter Beinart, “Nation Building Is the Best Defense”, *Pittsbrugh Post-gazette*, 2001（18）, p. E1.

可能给其他国家及国际社会带来的安全威胁。[①]如果能够在冲突发生国建立一个相对稳定的、对干涉国没有敌意的政府，或者是在政治上倾向于甚至是依附于干涉国的新政府，重建后的冲突发生国的安全威胁就会被有效降低，外部主体也能够在其后同该国的交往中获得其在武装冲突发生之前不可能通过正常途径获得的政治利益。在通常情况下，经济利益也会被作为政治利益的延伸成为国际社会成员在冲突后阶段追逐和争夺的对象。[②]虽然冲突发生国对其经济资源的分配和开发拥有主权权利，但其他国际社会成员也能够通过对该国施加各种影响，并利用现有国际经济结构，从而在冲突发生国的经济重建过程中获得经济利益。要求国际社会成员完全不追求自身利益，仅秉着为实现和平与正义的目的参与冲突后重建显然是不现实的。即使存在这样的法律规范，其在实践中的实际效力也是十分微弱的。在实现国际社会成员利益问题上，法律规范与道德律的不同在于：法治的目标并不要求国际社会成员具有很高的道德境界并自愿放弃自身的利益追求，它仅要求国际社会成员尊重法律

① 在很多时候，战胜国都强烈主张对战败国的政治机制实施改革，特别是实现非民主国家政治体制的民主化改革。在一些学者看来，这种民主化要求本质上并不是因为其认识到民主制度具有更大的合理性和正当性，而是因为战胜国需要通过政治改革来消除战争再次爆发的隐患，民主化则是其在战败国实施这一改革的一个合理的理由。See Antonia Chayes, “Chapter VII 1/2: Just Post Bellum Possible”, *European Journal of International Law*, 2013(24), p. 305.

② 在现代社会，出于对经济利益的追求而对另一主权国家发动战争的情况十分罕见。单纯为某种经济利益而参与战后重建的情况也并不多见。一些国家或全球性经济组织可能会出于人道主义考虑对冲突发生国提供一些经济方面的帮助，但这种帮助（即使是有偿的帮助）很难被认定为其为实现经济利益而实施的行为。现实中，在一些国家对冲突发生国的国家重建投入巨大资源的情况下（如截至2008年美国已向伊拉克重建投入1178亿美元的资金），其参与冲突发生国的重建进程也必然有着经济方面的利益和考虑。参见江涛：《后冲突时代的秩序重塑：美国在海外的国家重建行动研究》，世界知识出版社2009年版，第172页。

所要维护的利益和法律自身的秩序价值。战后法并不禁止国际社会成员追求自身利益，相反它承认国际社会成员可以通过遵守法律的行为获得上述利益。

与国内法不同，在缺乏强制执行机制的前提下，一项国际法律规范能够被国际社会成员自觉遵守，往往不仅仅是因为他们出于对承担违法责任的担忧，而是因为遵守这项法律可使其获得更多的预期利益。战后法在冲突后阶段被国际社会成员更有效地遵守，离不开其对国际社会成员特定利益的关注和认同。其主要表现在：

第一，对冲突发生国来说，基于建立持续和平的目的，战后法强调对冲突后社会的“能力建设”。其在制度构建时充分考虑到了冲突发生国作为一个独立主权国家的利益，无论在安全、政治、经济还是社会重建方面，战后法的能力建设原则都要求国际社会成员以实现当地所有权为目的对冲突发生国国家能力的提升加以扶植。因而从国家利益角度出发，冲突发生国及其国内主体无疑更愿意遵守战后法，而且也迫切希望其他国际社会成员遵守战后法。

第二，就外部主体而言，情况则相对复杂，这些外部主体不仅包括国家，还包括联合国、区域性国际组织以及一些专门性的国际组织（如国际刑事司法机构、国际金融组织等）。对于国际组织而言，其仅为追求自身特殊利益而参与冲突后重建的可能性相对较小。他们对冲突后重建的参与更多的是基于其自身职能或为履行职责的需要，如联合国在冲突后阶段的维和行动以及国际刑事司法机构对战争犯罪的追诉等。这些国际组织参与冲突后重建的目的与战后法所追求的和平、人权和法治等根本价值非但不冲突，反而在很大程度上是一致的。[①]这类国际社会成员无疑更愿意遵守战后法。对于那些主动参与到冲突后重建的国家行为体而言，由于其利益追求的内在化和多样化，[②]他们在冲突后重建中的一些利己行为可能会对冲突发生国、其他国家甚至整个国际社会的利益产生损害。当其自身利益受到法律规范约束时，这些国家也更可能会选择不遵守甚至违反战后法来逃避责任，因此，战后法对此类主体行为的限制相对更多，也更为严格。对这些国家而言，其是否遵守战后法的相关规定，不仅取决于他们对实施违法行为的预期利益与违法成本的评估，同时还取决于其对遵守战后法所带来的预期利益与其所需付出的守法成本间的权衡。通常情况下，国际社会成员遵守战后法有助于其安全利益的实现，因为战后法最基本的要求是消除冲突发生国给国际社会带来的安全威胁。但国际社会成员在冲突后阶段追求的额外的政治、经济等利益则可能成为其违反战后法的内在动力。国际社会成员实施的违法行为不但会减损其在冲突后社会的“行为信赖”，也会造成冲突后社会的秩序混乱和主体间的利益冲突。这反过来又会在一定程度上会阻碍其所追求的政治、经济等利益的实现。事实上，在很多情况下国际社会成员因遵守法律而不能实现的利益在其实施违法行为的情况下同样是不能实现的，在大多数国际社会成员愿意遵守战后法规范的情况下，其所付出的违法成

---

① 以联合国建设委员会为例，其在冲突后阶段的行为目标是：集中所有相关行动者调动资源并提议完整战略以实现冲突后的重建和恢复。该目标无疑与战后法建立持续和平的宗旨相契合。See Doc. A/RES/60/180.

② 国际社会成员利益诉求的内在化是指在通常情况下国际社会成员并不会通过明示的方式向冲突发生国和国际社会表明其行为的真实意图。

本反而会更大，[①]因此在大多数情况下国际社会成员是愿意遵守战后法规范的。

（二）国际社会成员如何遵守战后法

一些学者否定战后法存在必要性的一个主要理由是，无论从冲突后重建过程还是结果来看，调整冲突后阶段国际社会成员行为的法律规范都不能被国际社会成员有效地执行和遵守，因而战后法并不能起到规范冲突后重建的实际作用。[②]诚然在实践中总有部分国际社会成员未对战后法给予应有的重视，甚至存在违反和僭越法律的行为，但以此来否定战后法对冲突后社会的价值是不正确的。因为当前冲突后重建工作中存在的问题，并不完全是由国际社会成员不遵守战后法规范造成的。有些问题在战后法产生之前就已经存在，战后法作为专门调整国际社会成员冲突后重建行为的国际法分支，其不可能一经产生就在国际实践中起到立竿见影的效果。在战后法规范不甚完备的情况下，冲突后重建实践的混乱并不能被完全认为是由战后法失效所导致的。以外，在很多时候，左右冲突后重建成败的关键并不在于国际社会成员是否遵守战后法规范，任何人也不能保证遵守战后法规范就一定会实现预期的重建效果，那些完全符合国际法律规范的重建活动也有可能最终被证明是失败的。因此，忽略冲突后社会既存的种种不安定因素，将冲突后重建失败的结果归咎为战后法不能对国际社会成员的冲突后重建行为起到规范作用的观点是本末倒置的。

---

① 国际社会成员在冲突后阶段的违法成本主要有：其自身的国际信誉受损；遭受国际司法机制追责的风险；其他国家的反对和制裁，甚至是集体制裁。

② See Eric De Brabandere, “The Responsibility for Post-Conflict Reforms: A Critical Assessment of Jus Post Bellum as a Legal Concept”, *Vanderbilt Journal of Transnational Law*, 2010(43), p. 149.

战后法是由不同的冲突后社会法律规范构筑而成的法律体系。在该法律体系之中，依据作用对象的不同，可将战后法的具体规范分为“适用于特定主体的战后法规范”和“适用于所有主体的战后法规范”。前者主要由国际社会成员通过订立双边或者多边条约的方式而确立，属于“约定法”，仅对同意或者承认其效力的主体发生作用，至于其他国际社会成员的冲突后重建行为，即使与该类战后法规范调整内容类似也不受该规范约束；后者对参与到冲突后重建的所有主体都发生作用——如果将冲突后社会视为一个小型国际社会的话，此类规范可以被认为是约束所有参与冲突后重建的国际社会成员的“社会法”。[①]上述两种规范之间的比例结构决定了一个法律体系的成熟度，某一法律体系中的“社会法”越多、其所占比例越大，说明该法律体系越成熟。[②]以此为标准判断，战后法无疑尚称不上十分成熟的法律体系。

不同国际社会成员在冲突后阶段遵守战后法中“约定法”和“社会法”的理由和方式是有所区别的。虽然总体上国际社会成员在战后法的构建中扮演着守法者和立法者的双重角色，但就单个国家而言，其在前述两种法律规范制定过程中发挥的作用不同。在“约定法”中，特别是双边协定中，国家是双方行为规范的立法者，此时合法的缔约行为是国家真实意图的彰显，处于平等地位的国家之间通过协调相互意志而形成的共同同意是国家遵守彼此约定的

---

① 当前阶段，由于尚不存在与战后重建相关的全球性条约，此类规范的主要表现形式是相关的国际习惯法，如战后法的一些基本原则，与惩办战争犯罪相关的一些习惯法规范等。

② 需要明确的是，这两类法律规范可以通过一定的途径相互转化，如从国家间的约定法中抽离出的一般行为规范就可能形成国际习惯法，而国际习惯法在一些情况下也会为相关的国际条约所确认，因而，其比例结构总是在国际实践中不断发生变化的。

基础：既然国家同意创制一项法律规范，那么国家自身在行为时就应当尊重该规范，即使在道德上，国家也应当对其自愿作出的承诺负责。在当前战后法规范相对缺乏的前提下，战后法的遵守对国际社会成员道德的依赖无疑更高。在武装冲突结束初期，冲突后社会的总体环境并不稳定，国际社会成员间的“行为信赖”对确保他们之间在冲突后重建问题上的“和平共处”以及在利益分配方面的“友好合作”至关重要的。获得其他国际社会成员的认同是国家参与冲突后重建并获得合法利益的前提。在国际社会的平行架构之下，国家的守约行为会增强彼此之间的“行为信赖”，相反国家的违约行为则会对国家间的相互信赖关系产生严重破坏。虽然战后法本身并不禁止国家撤回其已作出同意的意思表示，也不存在“禁止反言”的习惯法规范，[①]但这不意味着国家可以随意地实施违约行为。“有约必守”原则的确立是相关当事方的利益使然。它不但是实现冲突后社会法律正义的客观要求，也符合国际伦理道德的价值取向。[②]因此，作为直接缔约方，国际社会成员应当遵守其自身制定的战后法规范。

国家在冲突后阶段的身份是多重的，它们有时也会以国际组织成员的身份参与到冲突后重建当中。此时国家应当遵守该组织的

---

① 禁止反言原则是普通法（英美法系）中的一项原则，是指“一方当事人由于自己的行为而不能主张某项损害有资格信赖这一行为并据此行事的另一方当事人的权利”。它要求当事人言行前后一致，法律禁止当事人通过前后矛盾的言行损害他人对于其先前言行的信赖利益。参见张文彬：《论普通法上的禁止反言原则》，载《荆州师范学院学报》2001年第4期。

② 除了重大情势变迁和当事方同意外，违反“有约必守”原则和善意履行国际义务原则，不仅可能引致其他当事方的道义谴责，还可能遭受制裁和报复，最终影响其自身利益。参见古祖雪、李豪杰：《论国际法的道德保障》，载《国际问题研究》2007年第5期。

内部规范。国际组织法不仅是国际组织建立的章程，对国际组织成员而言，它同时具有条约法的性质。[①]特别是那些全球性的国际组织，其参加成员越多、发挥作用范围越广，它所确立的组织内部关系的适用性就越普遍，这些得到国际社会成员广泛认同的国际组织法的某些重要内容就会产生一般国际法的效力，如《联合国宪章》。即便如此，这仍不能改变国际组织法仅对其成员产生约束力的事实，它本质上仍属于国家间的“约定法”。对于那些仅有少数国际社会成员参加的国际组织而言，其组织内部规范的“约定法”性质就更加明显。从本质上讲，国际组织的国际法主体地位缘于国家权力的让渡，国家的同意和授权使相关国际组织具有了某方面的特殊职能和行为能力。因而国家作为国际组织成员，遵守该组织的内部行为规范，缘于国家对于该组织其他成员负有的条约法上的义务，即国家需要对其自身的授权行为负责。其在以该国际组织成员身份参与国际事务时，应尊重该组织的决策和行为，即当某一国际组织参与到冲突后重建之中时，作为该组织成员的国家就应当尊重和服从战后法规范对该组织重建行为的约束，也即遵守其所参加的国际组织的冲突后行为规范。[②]

同样地，作为特定国际组织的成员，国家还应当遵守该组织在

---

① 梁西先生从“国际组织的编纂活动”“国际裁判机构的审判实践”“权力机关的决议”以及“组织性条约的性质”等方面进行分析，认为现代国际组织具有“准造法功能”。参见梁西：《论国际社会组织化及其对国际法的影响》，载《法学评论》1997年第4期。

② 以联合国在冲突后阶段的维和行动为例，维和机构的军事力量组成及其经济来源都是由其成员国提供的，但维和机构在冲突后阶段的行为却不能按照派遣维和部队的国家或者提供更多资金支持的国家的意愿而行。维和部队组成人员的行为应当遵守联合国维和行动的基本规则。对于维和部队在冲突后社会实施的维和行动，国家不能脱离联合国框架单方面加以决定。

冲突后阶段参与的国际立法；只要国际组织的缔约行为并未超出其组织文件的授权范围。国际组织所具有的独立人格使其可以同国家或其他国际组织缔结条约。这种行为方式在冲突后阶段也十分普遍，比如联合国同一些国家通过签订协定的方式在该国建立国际司法机构，[①]联合国经过一国同意向其派出维和部队等。在这些情况下，对于联合国实施的缔约行为，作为其成员的联合国会员国就有必要尊重联合国订立的相关协议，避免实施与联合国职能抵触甚至相互冲突的行为。比如在联合国决定在冲突发生国实施维和行动时，联合国会员国就应当终止相关军事行动；对于维和部队人员在维和行动中实施的违法行为，虽然不应将其过错归咎于会员国，但会员国也不应单方面地对属于该国的犯罪行为人免予刑事处罚，[②]因为国家有义务遵守其参加的国际组织所认可的战后法规范，这些规范要求任何战争中的犯罪都不能逃避惩罚。

对于那些战后法中的“社会法”，单个国家的立法者身份则相对弱化。这些法律规范的产生是由大多数国家的长期实践形成的，单个国家的立法作用很难像“约定法”中表现得那么显著。国家并不直接为自身制定行为规范，而是通过一致性、一贯性的行为来使某种行为模式具有规范性价值。此时国家作为行为主体遵守此类“社会法”的动因就很难仅用“有约必守”的习惯法原则来加

---

① 例如，2000年塞拉利昂政府基于《联合国和塞拉利昂政府关于设立塞拉利昂问题特别法庭的协定》建立的塞拉利昂特别法庭（special court for Sierra Leone），和2003年柬埔寨王国政府基于《联合国和柬埔寨王国政府关于设立柬埔寨特别法庭的协定》建立的柬埔寨特别法庭（extraordinary chambers in the courts of Cambodia for crimes committed during the period of the Democratic Kampuchea）。

② 参见盛红生：《联合国维持和平行动法律问题研究》，时事出版社2006年版，第177页。

以解释，因为单个国家甚至一部分国家的行为都不能直接形成适用于整个冲突后社会的法律规范。可以说，战后法中的“社会法”构成了规范国际社会成员冲突后重建行为的整体框架。在这些框架结构之间国家可以通过“约定法”进一步明确各自的权利义务和行为方式，但单一或少数国家的协调意志并不足以构成或改变这些框架。当前，战后法中的“社会法”规范已经在冲突后社会形成了一些既定的法律机制。一旦国家行为纳入该法律框架范围，其行为和利益就会与框架内既存国际社会成员之间产生竞合或者冲突。此时国家的身份已不是相关规范的立法者，而是相关法律机制的参与者。新的国际社会成员参与冲突后重建的过程就表现为新生利益与既定利益之间的博弈，新的参与国预期利益的实现就需要获得其他国际主体对其参与者身份的认同，而获得这种身份认同的条件就是新的参与者须尊重该机制中既存主体的利益，将既存主体之间的行为规范也接受为法律并按照相关规范行为。此时对既存法律规范的服从就表现为一种默示的授权性行为，即国家承认该法律规范是其在处理相关问题时应遵守的“社会法”规范。

须指出，战后法中的“社会法”规范也并不总是完全适用于整个冲突后社会；国际社会成员并非只要参与冲突后重建就必须按照此类规范行为。其中一些“社会法”规范，也只在特定的法律机制中对特定国际社会成员发生作用。从行为主体的角度来看，国家在冲突后阶段并不一定会参与所有的冲突后重建工作，对于那些其并未参加的重建活动，国家即不受该机制中“社会法”规范的约束。另外，冲突后重建参与者的身份又要求其不能对未参与的冲突后重建问题毫无顾忌，虽然不同参与者参加的冲突后重建活动是相对独立的，但总体上看冲突后重建工作是一个有机联系的整体。战后法体系给参与其中的国际社会成员都会带来一种秩序价值。冲突后社会的秩序价值的维系不仅有赖于国际社会成员在其所涉重建领域内对战后法规范的遵守，其他国际社会成员在其他领域内对相关战后法规范的遵守情况同样也影响着这一整体秩序的实现。要实现冲突后社会法律机制的正常运转，国际社会成员仅自己遵守相关战后法规范是不够的，推动其他成员遵守法律并促进国际社会对违法行为的追责也是国际社会成员所应肩负的责任。因此，除自身遵守战后法之外，国际社会成员尊重其他成员在冲突后阶段的守法行为、监督其他成员的违法行为也是其遵守战后法的一个表现。

要求国际社会成员遵守国际法，并不仅仅是要求其按照法律规定行为这么简单。在平行架构的组织模式下，国家不能抛却其立法者的身份。没有国际社会成员的立法行为，国际法就不能发展，也就不能适应国际实践中产生的各种新的情况。国际社会成员的立法行为，除了表现为订立相关国际法律规范之外，还表现为对既存法律规范的修改和完善——其同样也是立法者所负有的一项义务，却常被国际社会成员所忽略。国际社会成员对该义务的履行也是推动国际法发展和革新的重要方式。就战后法而言，不论战后法中的“约定法”还是“社会法”，国际社会成员都有义务按照这些法律规范行为。但这些法律规范在被确立之后并不是一成不变的，当相关规范在国际实践中产生问题或在其不能适应冲突后社会现实的情况下，国际社会成员同样有义务对相关规范予以修改或者废止。[①]特别是在战后法的初创阶段，其具体规范的完善需要经历一个长期的过程。遵守战后法也意味着发展和完善战后法，即在适当的时候通过适当的程序实现对既存战后法规范的革新。

① 通常，国际法的变革方式有三种。第一种变革方式是"修"，国际社会可以通过对既有规范加以完善实现这个需求。比如，在国内武装冲突日益升温的情况下，国际社会成员通过1949年日内瓦四公约共同第3条，将传统上适用于国家间战争的武装冲突法规范扩大到非国际性武装冲突之中，这种方式就是通过扩大原有类似规范的适用范围，使之能够涵盖新产生的情况。第二种变革方式是"存"，对那些由于国际环境的变化引起的一些国际法律规范不能再被适用于现实的情况，国际社会有时会选择保留这些规则，比如海牙第三公约关于"宣战"的规定，在当前使用武力或以武力相威胁被国际法禁止的情况下，宣战本身对于战争行为的合法性已无任何影响，该规则虽然过时，但在其未对当前国际环境产生不良影响的情况下，国际社会也没必要将其废除，其实际意义也微乎其微。第三种变革方式是"废"，即对那些不适应当前国际现实而继续保持其有效性可能会对国际法治以及国际社会整体利益造成损害的规范，国际社会成员应当通过废弃的方式使这类法律规范归于无效。

第三章　战后法的实施机制

战后法的实施是指参与冲突后重建的国际社会成员遵守和实现战后法规范的活动。冲突后社会法治的实现，离不开国际社会成员对于战后法的遵守和践行。由于战后法的实施所涵盖内容十分广泛，本章仅以冲突后阶段的战后责任、冲突后阶段的维和行动、冲突后阶段的宪政重建这三个冲突后重建的主要内容入手探讨战后法的运行规律。

安全稳定的冲突后社会秩序是冲突后重建顺利进行的保障，冲突后社会和平秩序的建立有赖于战后法规范作用的彰显。没有战后责任机制的建立就无法对武装冲突中的犯罪行为予以惩处，正义就无法伸张；缺少冲突后社会的维持和平机制冲突发生国的国内稳定就不能保障，发展就无从谈起；缺乏良好的政治秩序冲突发生国的当地所有权就无法实现。

就冲突后阶段战后责任机制的建立而言，战后法旨在克服以国际伦理道德为依据的战后责任追究方式的弊端，它强调对于国家或个人实施的违反“开战规则”“交战规则”和“战后规则”的行为由特定主体依照特定方式追究其责任并使其承担某种后果。其实现方式除包括国际特设刑事法庭、国际刑事法院和混合法庭三种传统司法责任方式之外，还包括在国际实践中新发展起来的国内特别法庭和“民族和解”的非国内司法责任方式。

就冲突后阶段维持和平机制而言，联合国维和行动是其最主要的形式。在维和行动的内容经历了从“避免冲突”向“解决冲突”嬗变的情况下，维和行动的传统维和原则以及联合国当前在冲突后社会的维和实践都面临着巨大挑战。在冲突后阶段实施的维和行动，除了其行动的目的、内容以及存续期间应由其授权文件加以规定之外，在冲突发生国的续和平建立之前，联合国维和行动的实施还应遵守战后法的基本要求。

就冲突后阶段的政治重建而言，宪政重建是其核心内容，冲突发生国宪政秩序的建立对该国国内政治秩序的稳定和其今后的发展都具有重要意义。以民主和平论和重建防御论为指导的冲突后阶段的宪政重建都存在根本缺陷，不但有碍于冲突发生国民族自决权利的实现，也容易引发外部主体滥用武力干涉的危险。在战后法框架下，良好的冲突后社会的宪政秩序的建立不仅有赖于合法的宪政重建的决定，而且有赖于合法的宪政重建的过程。

第一节　战后责任机制

随着现代国际法治理念的不断发展，国际法律体系也逐渐完善。但实践中国际社会成员违反国际法的情况仍时有发生。不仅武装冲突过程中存在大量违法和犯罪情况，冲突后重建过程中的严重违法事件也逐渐增多。[①]在冲突后阶段，追究引发武装冲突的群体或个人的责任，追究在武装冲突中以及在武装冲突结束后实施暴行的群体或个人的责任，是实现战后正义的必然要求。

一、战后法框架下的战后责任

战后责任源于正义战争理论。传统正义战争理论认为，战后责任的产生是基于国家或个人在武装冲突中违反了使用武力应遵守的国际义务。战争从开始到结束都受到战争正义的限制和约束，一旦国际社会成员在战争中的行为违背了战争正义的要求，正义的一方在战争结束后就应对非正义的行为实施追责以实现战后正义。[②]但传统正义战争理论所提出的“悔悟”“正义的审判”“避免过分惩罚”等战后正义的抽象标准，并未回答如何在无政府状态的国际社会中实现战后责任的问题。新正义战争理论对战后责任的研究进一步深入，该理论认为战后责任的内容应包括：一是要求侵略国对发动侵略战争的行为负责，因为战争的决策由国家作出，如果不对侵略国的行为能力进行限制就不能阻止其再次实施侵略；二是要求追究战争中个人责任，个人在战争中实施不正义的行为（如屠杀或灭绝种族等行为），即使是执行国家或上级的命令也应对其行为负

① 甚至在联合国的冲突后阶段维和行动中也发生了大量严重违法的案件。参见盛红生：《联合国维持和平行动法律问题研究》，时事出版社2006年版，第177~180页。

② Richard DiMeglio指出：“若不在战后向不道德的人主张正义，和平的实现便没有终结。” Richard P. DiMeglio, “The Evolution of the Just War Tradition: Defining Jus Post Bellum”, *Military Law Review*, 2005(186), p. 153.

责——即使他的国家正在进行的是正义战争；[①]三是要求战后责任的追究应符合战后正义的基本原则，追究责任不等同于报复，也不能将之扩展到无辜民众。[②]但在讨论是否以法律途径作为实现战后责任方式的问题时，新正义战争理论家却选择了相对保守的思路。他们认为法律途径并非实现正义和平的必要手段，是否通过建立法律机制以实现战后责任应取决于正义一方基于当时客观情况能否作出更加适当的政治性或策略性的安排。[③]因而新正义战争理论的战后责任本质上仍是一种道德责任。它将确定战后责任实现方式的决定性因素归结为国家的政策选择，战后责任的实现仍需要依靠胜利者的道德自律，而这种道德标准的模糊性和不确定性则成为其战后责任实现的主要障碍。

与新正义战争理论相比，战后法用以判断国家或个人是否应承担战后责任的标准不是基于道德，而是基于这些行为是否违反国际或国内法律规范。从范围上来讲，法律意义上的战后责任除包含武装冲突开始到结束期间产生的违法责任外，还包括国际法主体在冲突后阶段的违法责任。其对这些法律规则的违反同样可能对其他国际社会成员、冲突后社会以及整个国际社会的和平与安全产生威胁。为使国际社会成员在冲突后阶段实施的违法行为得到追究，战后责任除包括违反“开战规则”“交战规则”产生的责任之外，还应

---

① 沃尔泽指出：“如果没有对战争负责的人，就无所谓正义。” See Michael Walzer, *Just and Unjust Wars: A Moral Argument with Historical Illustrations*, New York, Basic Books, 1997, p. 288.

② See Brian Orend, *War and International Justice: A Kantian Perspective*, Waterloo, Wilfrid Laurier University, 2000, p.232.

③ 沃尔泽虽承认司法审判对于实现战后正义的作用，但同时他也认为对侵略国领导人进行审判和惩罚的前提是“这样做不会延长冲突的时间或者造成更多的损失”。参见黄德明、李若瀚：《论“后冲突时代”战后责任机制的发展》，载《河北法学》2013年第12期。

包括违反“战后规则”产生的责任。[①]但在实践中，此类违法责任却经常被国际社会成员所忽视。[②]作为法律概念的战后责任是指因违反“开战规则”“交战规则”和“战后规则”所产生的应由实施该行为的国家或个人在冲突后阶段承担的不利后果。与国际刑法中的个人刑事责任相比，战后责任中的个人责任除主要包括刑事责任外，还包括刑事责任之外的其他责任，如民事责任。但须指出，在战后责任机制中个人的民事责任是依附于刑事责任的，也就是说，战后责任机制并不单独处理民事责任问题。此外，战后责任不仅仅强调对个人违法责任的追究，它也强调对违反相关国际法的国家或团体追究相关责任。对于国家的刑事责任，当前国际社会对于国家能否成为国际犯罪的主体以及是否能够承担国际刑事责任仍存在争议。一般认为，虽然国家够作为国际犯罪的主体，但却不能成为国际刑事责任的主体。因而即使一国应对其在武装冲突中实施的国际犯罪行为（如侵略行为）负责，该国也仅限于承担国家责任，[③]而非刑事责任。另外，对于非刑事责任国（并未在武装冲突的任何阶段实施犯罪行为的国家）在武装冲突的任何阶段实施的国际不当行为或国际损害行为而产生的法律责任，受害国或受害人也可以要求该非刑事责任国承担国家责任。在当前尚不存在国际协定法的情

① 参见黄德明、李若瀚:《论“后冲突时代”战后责任机制的发展》，载《河北法学》2013年第12期。

② 如美国在占领伊拉克之后，未能有效维持社会治安，致使伊拉克各大城市哄抢事件频发、假币泛滥，造成伊拉克安全形势恶化和混乱状态，这显然违反了《海牙第四公约》第43条“合法政府的权力实际上既已落入占领者手中，占领者应尽力采取一切措施，在可能范围内恢复和确保公共秩序和安全……”的规定。但遗憾的是，该情况却未能引起国际社会的普遍重视，美国也并未因此而承担战后责任。

③ 国家承担国家责任的具体方式表现为限制主权、恢复原状、赔偿损失和道歉等责任形式。

况下，国家承担该类责任的依据只能是国际习惯法。战后责任的实现不但是对违法行为的否定，也是对违法者再次实施这些行为能力的剥夺，也可以督促决策者在将来更加谨慎地行为，同时阻止受害者实施非法的报复性措施。实现违法者战后责任的法律方法是建立战后责任机制。战后责任机制是指对于国家或个人实施的违反“开战规则”“交战规则”和“战后规则”的行为由特定主体依照特定方式追究其责任并使其承担某种后果的制度性安排。在冲突后阶段，建立战后责任机制不但能树立公民对法制的信心，而且也有利于实现受害者的补偿或赔偿要求。

目前国际社会中与建立战后责任机制有关的战后法渊源主要有：(1)《日内瓦第一公约》第49条，它要求各缔约国“制定必要之立法，俾对于本身犯有或令人犯有下条所列之严重破坏本公约之行为之人，处以有效之刑事制裁”。[①] (2)《日内瓦四公约第一附加议定书》第88条，它规定“缔约各方应在对严重破坏各公约或本议定书的行为提出刑事诉讼方面，彼此提供最大限度的协助”。[②] (3)《日内瓦四公约第二附加议定书》第6条，它规定了有关刑事罪行的追诉和惩罚，并强调对于犯罪的人应由独立和公正的法院进行审判和定罪宣告。[③] (4) 2002年《国际刑事法院罗马规约》，规约序言申明对于整个国际社会关注的最严重犯罪绝不能听之任之不予处罚，并规定设立国际刑事法院这一常设国际司法机构对这些犯罪进行管辖、起诉和审判。(5)联合国与一些国家签订的建立战后责任机制的协定，

① 《日内瓦第一公约》第49条。

② 《日内瓦四公约第一附加议定书》第88条。

③ 《日内瓦四公约第二附加议定书》第6条。

如《联合国和柬埔寨王国政府关于按照柬埔寨法律起诉在民主柬埔寨时期实施的罪行的协定》，以该协定为依据柬埔寨建立了柬埔寨特别法庭对民主柬埔寨高级领导人和在1975年4月17日~1979年1月6日发生的严重犯罪负主要责任的责任人的战后责任进行了追究。

二、战后责任的实现方式

从当前国际实践来看，司法途径是国际社会实现战后责任最主要的方式。但在一些情况下，为实现某些国家和地区的国家统一与民族和解，该国家或地区也可能通过非司法途径（如建立“真相委员会”）实现战后责任。

（一）传统战后责任方式

传统上实现战后责任的国际司法机制主要有三种：

1.国际特设刑事法庭

国际特设刑事法庭是国际社会在武装冲突结束后建立的旨在审理在特定时期及特定区域内发生的严重违反国际法行为的法庭。最早的国际特设法庭是“二战”后建立的“纽伦堡国际军事法庭”和“东京国际军事法庭”，其建立以公正且迅速地审判并惩罚轴心国以及远东的主要战争犯罪为目的。就法庭组成来说，“纽伦堡国际军事法庭”由美、法、英、苏四个同盟国的法官对轴心国战犯进行审判，“远东国际军事法庭”则由对日本取得胜利的11个国家的法官组成。[1]此后，1993年的前南刑事法庭以及1994年的卢旺达刑事法庭则是基

① 参见刘向红：《远东国际军事法庭审判中的刑事诉讼问题》，载《上海政法学院学报》（法治论丛）2012年第3期。

于联合国安理会决议成立，[①]因此属于安理会的附属机构。这两个特设法庭被赋予对特定犯罪的“优先管辖权”，即当特设法庭就灭绝种族、战争罪、反人道罪方面的管辖权与国内法院发生冲突时，特设法庭的管辖处于优先地位。但这两个国际法庭都不能审理国内犯罪。此类国际特设刑事法庭具有临时性质，其管辖仅涉及与武装冲突有关的国际罪行，且对该罪行发生的时间、地域等方面都有一定范围限制，由于法庭从建立到运作通常都由战争胜利者安排，因而其责任实现方式通常被称为“胜利者正义”。[②]

2.国际刑事法院

国际刑事法院于2002年7月成立，与国际特设刑事法庭相比，它是一个“常设性”司法机构，也是一个独立的国际组织。在性质上，国际刑事法院对特定国际罪行的管辖属于辅助管辖，[③]即其管辖权只有在一缔约国不愿意或不能行使管辖的情况下才能行使。[④]当前包括18个案件在内的8项情势已被提交国际刑事法院。[⑤]在对受害人的保护方面，《国际刑事法院罗马规约》赋予被害人获取经济补偿或

① See S/RES/827, S/RES/955.

② 黎尔平：《纽伦堡审判在当代国际人权保护中的作用》，载《北方法学》2010年第1期。

③ 这四种犯罪是《国际刑事法院罗马规约》第5~8条规定“灭绝种族罪”“危害人类罪”“战争罪”“侵略罪”。

④ 《国际刑事法院罗马规约》第17条。

⑤ 这些情势包括乌干达、刚果民主共和国、中非共和国和马里四个缔约国提交的发生在其国境内的情势，联合国安理会通过决议向法院提交非缔约国苏丹达尔富尔和利比亚的情势，以及预审分庭分别在2010年3月和2011年10月就肯尼亚和科特迪瓦的情势自动发起的调查。

赔偿的权利，[1]这一点则是国际特设刑事法庭没有做到的。[2]当然，国际刑事法院的审判机制也存在一些问题，如《国际刑事法院罗马规约》缔约国数量有限致使法院管辖的普遍性和权威性不足；法院执行部门的缺乏导致其逮捕令或判决书的执行完全依赖于缔约国（有时甚至需要非缔约国）的合作；对缔约国的不履行判决或者其他不合作行为缺乏有效制约使法院判决的执行力不足；法院的独立性及公正性方面也存在问题等。[3]

3.混合法庭

进入21世纪，越来越多的混合法庭在冲突发生地区被建立。它是独立于一国司法体系的、对发生在一国境内的严重违反武装冲突法和国内刑法的犯罪行为进行管辖的国际刑事法庭，如2000年建立的东帝汶严重罪行特别法庭（Special Panels for Serious Crimes of East Timor）和塞拉利昂特别法庭（Special Court for Sierra Leone）等。[4]虽然混合法庭已引起了学者们的广泛重视，但不同学者对其特征却

---

① 《国际刑事法院罗马规约》第75条规定："本法院可以直接向被定罪人发布命令，具体列明应向被害人或向被害人方面作出的适当赔偿，包括归还、补偿和恢复原状。"

② 国际特设刑事法庭则不允许被害人以个人身份参与刑事诉讼，也就是说，它实际上剥夺了受害人获取赔偿的权利。

③ 参见李雪平：《浅析〈罗马规约〉与国际刑事法院面临的法律问题》，载《法学评论》2002年第6期。

④ 东帝汶严重罪行特别法庭基于2000年东帝汶过度行政管理局颁布的关于东帝汶法院组织法第2000/11号法案和第2000/15号法案建立，其中第2000/11号法案规定该法庭对1999年暴乱期间发生的灭绝种族罪、战争罪、反人道罪、谋杀、性犯罪、酷刑具有排他管辖权；塞拉利昂特别法庭于2000年3月建立，该法庭的法官和检察官由国际人士和该国国内人士共同组成，法庭负责对自1996年11月30日以来发生在该国境内的严重违反武装冲突法和塞拉利昂法律而负有重大责任的人进行追诉，该法庭2002年7月开始运作以来已对包括前利比亚总统查韦斯·泰勒在内的一些罪犯提起了控诉。

有不同认识：有学者强调混合法庭须由国际和国内司法人士共同组成；有学者认为混合法庭须根据国际协议设立；也有学者认为混合法庭须在联合国参与或主导下建立；还有学者将混合法庭宽泛地定义为兼有国际和国内诉讼因素的混合型机构。[①]上述观点虽然都指出了混合法庭在某些方面具有的显著特征，但都失于片面。完整意义上的混合法庭至少应具有以下特征：其法庭的组成人员由国际法律人员和国内法律人员共同组成；这些由不同国家人士组成的混合机构在犯罪行为的发生地运作；该法庭管辖的罪行大部分发生在一国之内，或者与该国相邻的周边地区，且这些行为都是依法可以被追诉的行为；该法庭不但可以管辖违反国际法的罪行，也有权管辖违反国内法的罪行；最重要的一点是，无论该法庭通过何种方式建立，它在性质上属于联合国的特殊机构，独立于一国国内司法体系。

（二）新的战后责任方式

近年来，随着国际社会实践的发展，一些新的实现战后责任的形式被发展出来。如隶属于一国内部司法体系的国内法庭也被建立并赋予审理战争犯罪的职能；在一些国家和地区为实现民族和解一国政府也可能会放弃对武装冲突中某些犯罪行为的追诉，通过非司法途径实现战后责任。这些新的责任方式的出现也在一定程度上反映出战后责任自主化和民族化的发展趋势。

1.国内特别法庭

国内特别法庭，是指在一国司法系内部建立的旨在对武装冲突前后发生的违反国际法和国内法的行为进行管辖的刑事法庭。此

---

① 参见贾海龙、贾海涛：《混合型审判机构：惩治国际犯罪的新途径》，载《河北法学》2004年第11期。

类法庭特殊性在于：它隶属于一国司法系统，且对于国际和国内罪行均有管辖权。这也是其与混合法庭的主要区别，如柬埔寨特别法庭和伊拉克特别法庭（Iraqi Special Tribunal）[①]就属于国内特别法庭。虽然有学者因柬埔寨特别法庭“其建立基于柬埔寨政府同联合国之间的协定”，且“其法庭的组成人员包括国际人士和国内人士”，而将其归为混合法庭一类。[②]但该观点是值得商榷的。因为从该法庭的建立和实际运作来看，该法庭的诉讼程序按照柬埔寨国内法进行，柬埔寨法官和检察官在法庭追诉和审判过程中处于主导地位，更重要的是该法庭建立于柬埔寨的国内司法系统之中——此特征与作为国际性司法机构的混合法庭是有本质区别的。虽然该法庭中存在一定的国际因素，但以此为据将其认定为混合法庭是不正确的。伊拉克特别法庭作为国内法庭的特征更加明显：该法庭的建立旨在审判在萨达姆执政期间发生在伊拉克境内的严重违反国内法的罪行，该法庭隶属于伊拉克的司法系统，其运行完全遵守伊拉克刑事诉讼程序，法庭的审判相关人员均为伊拉克公民，非伊拉克籍的法律专家只有在案件涉及国际法律问题时才可以被指定向法官或检察官提供建议和帮助。[③]2005年8月之后伊拉克最高法院（Iraqi High Tribunal）取代该特别法庭负责审判工作，与特别法庭不同的是，除了管辖国内犯罪之外，最高法院还被授权可以援引《国际刑事法院罗马规约》对1968年以来在伊拉克发生的灭绝种族罪、战争

① 包括2004年伊拉克临时管理委员会（Iraqi Governing Council）根据《伊拉克特别法庭规约》建立的伊拉克特别法庭和2005年8月之后取代该法庭行使其审判功能的伊拉克最高法院。

② 参见贾海龙、贾海涛：《混合型审判机构：惩治国际犯罪的新途径》，载《河北法学》2004年第11期。

③ See The Staute of the Iraqi Special Tribunal, Article 28, 22.4, 9.2, 10.9, and 11.7.

罪和反人类罪实施管辖。这一管辖范围的变化也使伊拉克最高法院具有了国内特别法庭的性质。但作为一种新产生的战后责任形式，国内特别法庭在其建立和运作过程中也存在一些问题，以伊拉克特别法庭为例，已有许多学者指出其“仅注重对犯罪行为刑事责任的追究而完全放弃了对民事责任的追究”“法庭的追诉期间过长且在一定程度上有违程序正义的规定”“法庭在审判中缺乏公正性和独立性”等问题。[①]

2.国内非司法责任方式

非司法性质的战后责任形式通常被称为“民族和解”，它在一些具有特殊法律文化传统的国家和地区对于促进国家统一、社会稳定具有更重要的作用。其主要表现为“真相委员会”和赦免两种形式。

“真相委员会”是一种非司法性质的临时事实查明机构。在国际社会的实践中，“真相委员会”已经逐渐成为一种实现过渡正义的重要方式，它是“介于不受惩罚和刑事起诉之间的一种妥协方式”。[②]迄今阿根廷、智利、南非、秘鲁、加纳、摩洛哥、萨尔瓦多、危地马拉、东帝汶和塞拉利昂等国家和地区已建立30多个类似机构。其中南非“真相与和解委员会”(Truth and Reconciliation Commission)的影响最为深远，其建立任务是全面调查种族政府统治期间侵犯人权的事件并弄清事实真相。它允许出于政治目的而侵犯人权的违

① See Zakia Afrin, “Post-conflict Justice in Iraq”, *Annual Survey of International & Comparative Law*, 2008(14), pp. 36-37.

② 吴燕妮:《论冲突中和冲突后社会的法治:联合国的行动及中国的贡献》,武汉大学出版社2014年版,第105页。

法者以交代犯罪事实为条件换取政府对其刑事罪行的赦免。[①]这种牺牲司法正义以达成和解的做法曾引起许多国际社会成员对其合法性的质疑。但实践表明，南非在种族统治结束后的特殊时期所采取“以赦免换取真相”的方法是建立在其传统法律文化基础上。在南非语境下民族和解是更有助于维护国家稳定和民族团结的责任方式，也取得了较好的效果。[②]虽然真相委员会的建立可能会使有罪的人免受起诉，但在一些国家或地区将真相委员会作为全面公开的战后责任机制可能是达成民族和解的唯一方法，例如，塞拉利昂真相与和解委员会的建立就是1999年《洛美和平协定》得以顺利达成的必要条件。[③]但也有一些真相委员会的实际运行效果并不理想，比如前南斯拉夫内战后塞尔维亚也建立了真相委员会，但在塞尔维亚，该委员会的建立似乎是为了在审判塞尔维亚战争犯罪问题上先行一步。塞尔维亚真相委员会是一个没有权威且权力有限的临时性机构，至2003年解散之前，该委员会从未发布任何与前南斯拉夫内战期间发生在塞尔维亚的种族屠杀及其他战争犯罪行为相关的调查结果。[④]

赦免是指国家对于犯罪分子宣告免予追诉或者免除执行刑罚的一种法律措施。在国内武装冲突中，出于民族和解和实现和平的需要，冲突方经常采取签订和平协定的方式结束双方的军事对抗。

---

① 参见［南非］德斯蒙德·图图：《没有宽恕就没有未来》，江红译，上海人民出版社2002年版，第1~3页。另可参见Truth and Reconciliation Commission, *Truth and Reconciliation Commission of South Africa report*, New York, Distributed in the United States of America and Canada, 1999。

② 参见夏吉生：《“真相委员会”与新南非种族关系》，载《国际政治研究》2004年第2期。

③ 同上。

④ 参见［美］保罗·F.戴尔、丹尼尔·德鲁克曼：《和平行动的评价》，聂军译，世界知识出版社2014年版，第125页。

在此过程中，冲突方也经常将赦免作为其达成民主和解的条件之一。在国内武装冲突结束后，一国政府基于国内形势，为实现民族团结和国家统一，也可以对武装冲突中的一些战争犯罪予以赦免，如中华人民共和国成立之后，我国对蒋介石集团、伪满洲国、伪蒙疆自治政府的战争罪犯共实施7次特赦，《中华人民共和国宪法》第67条、第80条也规定了特赦制度。[①]但民族和解协定中对某些战争罪犯刑事责任的赦免有时会与国际刑事法院对战争罪的普遍管辖权产生冲突。如2006年乌干达政府与乌干达反叛组织圣灵抵抗军(Lord's Resistance Army)试图达成一项协议，该组织以乌政府承诺对其成员的赦免作为放弃抵抗和解除武装的条件。但此时国际刑事法院已对圣灵抵抗军部分成员签发了拘捕令，[②]该组织多次表示希望联合国安理会介入并敦促国际刑事法院放弃对该案的追诉，并表示愿意接受乌干达国内法庭"有条件的起诉"，乌干达政府也在许多公开场合表达了类似意思。但国际社会及联合国对此反应冷淡，国际刑事法院也并未放弃对该组织成员的追诉。最终该反叛组织拒绝签署和平协定，乌干达的民族和解的努力因而未能实现。该案例也反映出当前民族和解这种新的非司法责任形式与国际社会普遍认同的司法责任机制之间的洽接问题尚待完善。

三、战后责任机制的选择标准

在冲突后阶段，通过何种方式实现战后责任是一个十分现实和具

---

① 参见黄德明、李若瀚:《论"战后法"视野下战后责任机制建立的标准》，载《西安电子科技大学学报》(社会科学版)2014年第2期。

② 2005年国际刑事法院在乌干达政府的请求下对包括约瑟夫·康尼在内的五名圣灵抵抗军的领导人提起了控诉。

体的问题。如前所述，不管是传统战后责任机制还是新产生的战后责任机制，它们都或多或少地存在一些问题。鉴于冲突后社会的特殊环境，国际社会成员在选择建立战后责任机制时应综合考虑以下因素：

（一）社会稳定与安全状况

“战后法”以实现一国的持续和平为目的。在冲突后阶段，特别是武装冲突结束初期，国内社会的稳定与安全对战后和平影响重大。虽然通常情况下实现冲突发生国国内社会的稳定与安全同建立战后责任机制是相互促进的，但如果一国的社会状况极不稳定、存在重新引发冲突的危险。此时建立战后责任机制，特别是在当地建立司法机构（无论是混合法庭还是国内特别法庭）的决定就是不合时宜的。此时对具有重大政治影响和民族威望的人进行起诉或审判，可能重新激起对抗和矛盾，从而使已经恢复的和平再次演变成武装冲突，如在前述乌干达民族和解的案例中，国际刑事法院对乌干达反叛组织领导人的追诉就是导致乌干达民族和解失败的一个重要原因。基于战后法的相称性原则，在一国社会达到基本稳定与安全的治理状态之前，也即在可能阻却持续和平之建立的威胁尚未消除的情况下，不宜仓促决定建立责任追究机制以追究特定犯罪人之战后责任。

（二）当地所有权的实现程度

战后责任机制，特别是国内特别法庭建立的前提是当地所有权的实现。[①]国内特别法庭建立的合法性基础在于政府授权，如果该授

① 在有国际势力介入的情况下，当地所有权的实现表现为占领当局向能够代表该国人民利益的政府移交国家事务的管理权；在没有国际势力介入的情况下，当地所有权的实现则表现为该国合法政府在其国内有效控制的区域行使管理权。参见黄德明、李若瀚：《论“后冲突时代”战后责任机制的发展》，载《河北法学》2013年第12期。

权政府的合法性存在问题，相应地，依据该政府授权而成立的战后特别法庭的合法性也会受到质疑。以伊拉克特别法庭的建立为例，由于伊拉克过渡政府的成员是由联军临时管理当局指定而非伊拉克人民选举出来的，因而过渡政府授权建立的特别法庭的合法性就存在问题。有学者就指出："管理委员会由占领者指定而非伊拉克人们选举，因而它并不能代表伊拉克人民实现正义，而管理委员会设立的刑事法庭并不满足独立和公正的标准。"[①]虽然有人认为"及时审判"也是司法正义的基本要求，但与司法效率相比，司法机构本身的合法性更为关键。因此，在未完全实现当地所有权之前通过建立国内特别法庭以实现战后责任的决定也是不适宜的。如此时客观情势要求必须尽快追究犯罪者的责任，国际特设刑事法庭或国际刑事法院是更适当的选择。至于选择通过何种国际法庭实现战后责任则应充分考虑当地政府和人民的意愿。

（三）冲突发生国法律机制的恢复程度

建立战后责任机制还应考虑冲突发生国法律机制的恢复程度，包括该国的法律体系是否重新确立、司法机构是否得到恢复、是否有足够的法律人士能够参与审判以及该国财政能否负担司法运行成本等。如果在决定建立战后责任机制时该国法律机制的完整程度不高、不具备自行追诉武装冲突期间严重犯罪的条件，那么主动寻求外部帮助就是适宜的。这方面的案例包括塞拉利昂和柬埔寨等国战后责任机制的建立，但两国战后法庭的设立方式又有所不同：对于前者，鉴于塞拉利昂国内司法体系在内战中被严重破坏，该

① Danielle Tarin, "Prosecuting Saddam and Bungling Transitional Justice in Iraq", *Va. J. International Law*, 2005(45), p. 493.

国政府请求联合国提供法律援助以恢复其国内司法程序，联合国经过与该国谈判最终通过协议建立了战后特别法庭；柬埔寨的情况则有所不同，柬埔寨政府认为本国完全有能力进行审判，因而不同意联合国专家小组建立国际法庭的建议，最终建立了隶属于其国内法院系统的特别法庭。上述实践表明，在一国法律机制恢复到可以独立调查和审判武装冲突期间的战争犯罪之前，向国际刑事法院提交情势或采取建立特设国际刑事法庭、混合法庭的方式更有利于战后责任的实现；只有在一国具备独立审判此类犯罪的能力之时，建立国内特别法庭才是实现战后责任的可行方式，同时国内特别法庭的建立和运作应接受本国人民和国际社会的监督。

（四）当地法律文化传统

法律制度的形成有赖于一国的法律文化传统。法律文化传统可分为两类：以个人为本位的法律文化强调法律在社会中对个人权利的保护；以社会为本位的法律文化则强调法律的作用在于保障社会和谐与社会整体利益。[①]个人本位法律文化将战后责任更多地具体化为剥夺个人的财产和人身自由。而社会本位法律文化的战后责任机制则更注重惩罚的社会作用，在这种法律文化中，一个人的行为不仅在当前是有意义的，而且在过去以及将来都会产生影响，如非洲文化中的“Ubuntu”传统就强调“宽容地对待他人”。[②]与国际社会中以个人本位法律文化为主导的世俗法律模式不同，在这些国

① See Dana Zartner, “The Culture of Law: Understanding the Influence of Legal Tradition on Transitional Justice in Post-conflict Societies”, *Indiana International & Comparative Law Review*, 2012(22), p. 315.

② [南非]德斯蒙德·图图：《没有宽恕就没有未来》，江红译，上海人民出版社2002年版，第35页。

家中，客观、公正的审判并不总是能反映该国家或民族的公共偏好或文化传统。这也是为何在实现特定国家或地区（如南非）战后责任问题上，国际社会坚持的司法正义方式经常不被接受，而富有弹性的非司法责任方式（如真相委员会）却能获得本国人民及周边国家的支持，并能取得良好的效果。因此，在具有独特法律文化传统的国家，战后责任机制的建立应优先考虑其法律文化传统。

（五）国际法律秩序

前述乌干达的案例为国际社会提出了一个很现实的问题，即国家出于某种需要而作出赦免某些国际犯罪的决定是否能有效排除国际刑事法院管辖的问题。对战争犯罪的赦免通常是不被国际社会所支持的。联合国人权事务委员会认为，“赦免总的来说与国家对这些行为应该进行调查的义务以及与国家在其管辖权范围之内保证自由不受这些行为侵犯的义务是相违背的”。[①]联合国也在塞拉利昂政府与反政府革命统一战线签订的《洛美和平协定》关于赦免的条款中声明：“任何赦免以及宽宥均不得适用于灭绝种族罪、战争罪以及任何其他严重违反武装冲突法的罪行。”[②]2004年《冲突中和冲突后的法治和过渡司法》的秘书长报告第64条（c）款则更明确指出应“拒绝赞同赦免灭绝种族罪、战争罪，或危害人类罪，包括与族裔、社会性别和性别有关的国际罪行，确保任何以前给予的此类赦免不妨碍在联合国设立的或协助的法院进行起诉”。[③]

虽然国际社会普遍反对国家违背其追究严重犯罪责任的义务，但主权国家选择以非法律方式（如民族和解）作为战后责任机制

① 《联合国人权事务委员会第20号一般性意见》第7条。

② S/1999/836.

③ S/2004/616.

也是其固有之权利。《日内瓦四公约第二附加议定书》第6条规定“对于那些参加武装冲突中的人或基于有关武装冲突原因而被剥夺自由的人应尽可能给予最广泛的赦免”。[①]按照条约解释的原则，该条应被理解为其至少可以适用于该议定书所规定的犯罪类型，而战争犯罪无疑在该议定书所限犯罪类型之列，也就是说，赦免的对象可以是战争犯罪。因而战后法并未一概禁止赦免，问题的关键在于赦免的理由和程序是否正当。《国际刑事法院罗马规约》第16条为解决民族和解同国际刑事法院管辖间的冲突提供了可能，它规定在追责可能会对维护世界或地区和平产生不利影响或存在重新引起武装冲突的危险情势下，安理会也可以作出决议中止国际刑事法院管辖。[②]因此，依据现有战后法规范，解决民族和解同国际法治理念之间的冲突并不困难，即使是在国际刑事法院已经受理案件的情况下，国家也可就其赦免或宽恕严重国际犯罪的意图向安理会提交情势，安理会应对此情势予以考虑并决定是否以《国际刑事法院罗马规约》第16条为基础作出中止或延长法院调查或起诉的决议。

但须指出，虽然国家惩办严重国际罪行是否构成国际习惯法上的义务尚存争议，但通过司法途径实现战后责任更符合国际社会普遍的正义观念，对犯有国际罪行的人进行起诉和审判是现代国际法发展的一个趋势。[③]在冲突后阶段，在特殊情况下（如出于维持和平的考虑）通过非司法途径实现战后责任也是应当被允许的，南非的

① 《日内瓦四公约第二附加议定书》第6条。

② 《国际刑事法院罗马规约》第16条规定安理会可以根据《联合国宪章》第七章通过决议中止或延长法院准备或者正在进行的调查或起诉。

③ 参见朱文奇：《国际刑事法院与中国》，中国人民大学出版社2009年版，第254页。

"真相与和解委员会"以及卢旺达的"Gacaca"和"Mato Oput"等具有非洲传统正义观念的战后责任形式已经被证明是一种行之有效的责任方式。[①]但同时，通过非司法途径实现战后责任也应被谨慎对待。是否做出这样的选择，应考虑当地法律文化传统、国际法制的要求以及这样做是否会对该国、该地区以及全球和平与安全产生不利影响。事实上，不论战后责任机制通过何种途径建立，当前的国际正义标准实际上仍然是"胜利者的正义"。即使是相对客观的司法途径，仍不能保证战争中的违法行为受到应有制裁，也不能完全保证被告的诉讼权利得到尊重，国际政治对国际刑事司法的影响仍很严重。如何使战后责任机制的建立摆脱权力政治的影响，以及由违反战后法规范本身引起的战后责任应通过何种法律机制加以实现等问题仍有待进一步研究。

第二节　冲突后阶段的维和行动

维和行动是联合国基于国际形势需要在实践中创造的。它通过在冲突地区建立监督组织监督停火和撤军来帮助该地区恢复和

---

① 与"Gacaca"有关的研究请参见刘海方：《卢旺达的盖卡卡传统法庭》，载《西亚非洲》2006年第3期。另可参见Luc Huyse, "Introduction: Tradition-Based Approaches in Peacemaking, Transitional Justice and Reconciliation Policies", in Luc Huyse, et al, eds., *Traditional Justice and Reconciliation after Violent Conflict: Learning from African Experiences*, Stockholm, International IDEA, 2008, pp.10-34. 与*"Mato Oput"*有关的研究请参见 Dana Zartner, "The Culture of Law: Understanding the Influence of Legal Tradition on Transitional Justice in Post-conflict Societies", *Indiana International & Comparative Law Review*, 2012(22)。

平。[①]20世纪90年代以来联合国维和行动呈现新的特点。其任务不再局限于监督停火和隔离冲突，而是被扩展到监督选举、维持治安、提供人道主义救援等领域，有时也会涉及管理一国内部事务，如联合国科索沃临时行政当局、东帝汶过渡行政当局等机构的建立，联合国维和机构在一定程度上甚至具有了临时过渡政府的性质。当前国际形势的变化，特别是战后法的兴起，对冲突后阶段的维和行动提出了新的要求。

一、联合国维和行动的嬗变

对于维和行动，联合国原秘书长哈马舍尔德提出了著名的“第六章半”理论，他认为维和行动是介于《联合国宪章》第六章和第七章之间的一种临时性辅助手段。在和平解决争端的方式不能奏效而又无法断定存在侵略行为的情势下，维和行动可以作为一种新的维持和平机制以应对上述难题。[②]作为临时性措施，联合国实施维和行动的目的在于“冷却冲突”，力图避免引发冲突的事件发生，为冲

① 联合国《蓝盔》一书中将维和行动定义为“联合国所从事的、根据联合国安理会或大会决议向冲突地区派遣没有强制力军事人员以恢复和维持和平的行动”。在维和行动被创造后，其他区域性的国际组织也积极开展此类行动，如非盟在非洲地区实施的维和行动。但在全球范围内影响最广泛的仍是联合国的维和行动。其自1948年在中东地区建立第一个停战监督组织至今已实施60多项维和行动，对维护国际和平与安全作出了巨大贡献。参见United Nations, *The Blue Helmets—Review of United Nations Peacekeeping*, New York, The United Nations Department of Public Information, 1990, p. 4。

② United Nations, *The Blue Helmets—Review of United Nations Peacekeeping*, New York, The United Nations Department of Public Information, 1990, p. 5.

突的解决提供一个和平环境。[①]在实践中联合国维和行动逐渐形成了其基本原则即"哈马舍尔德三原则",包括:同意原则、中立原则和非强制原则。[②]自冷战结束以来,联合国维和行动的实践越来越多地介入一国内部事务,并逐渐突破了"哈马舍尔德三原则"的限制。其一,联合国对同意原则进行了一定程度的修正,1992年的《和平纲领》强调"强制和平涉及维持和平活动但不一定非要得到有关方面的同意"。[③]其二,联合国也允许维和机构在一定情况下背离中立原则。[④]2008年的《联合国维持和平行动:原则和准则》指出:"联合国维和行动要在与冲突方打交道时保持公正,但并不是指在执行任务时保持中立,面对那些明显阻碍和平进程的情况,对当事方的不偏不倚不应成为不采取行动的借口。"[⑤]其三,联合国的维和实践也开始逐渐突破非强制原则。随着维和行动职能的扩大以及对维和人员进行武力攻击的暴力事件不断增多,联合国维和部队在一定情况下也被授权可以"采取一切必要措施"打击阻挠政治进程和维和

① 有武装人员参与,但不依靠武力来实现和平是维和行动的独特之处,前联合国秘书长德奎利亚尔将维和行动称为"无战斗之敌,无战胜之地,武器用于自卫,效果靠自愿合作"。参见United Nations, *The Blue Helmets—Review of United Nations Peacekeeping*, New York, The United Nations Department of Public Information, 1990, p. 46。

② 同意原则要求联合国开展有关维和行动必须征得当事国的同意和允许,在当事国撤回该项同意时联合国须中止其维和行动;中立原则要求联合国开展有关维和行动时,对于争端和冲突双方应不偏不倚地平等对待;非强制原则要求维和人员严格限制使用武力,所携带的轻武器只有在自身遭到袭击或者履行职责受到武力阻碍时才能使用。

③ Boutros Boutros-Ghali, *An Agenda for Peace*, New York, United Nations, 1992, p. 5.

④ 例如,在联合国波黑维和行动中,维和部队就对作为冲突方的穆族表现出明显偏袒。参见贺鉴:《论冷战后联合国维和行动与国际干预》,载《求索》2005年第5期。

⑤ *United Nations Peacekeeping Operations*, New York, United Nations, 2008, p. 68.

使命的行为以保证维和行动的实施。①

对传统维和原则的突破也为联合国维和行动的实施带来了新的挑战。当前，联合国维和行动的内容除仍包含传统的"冷却冲突"措施外，有时还包括了政治、经济及人道主义援助等"解决冲突"的措施。这些措施不仅存在于武装冲突阶段，而且也已扩展到冲突后阶段。当某些冲突地区的执政实体已不复存在而出现权力真空的局面（如1992年的索马里）或者冲突地区有可能出现大规模种族屠杀等侵犯人权的国际罪行时（如1998年的塞拉利昂），同意原则的实施已不具备客观条件。此时如果仍坚持以当事国同意作为实施维和行动的前提，将不利于联合国及时采取行动。但是，缺乏东道国授权的维和行动不但合法性存在问题，而且也开始面临越来越多侵犯一国主权的质疑。增强维和行动的主动性和攻击性则使维和部队可能直接介入武装冲突。②当维和部队成为冲突一方，维和部队人员是否仍具有《联合国人员和有关人员安全公约》第8条赋予的非战斗员地位？《维持和平行动部队地位协定范本》规定的维和人员的豁免权能否排除国际或国内刑事司法机构对这些人员的管辖？如何处理联合国维和部队违法人员的战后责任？这些都成为颇为棘手的问题。③鉴于当前国际社会现实，联合国维和行动回归到传统维和行动方式（通过隔离、监督等手段避免直接武装冲突）已不可能，试图将维和行动严格局限在"哈马舍尔德三原则"之下的想法

---

① 如安理会第837号决议对联合国驻索马里部队的授权，同样的授权也被赋予波黑、海地等地区的维和部队。参见S/RES/837。

② 联合国《布拉希米报告》明确地提出"强势接战规则"（Robust Rules of Engagement）以对付那些违反和平协定承诺或企图以暴力破坏协定的当事方。参见UN. Doc. A/55/305–S2000/809。

③ 参见盛红生：《论联合国维持和平行动与国际人道法》，载《西安政治学院学报》2012年第4期。

也是不现实的。随着“解决冲突”的内容和范围逐渐扩大，维和行动的实施也面临着更多战后法问题。

事实上，刚刚摆脱武装冲突的国家常常面临自身能力严重不足的问题。特别是在一国治理状况处于极不稳定局面下，联合国和国际社会提供的外部援助是一种消除潜在冲突威胁的有效方法。鉴于此，联合国1992年的《和平纲领》中已提出“重建和平”(Post Conflict Peacebuilding)的内容，即采取行动以支持旨在加强与巩固和平的各项措施以防止冲突再度爆发。[①]但由于该“重建和平”概念的模糊性，且缺乏具体操作规则，该内容对联合国维和行动实践的实际指导意义十分微弱。当前冲突后阶段的维和行动已不再满足于使冲突方维持停火的状态，而是力图通过积极措施以达到消除武装冲突根源的目的。除监督职能之外，维和机构也被赋予恢复和重建和平职能。如联合国西撒哈拉公民投票特派团、联合国纳米比亚过渡时期援助团都被赋予军事手段之外的采取民事行动的职能；联合国东帝汶过渡行政当局和联合国驻柬埔寨过渡时期权力机构等维和机构则被授权直接行使一国临时政府之权利。这些实践都反映了当前维和行动更倾向于在冲突后阶段构建一种更稳定的积极和平状态。在此意义上，维和行动的重建和平与战后法旨在实现的冲突发生国的持续和平理念是契合的。持续和平的建立离不开重建和平措施，重建国家机器并确保其具有管理内部事务及维持国家和平稳定的能力，支持和帮助冲突发生国合法政府自主地行使其国家事务的管理权是战后法能力建设原则的基本要求。当前，联合国也已逐渐意识到实现当地所有权对建立持续和平的重要意义。

① See Boutros Boutros-Ghali, *An Agenda for Peace*, New York, United Nations, 1992, p. 7.

2011年联合国高级咨询小组的报告指出，“必须培养受冲突影响国家的潜在本国能力，能力建设已成为维和行动在冲突后阶段的发展方向”。[①]

二、战后法框架下的维和行动

国际社会成员在冲突后阶段实施的旨在帮助冲突发生国恢复和平的行为应受到战后法制约。联合国也不例外。其在冲突后阶段实施的维和行动，除了其行动的目的、内容以及存续期间应由其授权文件加以规定之外，在冲突发生国的持续和平建立之前，联合国维和行动的实施也应遵守战后法的基本要求。

（一）维和机构的冲突后重建权能

联合国1995年的《和平纲领补编》[②]以及2000年的《布拉希米报告》都允许联合国在一定情况下突破“东道国同意”原则对维和行动的约束，即在当一国陷入战乱、或不存在有效形式的政府、或可能发生严重的人道主义危机情况下，预先征得冲突发生国的同意不能满足提供紧急援助的要求时，联合国可以主动实施维和行动。在冲突后阶段，维和行动涉及的主要内容除了实现停火、解除交战武装之外，还包括遣返难民、监督选举、保障人权、改革或加强政府机构等增进一国政府治理能力的措施，但这些工作却并不总是属于上述紧急情况范畴。现实中，一些国家对联合国介入主权国家内部冲突

① 基于此，联合国秘书长于2011年和2012年分别提交了《冲突后文职能力》和《冲突后民事能力》的报告，旨在从建设能力角度提出维和行动在当前形势下的发展方向和具体建议。参见A/67/321-S/2012/645, A/66/311-S/2011/52。

② 《和平纲领补编》强调“安理会授权成员国组建并部署一支中立且公正的武装力量到紧张或冲突地区，而且并不需要获得所有相关各方的同意”。A/50/60-S/1995/1. at. 23.

也持谨慎态度，特别是发展中国家担心西方大国会以人道主义危机为由强行干预其内部事务、侵犯其主权，甚至损害其领土完整、造成其国家分裂。[①]因此，冲突后阶段的维和行动能否因安理会“授权”而突破东道国“同意”是当前国际社会普遍关注的问题。有学者主张，联合国维和行动应当突破“同意原则”的束缚，否则在危急情况下国际社会就不能避免类似1994年卢旺达种族大屠杀事件的重演。该主张的出发点在于它力图避免东道国利用“同意原则”对维和行动的制约而在其国内实施大规模的侵犯人权行为。但这种认识在一定程度上混淆了维和行动与联合国强制和平行动之间的界限——维和行动与强制和平行动具有本质的不同。后者属于联合国针对某一国家实施的欲以武力达到惩罚和制裁目的的强制措施，其法律基础为《联合国宪章》第42条，[②]因而强制和平行动的实施无需东道国的同意；但维和行动则是通过采取非暴力方式维持和平的临时性措施，其法律基础为《联合国宪章》第40条。[③]联合国在冲突后阶段参与冲突后重建事宜应被理解为联合国为实现冲突后社会的持续和平而提供的国际援助，而不应当被理解为联合国为制裁该国而采取的强制和平措施。对于一些学者担心的“在一国实施的

---

① 参见徐纬地：《摇摆与彷徨中的探索——联合国维和行动面临的困难与挑战》，载《世界经济与政治》2005年第5期。

② 《联合国宪章》第42条规定：“安全理事会如认第四十一条所规定之办法为不足或已经证明为不足时，得采取必要之空海陆军行动，以维持或恢复国际和平及安全。此项行动得包括联合国会员国之空海陆军示威、封锁及其他军事举动。”

③ 许多国际法学者，包括我国著名国际法学家梁西先生都倾向于将《联合国宪章》第40条作为维和行动的法律基础。该条规定在安理会采取断绝经济和外交关系或使用武力之前，可以采取临时办法，防止冲突局势的恶化。参见黄惠康：《论联合国维持和平部队的法律基础》，载《中国社会科学》1987年第4期。

大规模侵犯人权行为时，维和行动因受同意原则制约可能对其束手无策”的问题，联合国完全可以通过采取强制和平行动的措施加以处理，但其不应通过赋予联合国维和机构在维和行动中更多强制性权力的方式解决该问题。赋予维和机构强制行动的权能无疑会因其超越《联合国宪章》的授权而使维和行动的合法性受到更多的质疑。鉴于冲突后阶段维和行动的“非强制”性质，以及出于对国家主权原则和不干涉内政原则的坚持，战后法要求维和机构参与冲突发生国的冲突后重建事宜时也应获得东道国的许可，[①]但在东道国不能或者不具备表达同意意思能力的情况下，联合国可以依据该情势以重建和平为目的主动实施维和行动。

（二）维和机构对一国领土的临时管理

联合国曾先后在科索沃和东帝汶建立特别机构并对这些领土实施临时管理。此类授权行为是否违背《联合国宪章》和一般国际法也在国际社会引起了广泛争议。以科索沃维和行动为例，联合国根据安理会第1244号决议在科索沃部署联合国维和机构并授权其行使临时的政府管理职能。[②]对于科索沃特别机构充当该地区过渡时期权力机构的角色，有学者指出，维和机构部署于一国领土同时行使行政当局之职能，其性质与冲突后阶段的占领是类似的，[③]基于传统武装冲突法，维持被占领区的战前状况是《海牙第四公约》和

① 联合国介入冲突后阶段战后重建的合法依据可以表现为：安理会决议、东道国的邀请文件以及联合国与东道国签订的双边协定。

② 决议规定，安全部队职能是使用所有必要手段来确保安全的环境和便利流离失所的人们安全返回家园；文职机构的职能在于执行临时管理科索沃的职责，以确保科索沃人民在南斯拉夫联邦共和国之内享有很大程度的自治权。S/RES/1244.

③ 参见汪玉：《科索沃国际维持和平行动与国际法上的集体安全制度》，载《法律科学》2000年第3期。

《日内瓦第四公约》对占领者的基本要求，因而联合国维和机构的冲突后重建行为同样也应被限制在“恢复和保证该地区的公共秩序与安全”范围之内，不得对被占领区已生效的法律机制实施根本性之改革。但现实情况是，由于冲突后社会存在各种威胁和平的因素，冲突地区远未实现和平，仅维持现状并不能确立和平秩序。为了能够有效实现冲突地区持续和平，作为一国领土临时管理机构的维和机构采取更积极的恢复和平措施（包括通过在冲突发生国实施军事、行政、民事、司法等方面的改革措施）是应当被允许的。特别是在法律机制的改革方面，2004年《冲突中和冲突后的法治和过渡司法》的秘书长报告也指出“（联合国）必须支持以公民参与为基础的法制改革、司法重建或过渡司法”。[①]因此，在冲突后阶段，赋予维和机构更多重建和平的职能，并允许其在必要时对一国政治体制以及法律制度实施一定程度的改革已成为实现冲突发生国持续和平的一种必然选择。但同时，考虑到联合国授权维和机构对一国领土临时管理的合法性尚存争议，以及一些国家对维和机构实施上述职能时的公正性、客观性等方面存在顾虑，维和机构在冲突后阶段实施的管理领土职能只能作为一种临时应急措施予以实施。

（三）维和机构及其人员的违法责任

前已述及，战后法框架下，战后责任的核心是通过追究国家或个人在武装冲突中违法行为的责任，以剥夺违法者的行为能力，督促决策者更加谨慎行为，并阻止受害者避免实施非法的报复性行为。维和行动虽基于联合国授权，但这并不能保证维和机构及其人员在维和过程中所实施行为的合法性。事实上，维和机构及其人员

① S/2004/616. Art. 17.

在维和行动中也经常发生违反国际法的情况，如在索马里维和行动期间以美国为首的维和部队就违反了国际人道法的区分原则向平民发动武装攻击并造成了多人伤亡。[①]不追究这些违法行为的责任既不利于实现战后正义，也有损于联合国的声誉。因此，追究维和机构及其人员在维和行动中的违法责任也是战后法的必然要求。

由于维和部队人员同时接受联合国与派遣国的双重管辖，当其在维和行动中实施了违法行为时，就产生了联合国与派遣国如何承担责任的问题。对此，有学者指出："如果遇有它（派遣国）提供的人员的严重疏忽或故意过失以致造成损失、损坏、死亡或伤害，以及由它部分或完全指挥和控制军事分遣队及维和人员行动的情形，则要由它分担或完全承担本应由联合国承担的法律责任。"[②]这种观点是有道理的，它可以被进一步明确为：在区分派遣国与联合国责任时应遵循"实际控制"的原则，即联合国或派遣国应承担由其指挥的维和部队在执行职务时所产生的违法行为的责任；该责任的判断应以双方对维和行动的实际指挥和控制程度为标准。国际组织作为具有法律人格的国际法主体也不能逾越国际法规范而避免承担违法责任。[③]联合国亦然，它应当为其维和部队人员在执行职务时的违法行为承担责任。在当前国际组织相关责任制度发展尚不完善的情况下，联合国的责任可比照国家

① See A. Zacarias, *The United Nations and International Peacekeeping*, New York, United Nations, 1996, p. 163.

② 贾万宝:《联合国维和行动中的法律责任问题探析》，载《西安政治学院学报》2009年第6期。

③ 参见慕亚平、郑艳:《论国际组织的国际法律责任》，载《中山大学学报》(社会科学版) 1999年第3期。

责任制度予以实现。[①]

对于维和人员的个人违法责任,《联合国与提供联合国维持和平行动人员和装备的会员国之间的协定范本》规定,对属于“私法性质”的争端,维和人员的战后责任首先应由东道国实施管辖,在东道国不愿或不能实施管辖时则由联合国设立的投诉委员会处理。[②]2010年《提高联合国管理和持续开展维持和平行动的能力》的秘书长报告也提出“联合国应制定程序对不当行为采取适当且快速的行动”。[③]遗憾的是,这些文件对于维和人员个人违法责任问责的具体内容及程序等方面的规定都不够明确。作为追究维和人员个人责任基础的《联合国与提供联合国维持和平行动人员和装备的会员国之间的协定范本》,其在强调对维和人员违法责任予以追究时并未区分责任者的职务行为和个人行为,因而该范本的立法意图应被理解为:无论维和人员实施的违法行为属于职务行为还是个人行为,违法者都应当承担责任。对于《维持和平行动部队地位协定范本》中职务豁免的规定是否对实施违法行为的维和人员适用的问题,由于维和人员执行维和任务与其在维和行动中遵守武装冲突法规范之间并不存在冲突,其实施的违反武装冲突法的行为实际上已超出了维和行动职务豁免的范围,因而此类违法行为并不能适用该范本中职务豁免的规定。[④]

---

① 参见孙萌:《联合国维持和平行动违法责任研究》,知识产权出版社2006年版,第78~79页。

② UN. Doc. A/45/594(1991). Art. 29.

③ UN. Doc. A/65/624(2010).

④ 退一步来说,即使《维持和平行动部队地位协定范本》中职务豁免的规定仍然有效,正如有学者指出的,联合国和派遣国仍有权通过作出放弃上述豁免的意思表示,而使违法人员接受司法、行政或军纪的处罚。参见盛红生:《联合国维持和平行动法律问题研究》,时事出版社2006年版,第177页。

（四）维和行动的退出机制

前已述及，实现冲突发生国的持续和平须最终依赖于该国自身维持国家和平与稳定能力的恢复。联合国承认维和行动“应更好地学会如何尊重和支持当地所有权、当地领导权和当地改革拥护者群体”。[①]基于实现当地所有权的要求，联合国维和机构应在适当的时候退出东道国，将维持秩序和建设和平的任务交由该国自行实施。2001年的《没有战略就无法撤离》的秘书长报告将维和机构的撤离分为三种情况：任务完成、任务失败和任务部分完成。[②]但该报告并未确立联合国结束其维和行动的法律要件。如果仅以维和行动的结果来判断，实际上不管任务是否完成联合国都可能撤出维和机构，但联合国在什么情况下可以或者必须撤出其维和机构，则是当前冲突后阶段的维和行动面临的一个现实问题。在战后法框架下，联合国终止其冲突后阶段维和行动的法律要件包括：一是维和行动达到授权文件规定期限而自动终止；二是联合国通过决议结束维和行动；[③]三是维和行动因东道国请求而结束。[④]此外应注意的是，派遣国虽也有权在维和行动过程中撤回其维和人员，[⑤]联合国实践也证明了派遣国一贯拥有该项权利。如1960年联合国刚果行动中，几内

---

① S/2004/616. Art. 17.

② See S/2001/394.

③ 如1994年安理会通过的结束联合国第二期索马里行动的第954号决议。S/RES/954.

④ 维和机构执行重建和平任务的前提是东道国的同意，在东道国要求维和部队撤离时联合国就不能拒绝。虽然保留撤回同意的权利可能遭到东道国滥用，但这并不足以构成联合国拒绝撤出其维和机构的理由，历史上也曾有应东道国请求结束维和行动的先例，如1967年联合国应埃及的要求撤出了驻扎在其边界的联合国紧急部队。

⑤《联合国人员和有关人员安全公约》第20条承认派遣国拥有将其人员撤出维和行动的权利，但该条作为保留条款只有在派遣国对该条款提出保留才对该国能生效。

亚、马里、南斯拉夫、缅甸等国先后撤回了各自派出的维和部队；又如在联合国索马里行动中，意大利、美国在维和任务结束前也作出了撤出其派遣的维和部队的决定，[①]但成员国退出联合国维和行动并不构成整个维和行动的终止。

三、冲突后阶段维和行动的发展方向

以联合国实践为基础的维和行动，其维和机构职能在从“避免冲突”向“解决冲突”嬗变的过程中不可避免地会遇到许多现实问题。战后法为冲突后阶段维和行动的发展提供了系统化和规范化的思路。在重建和平问题上，允许维和机构以实现当地所有权为目的参与冲突后阶段的政治重建、法制重建、经济重建以及社会重建是符合冲突后社会客观需求的。虽然目前冲突后阶段的维和行动已取得一定程度的发展，但以传统维和理论为指导的维和行动在当前维和实践中已表现出极大的不适应性，特别是冲突后阶段维和行动法律基础的欠缺是其亟待解决的问题。对此，国际社会，特别是联合国应采取积极措施推动维和行动法律基础的革新。

（一）明确维和行动的法律基础

鉴于当前维和行动的复杂性，为使其实施更加合法有效，国际社会应致力于建立冲突后阶段维和行动的实施细则。虽然现实中引发维和行动的具体原因以及维和行动的具体内容各不相同，但随着冲突后阶段维和实践的发展，越来越多的维和行动规则已通过习惯法的方式被确立。因此，国际社会有必要在总结实践经验的基础

---

① 参见孙洁琬：《联合国在非洲的维和行动》，载《西亚非洲》2004年第5期。

上，确立系统化和规范化的冲突后阶段维和行动的实施规则。为实现此目的，可以在联合国内部通过相关决议或缔结一部旨在创制当前联合国维和行动合法性基础的国际公约。联合国还应督促会员国及时修改或者制定相关国内立法，以解决维和行动国内法依据缺乏的问题。

（二）区分维持和平与强制和平

如前所述，在联合国框架下，维和行动与强制和平行动存在明显的界限。虽然维和行动的内容正向解决冲突的方向转变，但这种转变不能超越其维持和平的基本功能和法律授权。实践证明，超出《联合国宪章》第40条实施的带有强制性的维和行动常常会使武装冲突的形势更加复杂，甚至导致维和行动最终失败。因此，当冲突后社会的情况已发展到需要通过强制和平手段予以处理时，即说明现实情况已经超出维和行动能够控制的范围。此时如需考虑采用强制措施，应根据《联合国宪章》第41、42条采取强制和平行动，但无论如何，联合国都不应以维和行动的名义实施该强制行动。

（三）明确重建和平的分工

虽然当前冲突后阶段的维和行动大多具有重建和平的内容和特征，但仍需指出，联合国维和行动的目的并非主要是在东道国实施重建工作，因而有必要强调和区分联合国维和机构与联合国重建和平机构的不同任务和职能。在冲突后阶段，更合理的做法是，使维和机构重点承担武装冲突结束初期维持冲突发生国国家安全与社会稳定的任务，而与国家重建相关的具有持续性的重建任务则应交由联合国专门机构——建设和平委员会来承担。[①]进一步明确两类机构的分工，一方面可以减轻维和机构当前在冲突后阶段面临的繁重压力；另一方面也能减少联合国机构之间的权限和职能冲突。

（四）加强行动主体间的配合

维和行动的实施不能脱离具体环境的制约。随着冲突后阶段维和行动内容的多样化，协调军事、警察、司法、行政等维和部门的关系和分工的重要性日益突出。联合国维和机构与其他国际组织、国家之间也应加强协调、配合。大量维和实践表明，在大国直接介入武装冲突的情况下联合国维和机构并不总能有效发挥作用，如2003年美国发动伊拉克战争即导致了联合国驻伊观察团被迫撤出伊拉克。在大国普遍反对的情况下，维和行动也不能取得很好的效果，如1967年第三次中东战争前联合国在加沙地带的维和任务因缺乏大国支持也以失败告终。为避免大国政策对维和行动造成的不利影响，谋求大国对维和行动的政治支持与积极合作是发展冲突后阶段维和行动的可行路径，但同时国际社会也应注意避免维和行动被大国操纵成为"新干涉主义"的工具。

（五）完善维和行动的违法责任机制

追究维和行动中违法行为的战后责任也是战后法的要求。一些维和行动的授权文件本身也包含了此项任务，如2003年安理会第1509号决议中为联合国利比亚特派团设定的任务中即包括一项实现战后责任的任务。[②]虽然《维持和平行动部队地位协定范本》确定

① 联合国建设和平委员会建立的目的在于，集中所有相关行动者调动资源并提议完整战略以实现冲突后的重建和恢复，强调通过帮助一国实现体制重建和长期发展以实现从冲突向和平的过渡。参见A/RES/60/180。

② See S/RES/1509.

了派遣国对本国维和人员在维和期间实施的违法行为行使优先管辖权，[①]但其具体施行方式则尚存分歧，目前大多派遣国都坚持通过本国国内司法程序解决这一问题。但该方式无疑存在明显缺陷，姑且不论派遣国是否能毫不徇私地审判本国的维和部队人员，单在诉讼程序方面通过国内措施实现上述人员战后责任就存在许多障碍，如异地调查取证、外国证人出庭等问题。对此，在东道国设立相关刑事法庭是值得提倡的做法。这种方式更有利于查明真相、接受国际社会监督，国际社会在这方面已有实践并取得了较好效果可供借鉴。[②]

第三节　冲突后阶段的宪政重建机制

对于冲突发生国而言，在其冲突后重建过程中订立一部合法有效的基本法/宪法，以及确立该国冲突后阶段的宪政秩序，[③]对其持续和平的建立无疑具有重要意义。对于一个经历武装冲突浩劫的国家来说，其国内政治秩序的稳定程度和对国内外不安定因素的抗干扰能力是衡量该国国内治理状况的重要标准。一国国内政治秩

---

① 《维持和平行动部队地位协定范本》第47条规定“联合国维持和平行动军事部门的军事人员在东道国内如犯任何刑事罪行，应由该人员所属的参加国行使其专属管辖权”。A/45/594.

② 例如南非共和国即应联合国要求在刚果（金）设立军事法庭以审判在执行维和任务时实施违法犯罪行为的本国军人。参见盛红生：《联合国维持和平行动法律问题研究》，时事出版社2006年版，第180页。

③ 围绕一国基本法/宪法所确定的分配权利、制约权力行使的法治和政治制度而建立起来的政治秩序即为一国的宪政秩序。参见G. John Ikenberry, *After Victory: Institutions, Strategic Restraint, and the Rebuilding of Order after Major Wars*, Princeton, Princeton University Press, 2000, p. 26。

序的稳定缘于其政治制度的持久性。宪政秩序的建立“不仅有助于推动和平的进程，将一个社会从动辄使用武力的状态转变为诉诸政治途径来解决冲突，而且在冲突后的崩溃社会机制中能够以权威性法律组织的形式重塑新的政权框架，从而使未来可能发生的冲突得到缓解和控制而不是回归暴力”。①

一、冲突后阶段的宪政重建

研究宪政重建问题，首先需要明确其内涵，不同学者对此有不同看法。路易斯·亨金认为宪政意指“成立的政府要受到宪法的制约，而且只能根据其条款来进行统并治受制于其限制”。②丹·莱夫认为“宪政指法律化的政治秩序，即限制和钳制政治权力的公共规则和制度”。③虽然学者们对于宪政的定义莫衷一是，但这些观点的核心思想却是相当一致的，即从本质上来讲，宪政是与专制相对立的一种政治体制，它要求以存在一部宪法为前提，并强调对国家最高权力的制约，以此保障公民权利。④

冲突后阶段的宪政重建，是指在冲突后阶段冲突发生国基于其国内需求或在国际社会帮助下实施的宪政秩序的恢复和建设活动。

① 吴燕妮：《论冲突中和冲突后社会的法治：联合国的行动及中国的贡献》，武汉大学出版社2014年版，第92页。

② [美]路易斯·亨金：《宪政·民主·对外事务》，邓正来译，三联书店1996年版，第9页。

③ 张文显、信春鹰：《民主+宪政=理想的政制》，载《比较法研究》1990年第1期。

④ 周叶中教授认为，宪政作为专制政体的对应物，其基本内涵就是用宪法这一根本大法的形式把已经取得的民主事实确认下来，用法治的精神发展和完善这种民主事实，以此保障公民权利。它一般应包含三个基本的要素：民主、法治和人权。其中民主和法治都服务于相同的价值——保障人权。参见周叶中：《宪法》，高等教育出版社、北京大学出版社2011年版，第171~173页。

“重建”一词同时包括对原有制度之取代和对现有制度之修正的含义。冲突后阶段的宪政重建存在两种情况：第一，武装冲突结束后，在没有国际势力（主要指国际组织和其他国家）介入的情况下，冲突发生国自发实施的宪政重建；第二，武装冲突结束后，在有国际势力介入的情况下，冲突发生国实施或被迫实施的宪政重建。对于第一类宪政重建，合法政府在冲突后阶段对原有宪政制度进行重构或改革通常被理解为国内事务，即该政府行使对内统治权的行为，国际社会（至少在当前国际法框架下）对此无权过问；但对于第二类宪政重建，由于其通常是在外部主体的主导或干预下被迫实施，此类宪政重建及其实施过程的合法性则经常在国际社会中引起争议，因而下文对冲突后阶段宪政重建问题的研究主要以此类宪政重建为对象展开。实践中，冲突后阶段的宪政重建更多地发生在实施专制统治的非民主国家之中，如“二战”后德国的宪政重建、2003年伊拉克战争结束后的宪政重建等。在经历武装冲突之后，冲突发生国的国家能力受到严重削弱，宪政重建通常要经历一个相当长的历史时期。有时宪政重建的困难和持久程度并不亚于武装冲突本身，如美国在伊拉克的宪政重建持续了6年（2003~2008年），柬埔寨的宪政重建则更加旷日持久（1982~1993年），[①]甚至得到西方国家广泛支持的联邦德国的宪政重建也经历了6年时间（1946~1952年）。[②]

① 参见刘恩照：《联合国维持和平行动》，法律出版社1999年版，第49~55页。

② 联邦德国的宪政重建有其具体而深刻的历史背景。“二战”后美苏对抗的态势逐渐显现，美国采取了扶持联邦德国的政策，联邦德国的政治体制也由此迅速得到稳定和发展。1946年盟国开始从培育德国基层民主开始，在地方建立了民主自治政府，再通过民主方式制定各州宪法，最后制定出了一部的民主宪法。其后德意志联邦共和国于1949年宣告成立，到1952年联邦德国的宪政机制逐步得到稳定。参见丁建宏：《德国通史》，上海社会科学出版社2002年版，第399~400页。

实践中，冲突后阶段的宪政重建通常被作为一种政治安排，很少在国际法中被讨论。一方面，传统武装冲突法主要规范国际社会成员在武装冲突中的行为，很少涉及冲突后重建问题；另一方面，由于宪政重建的决定通常缘于冲突发生国在武装冲突结束之后的政权更迭，是否实施宪政作为新政府的一项政治决策通常被认为属于国内事务范畴，而整体上国际社会成员对于强制实施宪政重建的问题又较为敏感，因而冲突后阶段的宪政重建问题长期未得到国际法学者的重视。但随着越来越多的外部势力在对冲突发生国实施军事干涉之后实施宪政重建的实践，也有越来越多的人开始认为，在冲突后阶段对非民主国家实施宪政重建是实现冲突后社会持续和平的必要安排。特别是在国际社会因某一国家实施侵略或因该国发生大规模的人道主义灾难而对其实施军事干预之后，国际社会成员，包括联合国也越来越倾向于对冲突发生国实施民主化改革，其中最重要的一环就是宪政重建。如2003年的伊拉克战争以及2011年的利比亚战争结束后，两个国家都在美国的主导下实施了宪政重建，其重建过程也都有联合国的参与。虽然人们普遍希望在冲突后阶段构建一种持续稳定的和平状态，但对于宪政重建是否是冲突发生国确立持续和平的必然通路的问题，仍需要谨慎对待，因为任何情况下宪政重建对于冲突发生国而言都是一个影响重大且不可逆的过程，如果盲目实施则很可能使该国走上一条不归之路。

二、冲突后阶段宪政重建的合法性依据

实践中，一些国家倾向于将民主和平论作为推动冲突发生国宪

政重建的理论依据。[①]民主和平论是国际社会长期存在的一种与国际安全有关的国际关系理论。康德在《永久和平论》一书中提出了民主和平论思想，他认为除非是出于防卫目的，大多数人永远不会在投票中支持发起战争。[②]该观点经过后来学者的修正和补充，最终形成了比较系统的民主和平论。该理论通过探讨民主与和平之间的联系，得出民主国家之间不会发生战争的结论，其基本观点是：第一，民主国家之间从不或很少发生战争；第二，民主国家之间即使存在争端也从不或很少诉诸武力解决；第三，专制国家更倾向于通过武力解决争端，或者说相对民主国家而言，非民主国家更加好战；[③]第四，民主国家之间很少发生战争是因为权力制衡的民主机制能够在最大程度上避免国家在重大决策上的失误，而非民主国家之所以动辄使用武力，根本原因在于该国现存政治机制不能有效规制国家发动战争。[④]因而若要在武装冲突结束后恢复冲突发生国的持续和平，则必须从国家机器的"民主化"入手，通过在该国实施宪政以实

① 例如，美国就经常将民主和平论作为对别国进行宪政重建的依据，其中较具代表性的是克林顿政府时期提出的"扩展战略"，该战略认为"促进美国在全世界利益的最佳途径是扩大民主国家和自由市场制度，美国的目标一方面是帮助新兴民主国家巩固政权和扩大他们在实行民主方面的努力，另一方面在于帮助所有国家提高对基本人权的尊重，并在可能的情况下促进其向民主制度演变"。William J. Clinton, *National Security Strategy of the United States 1994-1995: Engagement and Enlargement*, Washington, D.C, Potomac Books, 1994, p.76.

② See Immanuel Kant, *Perpetual Peace and other Essays on Politics, History, and Morails*, translated by Ted Humphrey, New York, Liberal Arts Press, 1983, pp.107–139.

③ See John Norton Moore, *Solving the War Puzzle: Beyond the Democratic Peace,* Durham: Carolina Academic Press, 2004, pp. 13–25.

④ 该认识的基本逻辑在于：民主国家的政府是由人民选举的，施行人民治理模式，人民在选举和监督国家机构方面拥有至高无上的权利，从而能够使国家对外政策的执行和实施受到民意制约，因此，民主国家所共有的民主观念和民主机制会约束暴力冲突的发生。参见C. Layne Kant, "The Myth of the Democratic Peace", *International Security*, 1994(19), pp. 5–9。

现其“民主化”改造，可以有效防止战争再次发生。通过民主化模式在全球的推行，就可以最终实现国际社会的和平与稳定。

虽然民主制度在限制国家最高权力方面具有积极的作用，但民主和平论本身却存在严重缺陷：其一，它关于民主国家爱好和平的推论是有问题的，国家是否对外发动战争或者一国内部是否发生武装冲突与该国是否实行民主制度没有必然联系，民主国家的集合并不等于国际社会的和平，国家行为的基本出发点仍是国家的利益需求，民主国家之间的利益冲突也有引发战争的可能性；[①]其二，该理论强调在全球范围内推行民主制度的预设前提是民主制度优于其他政体，但事实上西方民主模式并不一定适合一些国家的具体情况，特别是在一些缺乏民主思想和法治基础的国家和地区，如苏丹达尔富尔地区，宪政和民主并不能改变当地军阀割据的无政府状态；[②]其三，更重要的是，民主和平论非但不能为实施宪政重建提供更多合法性依据，相反，在冲突后阶段改变一国政治体制本身就涉及违反国家主权原则和不干涉内政原则。如果国际社会成员仅重视其自身政治利益而不顾国际法基本原则在冲突发生国强制实施宪政重建，无疑会造成国际法律虚无主义的泛滥，这对维护国际和平反而是有害的。

在“9·11”事件发生后，一种新型的国家安全理论——重建防御论被一些美国学者提出。它是在美国推行其全球反恐战略背景

① 参见黄德明、李若瀚：《重建防御论的国际法考量——以对失败国家的宪政重建为视角》，载《云南社会科学》2014年第4期。

② See Sarah Mazzochi, “Humanitarian Intervention in a Post-Iraq, Post-Darfur World, Is There Now a Duty to Prevent Genocide Even Without Security Council Approval?”, *Annual Survey of International and Comparative Law*, 2001(17), p. 119.

下提出的一种新的国家安全理论。[①]重建防御论将打击恐怖主义的矛头直接指向国家，通过强调恐怖主义与国家、恐怖主义与专制制度、恐怖主义与大规模杀伤性武器之间的关联，来证明外部主体通过实施军事行动实现"失败国家"政权更迭以及在冲突后阶段在该国推行宪政重建的合理性。[②]基于该理论，有学者认为国家重建是最好的防御政策，"为促进那些对美国国家安全产生威胁的国家进行重建，必要时可以使用武力"。[③]美国要在全球范围内打击恐怖主义，就不可避免地要对支持恐怖主义的国家进行打击。这些国家之所以会选择支持恐怖主义，根源是因其没有实行民主制度导致该国缺乏权力制衡和制约机制，因此，要实现防御的效果不仅要推翻这类政权，还要促使其施行宪政。[④]

重建防御论本质上是一种先发制人的理论。该理论直接为美国单方面实施先发制人的军事行动以及在冲突后阶段在别国推行宪政重建提供辩护。事实上，以提高民主和人权或者防止恐怖主义

---

① See Peter Beinart, "Nation Building Is the Best Defense", *Pittsbrugh Post-gazette*, 2001(18), p. E1.

② 在安全问题上，美国主张把反恐与对"失败国家"的重建联系起来，其更倾向于通过推翻那些对全球安全产生威胁的失败国家的政权、改变其政治体制的方式以实现反恐目的。参见李伯军：《非洲民族国家构建中的"失败国家"与国际法》，载《求索》2010年第2期。

③ J. M. Spectar, Beyond the Rubicon: Presidential Leadership, International Law & the Use of Force in the Long Hard Slog, *Connecticut Journal of International Law*, 2006(22), p. 56.

④ 重建防御论认为：专制制度是产生恐怖主义的温床，生活在专制制度之下的人们更容易采取极端手段发泄压抑与不满，专制制度的统治者则更倾向于采取极端方式阻止其社会滋生的变革性思想，因此恐怖主义行为方式（不管是对内的还是对外的）也更容易得到专制国家的支持，拥有大规模杀伤性武器的国家一旦与恐怖主义结合就会对美国乃至世界和平造成威胁，此时通过外部震慑力量防止这些国家对国际社会的和平造成威胁就是必要的。参见John Norton Moore, *Solving the War Puzzle: Beyond the Democratic Peace*, Durham, Carolina Academic Press, 2004, pp. 27–39。

威胁为借口赋予一国改变别国政治机制的权力是存在风险的。如美国在2003年宣称伊拉克正在生产大规模杀伤性武器并且与恐怖组织暗中勾结，已经对美国的国家安全构成严重威胁，进而发动了伊拉克战争，但是从战争结束后的一系列证据来看，伊拉克并没有发生像美国政府所宣称的制造大规模杀伤性武器的情况。[①]重建防御论的危害在于：它将一个国家的道德标准置于国际社会通行的国际法规范之上，从而为国家在缺乏确凿证据的情况下使用武力创造了条件，“如果一个国家仅凭一些莫须有的论断就可以借打击恐怖主义之名对别国实施武装干涉，那么这种权力给国际社会带来的威胁远比恐怖主义本身要大得多”。[②]政治体制并不是滋生恐怖主义的根源，贫困、宗教冲突、种族矛盾以及意识形态对抗才是导致恐怖主义产生的核心因素。相比于政治制度，一国的安全稳定、和谐富足更有助于减少恐怖主义的产生。

冲突后社会的持续和平对国际社会安全与秩序的建立具有重要价值。如何构建这种和平，实际上不仅仅是一种政治安排，也是一个法律问题。鉴于从政治理论层面讨论宪政重建会不可避免地涉及道德判断，国家基于不同利益或者政治策略会作出不同解释，因而很难对现实产生普遍性的指导意义。冲突后阶段的宪政重建通常涉及一国政治、法律制度的根本性改革，这就不可避免地会涉及诸如国家主权、国家内政等国际法基本问题。虽然，当前调整冲突后阶段的国际法律规范尚不完善，但“如果因为法律的不足转而

① 参见魏亮、李绍先：《伊拉克重建之路剖析》，载《现代国际关系》2009年第2期。

② 黄德明、李若瀚：《重建防御论的国际法考量——以对失败国家的宪政重建为视角》，载《云南社会科学》2014年第4期。

寻找道德的借口则具有危险性与危害性”。[①]

从国际法角度来看，宪政重建所追求的建立一种“良好的宪政秩序”，可以被理解为实现民族自决的一种途径。民族自决权理论产生于欧洲，其在“二战”后逐渐被确立为国际法的一项基本原则。《联合国宪章》明确“要以尊重人民平等权利和自决权为基础发展国际间的友好关系”；[②]1960年《给予殖民地国家和人民独立宣言》则使民族自决原则成为非殖民化运动的国际法依据，[③]此后民族自决权即被视为被压迫民族和人民的基本权利。民族自决权理论上可分为对外的自决权和对内的自决权。前者指殖民地或半殖民地国家对外争取民族独立和恢复主权的权利；后者指这些国家和民族自己决定在本国建立包括政治体制和法律机制在内的国家机制的权利。[④]就对外自决权而言，其核心问题在于国家对外独立以及国家内部事务不受外来势力干涉。至于国家独立后的内部制度安排（如建立什么样的国家、采取什么样的治理模式）则属于对内自决权的范畴。就对内自决权而言，《经济、社会和文化权利公约》与《公民权利和政治权利国际公约》中都规定“所有人民都有自决权，他们凭这种权利自由决定他们的政治地位，并自由谋求他们经济、社会和文化的发展”。[⑤]也就是说，一旦拥有自决权的民族选择建立独立

---

① 黄德明、朱路：《战后法法律建构初探》，载《南京理工大学学报》（社会科学版）2011年第2期。

② Charter of the United Nations. Article 1(2).

③ See Declaration on the Granting of Independence to Colonial Countries and Peoples.

④ 参见陈联壁：《民族自决权新议》，载《民族研究》2001年第6期。

⑤ Covenant on Economic, Social and Cultural Rights and International Covenant on Civil and Political Rights. Part I. Article 1(1).

的国家，他们就可以依其人民的意愿选择国家的“政治、经济、社会和文化机制，并自主决定国家的对外政策”，宪政重建无疑属于政治机制重建的范畴。必须指出，上述公约条款中的“人民有权决定他们的政治地位”并不必然意味着行使民族自决权的国家必须建立民主制度（不论一元的或是多元的），因为“政治地位”其概念虽包含了民主机制的建立，但它本身也并不禁止国家做出非民主性的制度安排。事实上，非洲以及南美洲的许多国家，在其民族国家建立之后都实施了形态各异的军事独裁统治，这些政权组织模式也并不违反民族自决的基本要求。因此，宪政重建可以作为国家行使对内自决权的一种选择，但其并非必然的选择。即是说民族自决权理论可以为冲突后阶段的宪政重建提供合法性基础，但通过外部手段推行的宪政重建却并不一定是合法的，关键在于它是否反映了冲突发生国人民的真实意愿，以及该宪政重建的过程是否符合战后法规范和国际法的基本原则。

三、冲突后阶段宪政重建的实施

就宪政重建对于冲突发生国而言，不仅仅是一个决定，也是一个过程，冲突后阶段宪政重建的合法性问题不仅包括宪政重建本身的合法性，同时还包括宪政重建过程的合法性。

（一）合法的宪政重建决定

基于对冲突发生国国家主权的尊重和保护，传统武装冲突法禁止外部主体通过战争方式在冲突发生国推行或强迫该国实施法律改革，占领者除“军事必要”之外，无权对占领地区实施法律改革。[①] 虽然对既存法律的改革并不等同于宪政重建，但实施宪政重建却要求对冲突发生国的基本法/宪法进行修改或重构，因而禁止法律方面的改革无疑也意味着宪政重建同样被禁止。反过来看，武装冲突法容许在一定情况下废除或中止某些法律，也并不等于容许占领国在这些情况下对被占领国进行宪政重建，因为允许法律方面的改革不等于授权其实施宪政重建。也就是说，即使在“军事必要”成为现实的情况下，武装冲突法实际上也未授予占领者在冲突发生国实施宪政重建的权力。

传统武装冲突法更注重在武装冲突过程中对军事行动本身的限制，而较少涉及对国际社会成员在冲突后阶段行为的规范，它更倾向于严格限制占领者的重建权力。这是因为占领法的指导思想乃是“维持被占领地区的公共秩序与安全以及对位于该领土内的人和物的保护”，其追求的是一种暂时的和平。这种和平是以军事占领为后盾，一旦占领国的军事力量撤出该地区，这种短暂的和平即可能崩溃。但仅保护生命与尊严并不能确立和平与秩序。战后法与占领法的区别在于它要求国际社会成员通过冲突后重建行为实现一种积极的和平状态。实现积极和平必须依靠积极的重建和平措施，因而在战后法框架下，宪政重建并不是完全被禁止的。合法的宪政重建，其目的在于通过建立宪政制度来保障冲突发生国的和平与稳定，使其不再成为国际社会和平的威胁。宪政重建本身构成战后法中消除和平之威胁的一种积极措施。因此，以建立持续

① 《海牙第四公约》第43条要求占领国尊重当地法律的同时，也提出“除非特殊情况制止”的例外情况，但何为“例外情况”公约并未提及，一般认为它应以“实施军事必要”为限。参见李若瀚：《武装冲突法的新发展：“战后法”法律问题研究》，载《时代法学》2012年第5期。

和平为指导思想的战后法已经超越了传统占领法所坚持的“维持战前状态”的优先性。探讨什么样的宪政重建是战后法所允许的，是冲突后阶段语境下研究冲突后重建的一个主要任务。

由外部主体在冲突发生国发起的宪政重建主要有两种情况：一是外部主体在获得合法授权的情况下参与武装冲突，并在冲突后阶段对冲突发生国实施宪政重建；二是外部主体在未得到合法授权的情况下实施上述行为。

第一种情况通常涉及侵略战争，由侵略战争引发的冲突后阶段的宪政重建主要发生在被侵略国和侵略国。如果侵略国通过军事占领迫使被侵略国接受其强加的政治体制，即使这种政体在名义上是由被侵略国的过渡政府所实施的，在侵略势力被打败或被赶出被侵略国领土后，在被侵略国建立新的政治体制或者帮助其恢复到战争之前的政治体制是适当的。如果在武装冲突前被侵略国实施的是民主制度，那么战争结束后在被侵略国恢复其民主制度就符合战后法的要求。事实上，与侵略国强加给当地人民的政治体制相比，任何一种能反映当地人民自主选择的政治体制都更具合法性，因为它至少不违背国家主权和民族自决原则。如1991年海湾战争中被伊拉克吞并的科威特，当伊拉克势力被驱逐出科威特以后，科威特在联合国的帮助下恢复了其原有的政治和法律制度。对侵略国来说情况则有所不同，虽然侵略战争本身是违反国际法的行为，但由于当前国际社会对侵略的定义尚未形成一致认识，[①]在侵略战争结束后是否对侵略国实施宪政重建在不同的情况下也有不同的要求。

① 参见王秀梅：《侵略罪定义及侵略罪管辖的先决条件问题》，载《西安政治学院学报》2012年第6期。

对于那些发动侵略战争的法西斯国家，在冲突后阶段对其实施宪政重建，已成为一项国际社会普遍接受的习惯法规则。如“二战”结束后，为了消灭法西斯主义，盟国在德、日、意等轴心国集团国家都实施了宪政重建。虽然在宪政重建的方式以及由谁主导的问题上，盟国之间也存在争议，但他们对于宪政重建决定本身的合法性从未有过质疑。除此之外，在其他一般的侵略战争结束后是否对侵略国实施宪政重建，应从战后法的根本目的和基本原则等方面加以考虑，特别是应重点考虑战后法的相称性原则，它要求各主体的行为都应使其阶段性目标与实现持续和平之目标相称，最大限度地保障其行为与持续和平目标相一致，如果实施宪政重建可能会使冲突发生国重新爆发武装冲突或不利于维护地区和平，在此情况下对侵略国的宪政重建是可以不予实施的。仍以1991年海湾战争为例，在战争结束后，联合国并没有决定对发动侵略战争的伊拉克实施宪政重建，也未对其政治机制进行改造，而是选择保留萨达姆政权在伊拉克的统治。该决定的作出主要是出于维护地区和平的目的考虑：鉴于当时伊拉克国内的情况，如果推翻萨达姆政权可能会造成伊拉克政治局势动荡和无政府状态，从而带来更不利的影响。[①]

第二种情况下，由于外部主体实施的武装干涉行为本身的合法性就存在问题，如果其严重性达到侵略的程度，那么干涉国在被干涉国实施的宪政重建无疑是不合法的。但近年来随着国际实践的发展，对于那些在由人道主义原因引发的武装冲突（无论是国内武

---

① See Dieter Fleck, “Developments of the Law of Arms Control as a Result of the Iraq–Kuwait Conflict”, *European Journal of International Law*, 2002(13), p. 111.

装冲突还是国际社会实施的武装干涉）结束后国际社会成员在发生大规模人道主义灾难的国家实施的宪政重建，不同的国际社会成员对其合法性则有不同看法。特别是当“保护的责任”（responsibility to protect）被提出后，支持此类宪政重建的国家进一步增多。“保护的责任”主张，当一国政府无力在本国避免大屠杀、战争罪行、种族清洗以及反人类罪行的时候，国际社会可以行使保护的责任对该国内政进行干涉。[①]“保护的责任”不仅包括“反应的责任”（responsibility to act），还包括对进行“重建的责任”（responsibility to rebuild）。依据该理论，在发生人道主义灾难的国家，缺乏民主和法治是导致灾难发生的一个根本原因。基于建立持续和平的目的，为防止人道主义灾难再次发生，在冲突后阶段对该国实施宪政重建是适当的。该理论的积极之处在于其为国际社会设立了更积极的人权保护义务，但由于“保护的责任”更多地被当作政治安排而讨论，而在其具体实现方式问题上目前国际社会则并未形成广泛共识。在法律上，基于“保护的责任”而实施的武力干涉行为的合法性尚存疑问，因而在此类武力干涉实施后在冲突发生国推行的宪政重建的合法性也同样存在问题。另外，该理论中作为宪政重建基础的“重建的责任”的具体内容也不明确：对于“重建的责任”是否包含宪政重建？如果有，那么谁（干涉国、联合国还是国家本身）有权主导重建的实施？宪政重建的基本要求和程序是什么？这些问题，该理论都没有给出明确答案。因此，在“保护的

① 加拿大“干预与国家主权国际委员会”在2001年提交给联合国报告中首次提出“保护的责任”。参见Gareth J Evans, Mohamed Sahnoun, *The Responsibility to Protect: Report of the International Commission on Intervention and State Sovereignty*, Ottawa, International Development Research Centre, 2001, pp.1–4.

责任”尚未被进一步完善并形成有效的法律机制之前，承认国际社会成员有权以此为依据在发生人道主义灾难的国家实施宪政重建是不适宜的，此时实施宪政重建的合法性是存疑的，而且它也会增加国际社会成员为改变一国政体而滥用武力干涉的危险。

（二）合法的宪政重建实施过程

在宪政重建问题上，除宪政重建决定本身的合法性之外，宪政重建实施过程的合法性也十分重要。鉴于战后法的软法性质，国际社会成员的一些违法行为不一定会受到制裁且最终得到纠正。特别是宪政重建作为对一国具有重大影响的事实行为，即使该决定的作出本身并不符合法律要求，但由于对既成事实的修正势必对冲突发生国的国家安全和政治稳定造成严重影响，故对宪政重建实施过程进行有效规制也是战后法的一个重要任务。宪政重建虽由外部主体推动实施，但其根本任务是帮助冲突发生国建立宪政，因而宪政重建的实施必须符合战后法的能力建设原则，[①]以实现冲突发生国的当地所有权。合法的宪政重建必须包含当地所有权实现这一过程。同时当地所有权的实现必须以合法的方式实施，包括通过缔结双边条约、联合国大会及安理会通过决议、国内立法（主要是一些过渡时期法律）等方式实现。

以2003年伊拉克战争结束后的宪政重建为例。虽然美国对伊拉克实施的军事行动并未获得合法授权，美国推翻萨达姆政权并强

① 前已述及，战后法的能力建设原则指：应帮助该国建立可代表其人民根本利益之合法政府；任何行动及措施，包括建立机构和法制，都应以有助于增强（至少不能减损）该政府自身消除潜在安全威胁、维持持续和平之能力为归旨。

制在伊拉克推行宪政重建本身的合法性也饱受质疑，但在宪政重建已成既定事实的情况下，如何使美国主导的宪政重建过程符合战后法规范就成为一个更现实的问题。在伊拉克宪政重建过程中，以美国为首的联军临时管理当局作为伊拉克的实际占领者，其向能够代表伊拉克的合法政府移交主权就成为伊拉克当地所有权实现的重要环节。虽然2003年7月伊拉克临时管理委员会成立，该委员会在伊拉克实施了许多重建相关的工作，如任命部长和发布相关法令等，但该委员会作为联军临时管理当局的附庸政权，其颁布和执行的各种政策完全听命于美国政府的决定，因而该委员会在该阶段实施的宪政重建行为的合法性是明显存疑的。[①]2003年9月伊拉克临时管理委员会领导下的伊拉克临时政府建立，但该临时政府实际上受到伊拉克临时管理委员会和联军临时管理当局的双重制约，因而其所作出的决策和颁布的法律，同样很难被认为是反映了伊拉克人民的根本意愿。2004年6月联合国通过第1546号决议认可伊拉克临时政府的存在，但该决议同时要求联军临时管理当局应在2004年6月30日前向伊拉克临时政府移交主权。[②]也就是说，联合国虽然承认伊拉克临时政府的合法性，但其同样认为在联军临时管理当局向伊拉克完全移交主权之前伊拉克的当地所有权仍未实现。此后新的伊

① 实际上，伊拉克临时管理委员会合法性，以及其是否可以被看作独立的、民主的政治实体都是值得怀疑的，因为该委员会的成员都是联军临时当局从伊拉克各主要种族和宗派团体中挑选出来的，该委员会的每位主要成员都有权不经表决而选择一位内阁部长。参见江涛：《后冲突时代的秩序重塑：美国在海外的国家重建行动研究》，世界知识出版社2009年版，第115~123页。

② See S/RES/1546（2004）. Article 1/2.

拉克临时政府于2004年6月1日成立，[①]并在6月28日接受了联军临时管理当局的权力移交，此时伊拉克的当地所有权在形式上才得以实现。[②]根据2004年伊拉克《过渡行政法》的规定，[③]新一届伊拉克民选政府在2005年5月成立，至2005年10月25日伊拉克选举委员会宣布伊拉克宪法草案在全民公决中获得通过，该永久性宪法的颁布才标志着伊拉克宪政重建在形式上得以实现。[④]宪政"既强调人民对政府的控制，同时也强调政府的权威和有效性"。[⑤]伊拉克的上述宪政重建实践也表明，当地所有权的实现是宪政重建合法实施的一个基本前提。

冲突后阶段的宪政重建需要避免的一种倾向是将重建的结果（也就是将宪政重建的最终成败）作为判断宪政重建本身合法与否的证据。宪政重建的合法性与其最终实施效果没有必然联系。一

① 该临时政府的组成人员包括伊拉克政界、宗教和部族的领导人，这些人员由伊拉克临时管理委员会推荐。

② 之所以说其形式上实现了当地所有权，是因为在权力移交后，伊拉克临时管理当局仍管理伊拉克的军事与安全事宜，该临时政府的主要任务是在 2005年1月前的7个月中，从美英占领当局手中接管部分主权，加快组建伊安全部队，维护安全，打击恐怖主义活动，并为在2005年1月伊拉克大选和重建做各种必要的准备。

③ 伊拉克《过渡行政法》第2条规定"伊拉克完整主权将被移交给临时政府，联军临时管理当局将解散。临时政府将建立在与伊拉克人民广泛协商的基础之上，将依据《过渡行政法》以及在过渡时期开始前颁布的辅助法规进行管理"。Law of Administration for the State of Iraq for the Transitional Period. Article 2（B）.

④ 之所以说其形式上实现了宪政重建，是因为宪政本身不仅仅是一部宪法就能代表的；事实上，有宪法而无宪政的国家依然很多。宪政是否实现还要看宪法在一国社会中的长期运行状况，以及其是否能起到限制最高权力的作用。伊拉克新宪法通过以后，其宪政重建之路仍然漫长。其宪政重建的最终成败，不仅与该国内部法律机制的建设有关，也与其所处的国内和国际环境的变化有关。在2011年美军撤离伊拉克之后，伊拉克又陷入内战的混乱之中。

⑤ 汪国华：《民主·宪政民主及其低度程序法则》，载《现代法学》2004年第3期。

个完全合法的宪政重建决定并不一定能够取得完美的重建结果，甚至可能最终结果是失败的；相反，一些合法性存疑的宪政重建却可能会取得比较成功的重建效果。以联合国在索马里的维和行动为例，虽然索马里冲突各方在1993年的索马里全国和解会议上达成的和解协议，[①]在1994年签订的《索马里各政治组织领袖宣言》，以及联合国安理会的第923号文件，[②]都是确认索马里宪政重建合法性的法律文件，但由于联合国在索马里维和行动的失败，这些文件基本未得到冲突各方的执行。而与此相反，美国在伊拉克主导实施的宪政重建是比较成功的，它对伊拉克民主政治的建立起到了很大的积极作用，[③]但这并不能证明美国通过使用武力在伊拉克强行推行民主化改革的做法是合法的。事实上，美国无论在决定对伊拉克实施武装打击，还是主导伊拉克宪政重建过程中的一些行为的合法性都是存在问题的。[④]如果宪政重建的结果可以作为宪政重建决定本身合法性的证明，那些试图改变他国政治体制的国家就可能在不具备合法授权的情况下决定对别国进行宪政重建——只要他们认为其重建的结果可以弥补其合法性的不足。这种倾向无疑对国际和平与安全的维护是十分危险的。

在国际社会中，国家的政治体制是多元的，实行宪政与否都可

① 该协议的具体内容及执行情况可以参见联合国出版物《蓝盔》一书。See *The Blue Helmets: A Review of United Nations Peace-Keeping Forces*, New York, The United Nations department of public information, 1996, p. 299.

② S/RES/1546(2004).

③ Letter from the Permanent Representatives of the U.K. and the U.S. to the U.N. addressed to the President of the Security Council. S/2003/538.

④ 参见汪波:《美国中东战略下的伊拉克战争与重建》，时事出版社2008年版，第206~217页。

以被认为是国家自由意志的表现。一些国家鼓吹的民主化进程在其实现方式上实际是反多元化的，因为民族自决原则意味着国家在其政治体制的选择问题上可以进行不同的选择，而“民主化”却意味着他只能接受西方的民主制度。实际上，民主制并不具有先天的优越性，通过宪政重建的方式将其强加给那些没有选择这种制度的国家和民族是违背民族自决原则的。而就宪政重建的实施过程而言，国际社会也不存在一种固定模式。如同样是宪政重建，“二战”后联邦德国施行的是一种“自下而上”宪政重建——从施行基层民主到确立各州宪法再到国家层面的宪政重建；而日本则与之相反，美国在该国主导并实施了一种“自上而下”的宪政重建过程。这种差异主要是由于两国的历史文化、民主基础以及政治环境各异造成的。不管是“德国模式”抑或“日本模式”都不存在先在的优越性，即使其宪政重建在历史上都获得了成功，这也并不意味着它们可以作为普适性的宪政重建模式而被套用到所有国家的宪政重建过程之中。①不同的国家具有不同的社会基础和历史文化背景，其通往宪政的道路或者说宪政重建的方式也应当是各异的。无论一国发生武装冲突的原因为何，在冲突后阶段是否需要以及采取何种方式实施宪政重建都应根据当地的具体情况而采取“一事一议”的方法进行。在当前国际社会环境下，针对越来越多的国际干涉，我们无疑应当更多地强调联合国的

① 事实上，美国在伊拉克推行的“自上而下”的宪政重建方式就受到了国际社会的普遍质疑，因为该重建方式并不适合缺乏民主传统的伊拉克的具体情况，如威默（Andreas Wimmer）就认为美国在伊拉克实施的民主化改革，可能会因为伊拉克缺乏发展民主政治的基础，而最终导致“伊拉克的民主政治机制被代表不同种族和宗派的政治势力控制的危险”。See Andreas Wimmer, “Democracy and Ethno-religious Conflict in Iraq”, *Survival*, 2003(45), p. 124.

主导地位，强调在联合国框架下采取行动以保证宪政重建的透明度、适应性和可预期性。[①]但无论如何，冲突后阶段的宪政重建及其实施过程都应当符合战后法的能力建设原则，以促进冲突后社会持续和平的实现。

① 参见吴燕妮：《论冲突中和冲突后社会的法治：联合国的行动及中国的贡献》，武汉大学出版社2014年版，第163~164页。

第四章　战后法的困境和出路

任何法律规范以及由其构成的法律机制和法律体系都不是尽善尽美的。在变动的国际社会中，国际法的具体内容、适用范围、作用对象甚至其指导思想都可能会发生变化。战后法亦是如此。作为特定历史时期产生的法律规范体系，其不可避免地具有一定的历史局限性。随着国际实践的发展，战后法的一些具体规范及相关机制也不可避免地会产生与其所处时代的不适应性特征。战后法作为调整冲突后阶段国际社会成员之间的法律关系、规范其重建和恢复和平行为的特殊国际法部门，其进一步发展和完善无疑将有助于减少国际社会成员战后重建行为中的随意性和不确定性，更有利于冲突后社会持续和平的实现。

第一节　战后法体系自身存在的问题

战后法作为法律概念被提出之前，国际法的发展长期受到“战争与和平两分法”的影响。当前战后法的发展仍十分缓慢。其不但具体规范数量十分有限，而且体系性特征也不甚明显，其主要问题表现在弱法性、滞后性和破碎性三个方面。

一、战后法的弱法性

在国际法律体系中，“软法”与“硬法”的区别在于该法律规范强制性因素的强弱。在一个法律体系内，其具体法律规范中所包含的强制性因素越弱、其相关法律机制中所涉及违法责任和强制执行的规范越少，该法律体系对国际社会成员的实际约束力就越小。众所周知，国际法是“国家之间协议而形成的约定法、是国家之间彼此约束的平位法，所以是弱法”。[①]作为国际法分支的战后法也是如此。

前已述及，在战后法体系中，适用于多数国家的“社会法”规范相对具有更普遍的约束力，因为无论是在法律上还是道德上，国际社会成员违反“社会法”规范的行为都会遭到更多国际社会成员的反对。这种来自国际社会的压力越大，相关战后法机制对国际社会成员所具有的约束力就越强。但就战后法的内部法律规范的构成而言，适用于少数国家之间的“约定法”在整个战后法体系中所占的比重要远大于“社会法”规范。此结构性缺陷是造成战后法在整体上对国际社会成员约束力不强的一个重要原因。

与法律约束力有关的另一个因素是法律体系中的强制性规范。任何法律体系中都存在强制性法律规范，其在授予相关主体某种权

① 何志鹏：《国际法的哲学之维：内涵、功能与路径》，载《法学家》2010年第6期。

利或要求其承担某种义务时，也对其明确作出依法实施这种权利或依法履行义务的要求。国际社会成员的此项责任是不能推卸的，也不能选择性地承担。在一个法律体系中具有强制性因素的法律规范越多，该法律体系所表现出来的法律约束力就会越强；反之，该法律体系对相关主体的约束力就越弱。对战后法而言，该法律体系中相关法律规范具有的强制性因素相对较低，其具体规范更多地规定了相关主体“应当”如何行为，却较少规定相关主体“必须”如何行为。它们越多地赋予国际社会成员选择自身如何行为的权利，而这种权利在实践中的滥用反过来越损害战后法的权威。强制性规范的缺乏也是战后法产生弱法性的一个原因。

另一个影响法律体系法律约束力强弱的因素是该法律体系中是否存在违法责任机制以及该机制的完善程度。虽然对违法责任的追究同法律自身约束力之间并没有必然的联系，[①]但在平行构架下的国际社会中，完善的责任追究机制对促进国际社会成员依法行为具有十分积极的作用。在国内法体系中，此类责任机制更多地被赋予矫正和救济的功能，但在国际法体系中，国际法的责任机制被

① 法律的约束力本质上来源于法律规范本身，而不是其责任追究机制。违法行为被追究，实际上意味着那些法律规范本身并没有被相关主体遵守和执行，但对这些行为追责，并不能完全禁止国际社会成员的违法现象。如果一项法律被主体遵守仅仅是因为他们害怕不如此行为会受到相关责任机制的制裁，那么这种法律运转模式实际上就是法律的专制，法律就可能被握有立法权的人或团体作为其实施专制的工具。同时在此模式下，行为主体无疑会对其“违反法律可能受到的惩罚”和“违法行为可能带来的利益”之间进行权衡，并可能在利益驱动下故意做出违反法律的行为。这种以博弈论为基础的思维方式无疑是法经济学所倡导的，但它本身对于法治的实现却是有害的，因为它提倡行为主体在“利益”同“法律”之间作出权衡和选择。这实际上抛却了法律所坚持的正义本身的价值，即它是以“利益得失”作为主体行为标准的，如果行为主体在法律面前可以完全抛弃正义的要求，在“有利可图”的情况下作出“唯利是图”的选择，那么法律的存在也就失去了意义。

更多地赋予警示和预防的功能。因为国际社会的结构相对更加松散，它不存在凌驾于国家之上更高一级的权力机构，法律规范的创制者即国家同时也是法律规范所约束的对象，其责任机制的建立只能更多地表现为法律权威能够得以实现的象征意义。在国际法体系中，责任追究制度以及与违法责任相关的规范所涉及的内容越具体、范围越广泛、主体越普遍，该法律体系本身的"硬法"因素就越强。对于战后法而言，其战后责任机制在具体内容、追责范围以及追责方式等方面都尚不完善，如国际刑事司法机构对武装冲突中的犯罪行为管辖权的有限性；当前责任追究机制中缺乏对违反战后法本身行为的追责机制等。这些问题的存在也反映了战后法体系中"硬法"因素的欠缺。

二、战后法的滞后性

"（法律）要处理的现实社会生活是具体的、形形色色的、易变的。因而，不可能有天衣无缝、预先包容全部社会生活事实的法典。"[①]法律与其所处社会发展的相对不适应性导致了法律滞后性的产生。法律与其所处的社会脱节越严重，法律的滞后性越明显，该法律规范在该社会中的实际效力就越低。滞后性是任何法律体系都不可避免的。战后法也是如此，其滞后性主要表现在以下几个方面：

第一，既有战后法规范不能适应当前冲突后重建的情势，其已不能发挥实际的规范作用，或其规范作用的发挥反而会对冲突后重建起到限制作用。大部分战后法规范在其产生之时或者在一定时

① 沈宗灵：《法理学》，高等教育出版社1994年版，第78页。

期内是符合国际社会需求的。但随着国际实践的发展和国际环境的变化，其中一些法律规范也会明显地表现出与冲突后社会的不适应性特征——虽然这些法律规范本身的内容及其调整对象都没有发生变化，但如果仍然坚持既有法律，却会产生不利于冲突后重建的结果。以冲突后阶段的军事占领为例，当人们对胜利者主导战后安排的认识尚停留在"正确地结束战争并退出战后阶段"这一认识时，要求占领者"维持战前状态"的法律规范无疑符合该目的要求。对战前状况的维持，意味着禁止胜利者在冲突后重建问题上采取积极改革措施。但现阶段，国际社会对于胜利者的要求不仅包括"正确地结束战争"，同时还要求胜利者积极承担"重建和恢复和平"的责任。此时仅要求占领者"维持战前状态"的法律规范显然已不能满足冲突后重建的需要。在很多情况下，国际社会的参与和帮助对于建立冲突后社会的持续和平是必不可少的，此时旧有的法律规范就会对国际社会成员的冲突后重建实践起到限制作用。

第二，既有战后法规范仍能发挥作用，但不能对仍属于其调整范围的新的国际实践产生规范作用。此类新的国际实践表现为有别于既存法律规范要求的新的行为方式。该新的行为方式能够体现部分国际社会成员的需求，但国际社会成员也并不排斥旧的行为方式存在。此时既有战后法规范虽然可以对其传统调整范围内的事务继续发生效力，但对新的国际实践却束手无措。也就是说，随着某一冲突后重建的内容被国际社会成员的实践所扩展，既存法律规范的相对效力范围因而变小了。在这种情况下，战后法的滞后性实际上是由国际实践的发展造成的。以战后责任的实现为例，国际社会通常通过建立国际司法机制（如建立特设国际刑事法庭、混合法庭，或诉诸国际刑事法院等）的方式实现战后责任，但当作为非司法责任方式的“民族和解”被一些国家所采用并取得显著效果时，这种新的战后责任方式就超出了传统战后责任机制的调整范围。而“民族和解”这种非司法责任方式与传统司法责任方式之间存在的张力，即“民族化”与“法治化”路径的冲突，进一步导致国际社会成员在处理相关问题时缺乏明确的行为标准，此时传统战后责任机制的滞后性就被凸显出来。

第三，自战后法产生以来，其一直未能对某些冲突后重建问题作出明确规定。当然，并非所有的法律空白都源自战后法的滞后性，但战后法的法律空白与其滞后性是密切相关的。当战后法尚未对某类特殊的冲突后重建行为加以规范之时，冲突后社会的客观情况已经发生新的变化。由于迅速变化的国际环境而导致战后法的创制不能与冲突后社会的需求同步，此时战后法的法律空白就是战后法立法滞后产生的结果。以联合国在冲突后阶段的维和行动为例，在冷战结束后，联合国在其实践中逐渐突破了传统的维和原则，将维和行动深入到国家的冲突后重建之中。这种转变经过短暂的发展就已成为当前联合国维和行动的主要方式，但国际社会对此并未做好准备。此时战后法立法的滞后性就表现为冲突后阶段维和行动法律基础的缺失，这也导致当前联合国冲突后阶段维和行动的合法性经常遭到国际社会成员的质疑；与此类似，目前战后法在冲突后阶段的法治重建、民主化改革、社会重建等问题上都存在大量的立法空白，由战后法立法滞后性引发的问题也给参与冲突后重建的国际社会成员带来了许多难题。

三、战后法的破碎性

战后法的破碎性，是指战后法的大部分具体规范集中于战后法的几个主要法律机制之中，其不同法律机制之间又呈现相对自我封闭的特性，从而总体上造成战后法规范呈“区块化”分布的现象。战后法的破碎性遗传于国际法的碎片化现象，[①]但破碎性与碎片化的不同之处在于，战后法不同法律机制中法律规范的相互冲突和矛盾现象并不严重。国际法的碎片化归根结底是“由国际法多样化和扩展引起的困难”，[②]而战后法是从属于国际法的次级体系，其内部规范的多样化情况远不及国际法初级体系复杂。由于战后法当前正处于初创阶段，其特定法律机制中的法律规范多为针对国际社会成员冲突后重建行为的基本规范，这些基本规范以具体的冲突后重建行为为中心，调整不同冲突后重建行为的法律规范之间发生冲突的可能性并不高。而且作为战后法体系基础的基本规范之间的冲突也很容易被国际社会成员察觉并及时作出调整。因此，当前战后法的破碎性尚未达到“碎片化”的程度，但其法律规范分散和破碎的现象也十分显著。

整体而言，战后法的具体规范相对分散又相对集中。其分散性表现在战后法的具体规范分散于战后法的不同法律机制之中；其集中性则表现为这些规范又过分地集中于某一些特定的冲突后重建

① 古祖雪教授指出：“现代国际法体系充满了具有不同程度的法律一体化的普遍性的、区域性的或甚至是双边性的体系、小体系和小小体系。存在于这个体系内部的各种规范和制度之间并没有形成一种结构上的有机联系，它们相互冲突、彼此矛盾，就像堆积在一起的‘玻璃碎片’。联合国国际法委员会将这种现象称为‘国际法的碎片化’（fragmentation of international law）。”参见古祖雪：《现代国际法的多样化、碎片化和有序化》，载《法学研究》2007年第1期。

② International Law Commission, Fragmentation of International Law: Difficulties Arising from the Diversification and Expansion of International Law. U.N. Doe. A/CN.4/L.682（2006）.

法律机制之中。这种特征一方面导致战后法主要法律机制不断膨胀、相关具体法律规范不断完善，另一方面也会造成战后法次要机制的相对萎缩以及那些尚未构成专门法律机制的战后法规范相对弱化。具体而言，一直以来国际社会成员对于冲突后重建问题的关注点主要集中在冲突后阶段的军事占领、维和行动、政治重建等几个主要问题上，而其他与重建及恢复和平相关的问题（如经济重建、社会重建、文化重建等）则较少受到关注，相关法律机制和法律规范也相对缺乏和滞后。这种现象长期存在无疑会加剧战后法不同法律机制之间发展的不平衡状况。

同时，由于战后法的主要规范集中于特定法律机制，能够被很容易归类于某种法律机制的法律规范本身所具有的结构性特征十分显著，由这些法律规范构成的法律机制之间的隔阂也更加明显。不同法律机制之间相互隔绝就会导致整个战后法体系被分割为互不联系的几个部分，越来越严重的破碎性很可能撕裂整个法律体系的整体性。随着这些主要法律机制功能和作用的不断强化，战后法体系最终很可能成为一个空壳，即变成相互独立的次级法律机制的集合，届时战后法本身存在的意义就十分值得怀疑。

第二节　战后法运行过程中存在的问题

作为战后法制定者的国际社会成员，其在冲突后阶段的重建行为以其自身在冲突后阶段的政治、经济等利益为出发点。在战后法的创制过程中，国际社会成员倾向于采取选择性立法的方式以保留自身最大程度上的行动自由。在战后法的遵守过程中，国际社会成员的选择性守法和规避法律的情况也十分普遍。这不但为国际霸权主义和强权政治提供了便利，同时也造成了战后法的整体功能和实际约束力十分欠缺。

一、战后法创制过程中存在的问题

战后法的创制过程反映了国际社会成员在冲突后重建过程中实现自身利益需求同实现冲突后社会持续和平的整体价值之间的协调统一。在此过程中，国际社会成员可以根据各自需要利用冲突后社会资源获得合法利益。但作为战后法的制定者，国际社会成员的立法行为仍不可避免地会因受到主、客观条件的制约而表现出一定的局限性。

法律规范是法律体系构建的基础。法律规范强调行为秩序，即要求法律主体在特定的情况下实施特定行为。立法者创制法律不仅仅是要解决具体问题，更重要的是它提供了一种普遍意义上的合法行为模式。这种行为模式体现出来的秩序价值才是法律规范性的根本体现。在具体问题上，明确相关主体的权利义务关系是实现法律秩序价值的重要环节：只有权利义务关系明确，才能明确法律主体的行为预期，使其更好地约束自身行为。这不但有利于法律主体各自合法利益的实现，也有利于法律秩序的确立。因此，对国际社会成员而言，其在创制国际法规范时不应只关注具体问题的解决，而忽略在行为主体间确立明确的权利义务关系的重要性。但当前，在战后法规范的创制过程中，国际社会成员的立法行为更多地从解决紧迫现实需求着眼，战后法本身的规范性价值并没有被慎重对待。实践中，国际社会成员在冲突后阶段通常拥有较大程度的行动自由，只有在现实需求十分紧迫的情况下，国际社会成员才会选择通过立法方式确立行为规则以协调彼此矛盾。这种以解决问题为导向的立法模式的缺点显而易见。它可能造成战后法规范的内容模糊、权利义务界限不明等结果，也会产生大量属于“一次性立法”的法律规范。对具体问题的针对性过强必然导致战后法规范的普遍性和效力的持续性不足。一旦新的情况出现，国际社会成员只能通过频繁立法的方式解决新的问题，这也很容易造成战后法规范的朝令夕改。

当前战后法的立法过多地于集中在某些特定领域，整个法律体系则存在大量立法空白。即使在战后法规范相对集中的一些法律法机制内部，为了在最大程度上获得行动自由，国际社会成员在创制战后法时普遍存在“选择性立法”的情况。在冲突后重建问题上，即使存在立法先例，遵循先例也不是大多数国际成员的共识。即使参与冲突后重建的国际社会成员在相关重建问题上表现出合作的态度，他们往往也倾向于保留自由行动权利。即使选择创制法律，国际社会成员也更关注其行为时能够保留多大程度的行动自由。为避免对自身行为进行严格限制，国际社会成员在立法时会更多地采取授权性立法的方式创制战后法规范，其具体实施方式则在实践中被交由相关主体根据具体情况加以选择。这种立法倾向也导致战后法规范经常表现为一些笼统的、概括性的、抽象性的规范形式；整个战后法规范体系即呈现“粗线条”的构建方式，这无疑也会使战后法的实际规范效力大打折扣。

另外，由于当前国际社会成员并未将建立持续和平的理念融入战后法法律机制的创制过程当中，立法者也并不注重不同战后法机制之间的内在联系。这就导致了战后法不同法律机制之间的隔阂越来越大，其破碎性也日益加剧。强调特定法律机制的特殊性或特异性，可以避免不同法律机制之间连锁反应的发生；但如果国际社会成员在立法时忽略了不同战后法机制目的的统一性，这些功能各异的法律机制就会由于缺乏相互联系变成相对封闭、彼此隔离的法律制度。在一个相对完善的法律体系中，通过立法行为使其具体法律规范向更加具体、更具针对性的方向发展是十分有益的，但如果立法者忽略了该法律体系所处的发展阶段，这种立法倾向就会产生不利影响。就战后法的构建而言，其不同法律机制所面临的具体问题是不相同的，注重各个机制之间的独立性无疑对战后法的具体化和规范化有很大帮助；但在该法律体系的初创阶段，如果其法律体系中存在太多具有临时应急性质的具体规范，同时又缺乏足够具有持续性、普遍性的“社会性”规范支撑时，该法律体系的系统性和稳定性缺失的“症状”就会表现得更为明显。

二、战后法遵守过程中存在的问题

国际法规范的约束力来源于国际社会成员的授权。国际社会成员的立法行为本身表明了他们愿意遵守该行为规范的意图。但现实中国际法的遵守情况却不容乐观。国家需要依据自身不断变化的内在需求调整其对内、对外政策，新的政策可能与旧的国际法规范之间存在冲突，这就使国家产生了违反国际法的动机。例如，一国政权更迭引发的对外关系调整，新的政府产生后可能违反那些对其本身不利但被前任政府认可的国际法规范。对国际社会成员来说，“维护国际秩序”和“实现自身利益”之间是存在紧张关系的。在国际层面，国家希望同其他国际社会成员共同构建有序的交往环境；但在国家层面，国家也希望保持更多地行动自由以实现利益最大化。在一些情况下，国家的身份可能发生“分裂”，即他们即是国际法律秩序的创立者，但同时又是国际法规范的违反者。

当前，在冲突后重建实践中，国际社会成员的选择性守法和规避法律的情况十分普遍。如前所述，国际社会成员在冲突后阶段的许多立法行为具有临时性质，甚至在有些情况下，国际社会成员立法时本身就希望该法律规范只是临时性地发挥作用，在阶段性目标达成之后他们便不愿再接受这些规范的约束。特别是当这些临时性法律规范成为国际社会成员在冲突后阶段实行行为的法律障碍后，他们就会设法规避甚至违反这些法律。客观而言，由于当前战后法中并不存在严格的违法责任追究机制，国际社会成员的违法成本相对较低，选择性守法和规避法律无疑能够为国际社会成员带来更多的现实利益。在平行架构下的国际社会中，国家的违法行为虽不一定会遭到国际社会的制裁，但可能会招致受害一方的反报或制裁。当外部强制制约机制失效或不能发生约束作用时，一个国际社会成员的违约或者规避法律的行为也可能会在国际社会中引起连锁反应，甚至是多数国际社会成员的集体违约。因此，国际社会成员的选择性守法和规避法律的行为对冲突后社会法律秩序的确立是十分不利的。

国际社会成员在处理冲突后重建事宜时的“身份化”倾向也十分严重。特别是武装冲突的胜利者，他们通常不愿仅以平等参与者的身份参与冲突后重建，而是希望胜利者的身份能为其带来更多的话语权，并借此获得更多的政治、经济及安全利益。胜利者或拥有更强军事实力一方更在意其特殊身份为其带来的特殊利益。当前，战后法规范中已存在大量确认胜利者身份利益的具体规范，但却缺乏制约胜利者滥用其重建权利的有效规范，这就导致国际社会在战后安排问题上仍遵循"胜利者的正义"模式。这种以特定身份为基础划定国际社会成员权利和义务的战后安排模式无疑是存在问题的：如果主导冲突后重建的权力同国际社会成员在武装冲突结束后所拥有的身份相关，这无疑会促使冲突各方在武装冲突中采取一切可能手段赢得战争，那么他们在战争过程中实施违反法行为的可能就会增大；对一些国家而言，为了获得主导冲突后重建的权力，在有十足胜利把握的前提下，他们也会更倾向于诉诸使用武力，或加入武装冲突之中，这无疑增加了国际社会成员之间发生武装冲突的风险。

当前，国际社会成员在冲突后重建过程中也普遍存在超越战后法授权行为的倾向，包括在没有获得授权时的越权行为，以及获得一定授权时超出该授权的越权行为。实践中，国际社会成员在冲突后阶段的很多行为都不是以法律授权为基础，他们通常采取"法不禁止即为允许"的行为模式，[①]即只要国际社会成员的行为没有被国际法明确禁止，就意味着他们已获得如此行为的自由。由于战后法体系中缺乏足够的禁止性规范，加之其授权性规范本身的模糊性，这就使国际社会成员能够利用法律规范中的漏洞，在未获得授权时越权行为。同时，国际社会成员在实践中也存在随意扩大其授权范围、滥用其权力的倾向，这种情况对冲突后社会法律秩序的建立也

① 实际上，"法不禁止即为允许"的行为模式在相对完备的国内法律体系中是适当的。虽然法律本身并不能对整个社会的各个环节进行规范，总有其无法触及的地方，但要求无所不能的法律存在实际上超越了法律自身所具有的功能。在法律框架本身已经相当完备的情况下，其授权性规范同强制性规范之间的衔接相对更为紧密，而且在国内法框架中还有国家强制力量对违法行为实施约束，此时"法不禁止即为允许"是现实的，也是给予人们更大程度上的自由的一种表现。但作为国际法的战后法体系显然并没有达到这种理想的完备程度。

十分不利。有时候滥用权力所造成的后果甚至会比违法行为更严重，因为国际社会成员获得了法律授权，就意味着同时获得了国际社会的法律信赖，其实施的越权行为有时并不能被其他国际社会成员及时发觉，其权力滥用持续时间越长、影响范围越大，对国际法律秩序造成的伤害也越大。在当前冲突后重建实践中，战后法并没有被国际社会成员完全恪守，大量越权行为的存在是导致冲突后重建权力逐渐失控的一个重要原因。

实践中，国际社会成员倾向于将冲突后社会的政治、经济及社会重建割裂开来，这就导致冲突发生国在不同领域内的重建和发展程度极不平衡。例如，2001年阿富汗战争结束后，国际社会成员更关注该国的政治重建，阿富汗经历了国家政权的更迭以及民主政治的重建，并最终成立了新的民选政府，但该国经济却仍以罂粟的种植和出口为主，[①]其经济重建方式与国际社会禁止和打击毒品相关犯罪的法治理念和要求无疑是相违背的。由于国际社会成员在冲突后阶段的利益诉求并不相同，其拥有的资源和能力存在差异，这就导致许多国际社会成员在冲突后重建问题上的功利主义倾向十分严重。国际社会成员也会在自身利益驱使下，在冲突发生国的政治重建尚未完成或其国内政权尚未稳固之前展开激烈的经济利益的争夺。[②]这不但会对影响冲突发生国冲突后重建的整体进程，也会

① 参见傅小强：《从美国国家安全战略看伊拉克重建》，载《现代国际关系》2006年第7期。

② 如在2003年伊拉克战争结束后的经济重建中，美国指定美国贝克特尔（Bectel）和哈利伯顿（Halliburton）等6家美国公司为伊重建项目的总承包商，并在总价186亿美元的重建项目招标问题上采取了按照各国对伊拉克战争的态度进行画线的做法。这引起了国际社会特别是一些反对伊拉克战争的国家（如法国、德国、俄罗斯等国）的强烈不满。美国这种做法“虽然排除了其在伊拉克经济重建中的竞争对手，但也影响了国际社会参与重建的积极性，使伊拉克重建之路更加艰难。”参见王永召：《试析伊拉克经济重建之难点》，载《阿拉伯世界》2004年第6期。

加速冲突发生国政治经济发展的不平衡。特别是在冲突发生国国内局势不稳定的情况下，仓促的经济重建对冲突发生国的经济恢复也并不十分有利。此时，该国的某些国内势力可能会为了获得更多国际支持将其经济资源许诺给外部主体，给予外部主体更多的经济重建权限或者经济利益承诺。这不但客观上破坏了冲突发生国的经济主权，也会可能给该国的政治和社会重建埋下安全隐患。总体上，将冲突发生国的政治重建与经济重建割裂开来，或将经济重建作为政治重建附属品的做法对冲突后社会的健康发展与和平恢复都是十分不利的。

第三节　战后法的发展完善

不可否认，战后法在其产生和发展过程中存在诸多问题。这些问题不仅由战后法本身结构所致，还受到客观国际环境变化以及国际社会成员主观因素的影响。任何法律体系的发展和完善都是一个渐进的过程。国际社会成员应当根据冲突后社会自身特点，利用当前国际环境中的有利因素，加强对战后法法律规范、法律机制和法律体系的构建和完善。

一、战后法发展的有利因素

战后法的形成和发展得益于国际社会对冲突后重建问题重视程度的提高。特别是进入21世纪之后，冲突后重建已被国际社会作为全球性问题加以对待，战后法也获得了难得的发展契机。

第一，国际法治观念的进一步深化为战后法的发展提供了坚实基础。首先，国际社会成员在冲突后重建问题上对绝对主权观念的突破，对战后法的发展具有推动作用。长期以来，冲突后重建问题通常被视为一国内部事务。随着国际实践发展，国际社会成员逐渐认识到在冲突后阶段仅仅结束武装冲突是不够的。为实现冲突后社会的持续和平，将冲突发生国难以单独处理的战后重建事宜交由国际社会共同处理对该国迅速恢复和平更具积极意义。其次，当前国际社会成员对于和平的认知不断深化，已逐渐突破"战争与和平两分法"的束缚。国际社会已开始普遍关注冲突后阶段不战不和的过渡状态，其最终走向是和平还是战争完全取决于国际社会成员的抉择。在该阶段，需要通过合理的方式引导或推动冲突发生国从不战不和的状态最终走向持续和平。国际社会对于和平认知的变化对战后法的发展也十分有利。再次，国际社会成员共同体意识的觉醒对战后法的发展也有积极意义。随着国际社会对于"国际共同体"这一概念认识的深化，越来越多的国际社会成员认识到国际社会共有的利益和价值，并承认这些利益和价值相对于国家自身利益具有更高的位阶。冲突后社会持续和平的实现对于整个国际社会来说无疑是一种共同利益。故国际社会成员在冲突后阶段应当对其予以维护，而不应为追求自身利益而伤害国际社会共同利益。在处理冲突后重建问题上，国家不能仅将其自身利害得失作为行为依据，同时还应考虑其行为对冲突后社会共同利益和价值的影响。最后，国际法治观念加强也为战后法的发展提供了法律基础。当前，法治已成为国际社会成员普遍接受的治理模式。在法治理念指导下，国际法的作用进一步加强。国家不但更加注重通过法律方式处理他们之间的关系；也更加注重通过法律途径解决他们之间的争端。良法和善治是国际法治原则对国际社会成员的基本要求，冲突后社会法律秩序的建立离不开战后法的发展和完善。

第二，随着全球科学发展技术水平的提高、国际分工的进一步优化，国际社会成员处理冲突后重建问题的能力得到进一步提高，国际社会对于战后法的需求更加迫切。在当前国际环境下，国际社会成员可以利用的用于冲突后重建的资源更加丰富。在冲突发生国的国家机器遭受巨大破坏、其国家和社会治理能力严重缺乏的情况下，其他国际社会成员对冲突后重建的参与可以为之提供安全保障、政治支持及经济援助。这无疑更有助于加速冲突后社会的和平恢复进程。[①]一旦国际社会成员参与冲突后重建过程当中，他们就具有推动冲突和社会持续和平实现的义务。在一些特殊问题上，国际社会成员的参与也是实现国际法治的必然要求，如在处理战争犯罪问题上，建立国际法庭实现战后正义已成为国际实践中的普遍做法。当前，参与冲突后重建的主体不断增多，国际组织在这一过程中的作用更加突出，如联合国、国际司法机构、国际经济组织对冲突后重建的广泛参与。国际社会成员冲突后重建手段的多样化，以及对具体冲突后重建问题的专业化区分，都使国际社会整体上对冲突后重建问题的认识不断深化，这也在客观上对发展和完善战后法法律体系提出了更高的要求。

第三，国际社会成员对冲突后重建问题认识不断深化、参与度不断提高，也为战后法的完善和发展提供了实践基础和主体支持。

就内部主体而言，鉴于冲突后重建问题的国际化趋势不可逆转，冲突发生国的国内主体普遍希望国际社会构建有效的战后法规

① 参见[美]保罗·F.戴尔、丹尼尔·德鲁克曼:《和平行动的评价》，聂军译，世界知识出版社2014年版，第146页。

范以规范外部主体对冲突后重建的参与，从而使其自身权益得到有效保护。从促进冲突后社会资源有效利用、加快重建进程的角度来看，外部主体对冲突后重建的参与是国内主体有效利用国际资源、弥补自身重建能力不足的一个有效方法。实践中，吸引国外资源参与本国重建也是很常见的做法，只是在很多情况下外部势力的介入是有条件的——国内主体必须为此付出一定政治或经济上的代价。在冲突后阶段，国内主体无疑希望尽早实现国内的和平局面，并希望看到一个更有秩序的冲突后社会。在有外部主体参与冲突后重建的情况下，如何有效地利用外部资源往往并不是国内主体最关心的；他们更关心其自身合法利益如何不被外部主体侵害。其希望外部主体通过提出附加的政治、经济条件参与冲突后重建的行为得到禁止，也希望外部主体的重建行为被限制在一定的范围和程度之内。另外，就冲突发生国内部主体之间的关系而言，他们无疑都希望自身合法的权利和诉求被其他国内主体尊重和满足。特别是那些处于弱势地位的国内主体，其更加希望看到冲突后重建过程的法制化和冲突后重建进程透明度的提高。这不但有利于国内主体相关权益的实现，也有助于对外部主体有效发挥监督作用。因此，不管从有利于约束外部主体还是制衡内部主体的角度出发，发展并完善战后法体系都可以为内部主体提供一项有力的自我保护的法律武器。

对于外部主体来说，发展和完善战后法同样符合他们利益需求。战后法的构建对于冲突后社会战后秩序的形成和维护具有重要作用，也符合国际社会的共同利益。特别是在安全问题上，国家已不能再被分割成相互隔绝的单元，整个国际社会的和平建立在每个国家和地区和平的基础之上。冲突发生国持续和平的建立不仅对其自身，而且对其周边国家或地区，甚至对整个国际社会的和平与安全都至关重要。而缺少法律规范的冲突后重建行为不但会造成冲突后重建的混乱和无序，也容易引发国际社会成员间的对抗和冲突，由战胜国主导冲突后重建的重建模式非但不利于冲突后社会的稳定与和平，也容易引起国际主体和国内主体间的矛盾。以及国内主体对外部主体的敌视。外部主体对冲突后重建的参与，无疑与其自身利益相关。不同外部主体自身能力和战略需求不同，如果每个外部主体都按照各自意志行为就会造成整个冲突后重建进程的失控，每个外部主体的预期利益都会因之受到损害；相反，通过合法参与获得预期利益是外部主体获得正当利益的依据，战后法为国际社会成员合法参与冲突后重建提供了法律基础。虽然就其实际约束力而言战后法仍然是“弱法”，但实践中越多的国际社会成员遵守这些行为规范，战后法所具有的实际约束力就越大。因此外部主体无疑也希望在战后法的构建和遵守过程中发挥更加积极的作用。

二、战后法发展的实现路径

针对战后法的立法、守法过程中存在的问题，在当前国际背景下，国际社会成员构建战后法体系应注重解决以下几个方面的问题。

第一，战后法应被进一步规范化。战后法的规范化有两层含义：其第一层含义是，对于既存战后法规范而言，其规范内容应被进一步规范和完善；其第二层含义是，战后法应随着冲突后重建范围的扩展和变化而被进一步规范和完善。根据上述两层含义，战后法的规范化有两个具体要求，一是战后法规范应当向更具约束力的方向发展，具体而言，就是战后法中属于“硬法”的因素应当被重视和深化，由于战后法本身的强制性规范较少，当前其战后责任机制的构建也并未十分完善，特别是违反战后法本身的责任问题也未得到国际社会成员的普遍重视，因而，加强战后责任机制（包括对国际社会成员违反战后法行为的责任追究）的构建，对有效现实战后法实际约束力的提升具有重要意义；二是战后法的立法技术应向更加科学有效的方向发展。立法技术是指制定和变动规范性文件活动中所遵循的方法和操作技巧的总称，立法技术贯穿于立法活动的整个过程，它可以使立法活动具有更强的科学性、使法律规范的内容和结构更合理、使法律规范所表达的信息和行为指引更准确，因而促进战后法立法技术的方向发展同样也是国际社会应当予以重视的问题，其发展有赖于国际社会成员在实践中探索更加科学、更有效率的立法方式。

第二，战后法应被进一步制度化。在冲突后重建过程中，任何冲突后重建行为都应当根据冲突后社会自身的特点而实施。战后法不可能完备到可以解决任何与冲突后重建有关的问题，它只能通过促进冲突后社会主要功能的恢复，进而推动冲突后社会持续和平目标的实现。因而在制度层面上，在能够体现冲突后社会主要功能的政治、经济、法治、安全等方面，战后法需要建立与之相对应的各种法律机制以促进相关问题的解决。首先，战后法机制的构建应当坚持明确的指导思想。它不仅应与该法律机制建立的目的和作用有关，还应以建立冲突后社会的持续和平为归旨。不同战后法机制处理的具体事宜并不相同，其建立和运作的方式也不相同，不同主体在该机制中所具有的作用和职能也不尽相同，如果在机制构建时缺乏统一的指导思想，就很可能导致机制内部结构的冲突和失衡，对战后法总体目标的实现产生不利影响。其次，战后法机制的构建应当具有更加系统和完善的内容。法律规范是法律机制的基本组成部分，任何法律机制的完善都离不开具体规范的发展与完善。当前战后法法律机制的整体框架已基本确立，但这些框架结构内部的具体战后法规范无论在数量上，还是在内容上都存在不足。因而在现有战后法框架中促进相关战后法规范的不断完善是完善战后法法律机制的题中之义。再次，战后法机制的构建应当实现更合理的权利义务分配。在战后法的具体法律机制中，国际社会成员的权利义务关系并不像具体的战后法规范那样是单一的；它更注重国际社会成员在整体上的权责分配和权力制衡，更合理的权利义务关系对于战后法"去道德化"目标的实现至关重要，同时也直接关系到国际社会成员能否以平等的身份参与到冲突后重建当中。最后，战后法机制的构建应当注意建立更具约束力的战后责任机制。对于参与冲突后重建的国际社会成员而言，当前战后法的约束力并不十分强大，其中一个重要原因就是当前战后责任机制的低效，特别是它忽略了对国际社会成员在冲突后阶段行为的制约。战后责任机制的发展和完善是增强战后法约束力和强制性的重要环节，也是战后法能够在现实中发挥作用的重要保障。

第三，战后法应被进一步体系化。战后法的体系化要求战后法的法律规范和法律机制应当是一个相互联系的有机整体，而不能向越来越分散、彼此越来越隔绝的方向发展。如前所述，当前战后法的破碎性十分严重；不同的法律机制和法律规范之间的联系并不紧密；某些法律规范在形成时期的指导思想并不统一，也存在相互冲突的现象。但也应看到，在战后法体系内，不同法律机制之间虽有显著区别，但它们都是基于为实现持续和平的目的而建立。这一共同目的也成为连接这些不同法律机制的结构性纽带，也为国际社会成员弥合战后法的破碎性提供了契机。因此，国际社会成员在构建战后法时应当通过更加统一的指导方针和总体目标——即实现持续和平这一更高的价值，来整合不同的战后法规范，以形成一个更有凝聚力、更有整体性的战后法体系。其具体要求包括：一是国际社会成员在立法时应当更多地将建立冲突后社会持续和平的观念融入具体战后法规范的构建当中，以注意弥合当前战后法规范之间的隔阂；二是国际社会成员在构建战后法规范时，应确保战后法的具体规范与其调整范围相适应，在发展和完善战后法法律机制问题上，国际社会应当更加明确各个法律机制间的紧密联系，应更加重视战后法规范的整体性、全面性和协调性，更多地从完善整个法律体系的高度构建战后法；三是国际社会在构建战后法时应注意到战后法规范本身的规范性和针对性，立法者不应为了获得更广的适用性而使相关规范过分抽象化，但也不能为了更彻底地解决具体问题而使相关规范过分具体化，国际社会成员在立法时应当实现战后法规范的抽象化和具体化之间的平衡。

第四，战后法的构建应进一步科学化。战后法的科学化要求国际社会成员在构建战后法时应适应冲突后社会的基本要求，以科学的态度进行立法和守法行为。其具体要求包括以下四项。

一是战后法应当更具有普遍性。对于战后法而言，其适用性不足的一个重要原因是其法律规范的普遍性不足。法律的普遍性对于法律自身的约束力有重要意义；越具普遍性的法律规范，越容易被更多国际社会成员所遵守，该法律规范本身所具有的约束力及其对国际社会价值就越大，因而那些更具普遍性的规范在国际社会中的影响相对更大，其对国际社会成员遵守法律的要求也就越高。在一个法律体系中，普遍性因素更强的“社会法”规范越完备，该法律体系对国际社会成员的约束力就会越明显。当前国际社会成员在构建战后法的过程中并未实现针对性规范与普遍性规范之间的平衡，而是过于强调战后法规范的针对性特征。它表现为适用于有限国家之间的“约定法”规范在数量上远远超过适用于大部分国际社会成员的“社会法”规范。因而重视对普遍性规范的构建是战后法发展的一个重要方向。

二是战后法应当更具时代性。这不仅意味着战后法立法的内容、方式要通过更加符合当前时代特征的形式加以体现，而且要求战后法的指导思想能够随着国际社会对于冲突后重建要求的变化而发展。首先，它要求战后法自身的调整范围要随着冲突后重建事务“国际化”的进展不断发展。在当前越来越多以往属于国内事务的冲突后重建问题被国际化的情势下，战后法自身的内容和调整范围也应当在原有基础上不断地扩展。其次，战后法的立法方式也应当有所发展。由于战后法滞后性十分明显，仅仅依靠传统的国家间缔约的立法方式并不能迅速有效解决这一难题。采取更具社会性的立法方式，以实现内容更加广泛、参与主体更加普遍等目的的战后法立法方式的革新也是全球化时代的一个要求。最后，战后法的指导思想也应当随着国际社会对冲突后阶段重建和平认识的深入不断发展。由于战后法长期以来都未被作为一个特殊的法律体系而受到重视，因而相当一部分既有战后法规范的指导思想并不十分明确，也不符合其实现冲突后社会持续和平的宗旨。在战后法体系的构建过程中，这些法律规范的离心倾向就表现得相当明显。为解决这一问题，在构建战后法具体法律机制的过程中实现其基本指导思想的发展和革新也十分必要。

三是战后法应当更具合理性。只有更符合国际社会要求的战后法规范才会被更多国际社会成员遵守。当前，在国际社会更加注重对冲突后社会的人文主义关怀的背景下，战后法的发展应当向更加“人本化”的方向发展。人本化是国际法发展的一个整体趋势。在当前国际法体系中（如国际人道法、国际人权法以及外交保护法等），除注重对作为人的个体本身的保护之外，以人类为本这个更具整体性价值的命题也越来越多地得到国际社会成员的认同。因此，在冲突后阶段，除了个体的权利和利益应被保护之外，国际社会的整体利益和价值也应当被予以重视，特别是在国际社会成员的利益同国际社会整体利益不一致的情况下，国际社会的利益应当被优先考虑。战后法在其今后的发展中，应融入更多的以人为本、以人类为本等价值因素，以实现战后法“人本化”的发展要求。

四是战后法应当更具合作性。在全球联系日益紧密的今天，国际社会成员相互依存、相互合作的观念也被更多国际社会成员所接受。全球性问题是人类社会共同面临的问题，而这些问题的解决需要国际社会成员通过互助合作的方式实现。当前冲突后重建实践中的许多问题都是单个国家无法独自解决的——其解决只能有赖于国际社会成员在冲突后阶段通过合作的方式加以实现。因此，构建战后法必须强调国际社会成员之间的合作，同时，鼓励更多的国际社会成员参与冲突后重建也是提高战后法普遍性和约束力的一个重要方式。更多国际社会成员对冲突后重建的参与不但能提供更多的重建资源，也能为国际合作提供更多的机会，并有助于增强国际社会成员之间的相互依赖和联系。

发展和完善战后法是国际社会共同的责任。促进战后法价值理念在更大范围上被接受和认同也是战后法发展和完善的重要保障。国际社会成员应当努力促进战后法价值认同，包括促使更多国际社会成员提升对冲突后社会的持续和平的理解以及对冲突后社会法治价值的认识。只有国际社会成员在主观方面充分认识到战后法对于和平、法治的重要价值，他们才会在冲突后阶段实行行为时更主动地遵守战后法，避免其自身的违法行为，并监督其他国际社会成员按照法律规定行为。就认识论的角度而言，发展是永无止境的。作为一个国际法的分支体系，战后法发展的最终方向应当是一个高度系统化的、具有普遍适用性的、具有社会法性质的国际法分支。在理想情况下，它可以适用于任何类型的武装冲突引发的冲突后阶段的重建和平工作——具有高度的适应性；可以帮助冲突后社会实现良好的重建效果——具有高度的实用性；也可以不断革新和自我发展以适应不断变化的冲突后重建实践——具有高度的自我革新能力。但从逻辑上讲，战后法的适用是以武装冲突的结束为前提的——如果人类社会的持续和平能够实现，届时国家内部以及国家之间就不会再发生武装冲突，也不会有冲突后阶段存在。彼时无论战后法多么完善其终将只是一套近乎没有现实意义的法律规范。如果国际社会的平行架构被打破，最终出现一个理想的“世界政府”，彼时该政府内部发生的武装冲突就可以通过内部方式来解决，战后法作为国际法的存在也就没有了现实意义。但从更现实的角度来看，由于国际社会在任何情况下都存在爆发武装冲突的可能，国际社会的平行架构一时间也很难被打破，构建和完善战后法对于确立冲突后阶段的法律秩序无疑仍具有重要价值。

第五章 战后法与中国

当前，中国“已经逐渐从世界秩序的革命者转向了积极的构建者,实现了从国际秩序的对抗者到融入者和改造者的身份转换”。[①]和平崛起的发展政策与和谐世界理念的提出为中国进一步融入国际社会并参与国际法律机制的构建提供了方向和支持。在战后法的初创时期，中国应更深入地参与国际社会的冲突后重建活动当中，通过深化国际合作的方式增进同其他国际社会成员间的相互理解，以增强中国的身份认同以及在战后法构建过程中的话语权和影响力。

第一节 中国参与冲突后重建的实践

在冲突后重建问题上，中国一贯坚持在尊重冲突发生国主权和领土完整的前提下，积极开展

① 黄德明、朱路:《战后法法律建构初探》，载《南京理工大学学报》(社会科学版)2011年第2期。

国际合作，以实现冲突后社会和平的恢复。该思想包括两层含义：一是国际社会在冲突后重建过程中必须尊重冲突发生国的主权，冲突发生国对其自身的和平重建负有首要责任；[①]二是联合国作为国际社会功能最强的国际组织，在冲突后社会重建和平的问题上应发挥关键作用。[②]在上述思想的指导下，中国对冲突后重建工作的参与主要是在联合国框架下进行的。[③]其内容广泛，涉及冲突后社会的政治、经济、军事、法治等重建工作。

自1988年成为联合国维和行动特别委员会成员以来，中国积极参加联合国框架下的维和行动，包括：1989年中国派出20名文职人员参加纳米比亚过渡时期协助团，对该国选举进行监督；1990年中国作为联合国停战监督组织成员向中东地区派出军事观察员；1992年中国向联合国柬埔寨临时权力机构派出成建制部队，参与该国冲突后重建工作；2002年中国正式参加联合国一级待命安排，并承诺

① 中国认为“冲突后国家应担负起本国和平重建的首要责任。各方应充分尊重当事国的主权和意愿，加强国家自主权和国家能力，为可持续和平与发展奠定基础。国际社会的作用应是提供支持，而不能越俎代庖”。《中国代表：冲突后国家应担负本国和平重建首要责任》，载外交部网站：http://www.gov.cn/jrzg/2011-01/22/content_1790409.htm，最后访问日期：2015年12月1日。

② 《第67届联合国大会中方立场文件》指出：“建设和平有助于消除冲突产生的根源，对于实现有关国家和地区的长治久安具有重要意义，中国一贯支持联合国在冲突后重建中发挥领导作用。”《第67届联合国大会中方立场文件》，载外交部网站：http://www.fmprc.gov.cn/mfa_chn/wjb_602314/zzjg_602420/t970916.shtml，最后访问日期：2015年12月1日。

③ 2003年中国前外交部部长李肇星在联合国安理会外长会议上发言时指出：“冲突的结束并不意味着和平的降临，从战乱到稳定，从无序到法治，有很长的路要走，令人担忧的是，不少国家或地区摆脱了冲突，但缺少发展经济所必需的资金、技术和条件，面对经济全球化的大潮束手无策，再陷困境。帮助它们应对全球化挑战，实现可持续发展，需要联合国和国际社会提供有效的援助。我们强烈呼吁国际社会将发展摆在重建和平的关键位置。”载外交部网站：http://www.fmprc.gov.cn/ce/ceun/chn/fyywj/2003/t40419.htm，最后访问日期：2015年12月1日。

随时向联合国维和行动提供后勤保障分队；[1]2004年中国建立首个维和民事警察培训中心；2009年中国成立首个维和专业培训和交流机构——国防部维和中心。[2]目前，中国对联合国维和行动经费的贡献仅次于美国。中国也是联合国安理会五个常任理事国中向维和行动派兵最多的国家。截至2014年，中国向联合国维和行动共派出军事人员、警察和民事人员共2万余人次。目前仍有2100余名维和人员在9个任务区执行任务。[3]

总体上，中国对参与传统维和行动（如隔离冲突和监督停火）的态度较为谨慎，[4]目前中国参与的大部分维和行动都发生在冲突后阶段。中国对于维和行动的参与范围、程度、规模和投入都在不断增加，其参与程度和贡献程度也不断提高。例如，在柬埔寨、东帝汶、刚果（金）等国的冲突后重建过程中，中国向联合国维和机构提供了大量医护人员和工程人员以帮助这些国家和地区进行重建。在东帝汶、海地等国的冲突后重建过程中，中国向联合国维和机构提供了大量维和警察以配合当地治安警察维持治安、处理群体性

① 参见吴燕妮：《论冲突中和冲突后社会的法治：联合国的行动及中国的贡献》，武汉大学出版社2014年版，第274页。

② 参见冯继承：《中国参与联合国维和行动：学习实践与身份承认》，载《外交评论》2012年第1期。

③ 第69届联合国大会中方立场文件。载外交部网站：http://www.fmprc.gov.cn/mfa_chn/zyxw_602251/t1188603.shtml，最后访问日期：2015年12月1日。

④ 中国主张"维和行动应重在发挥政治优势和综合功能，避免片面强调军事职能。只有这样，维和行动才有利于驻在国和地区的长治久安，赢得广泛支持并获得成功"。张义山大使在联大维和行动特别委员会2006年例会上的发言。载外交部网站：http://www.fmprc.gov.cn/mfa_chn/zyxw_602251/t1188603.shtml，最后访问日期：2015年12月1日。

突发事件。[①]中国对冲突后社会重建的参与还包括提供资金和社会资源方面的援助。例如，在南苏丹，中国除为其提供了6600万元无偿经济援助外，还为其提供了人才培训援助；在达尔富尔地区，中国除为其提供了1.8亿元的人道和发展援助外，还向非盟和联合国信托基金分别提供了百万美元以上的捐款。[②]此外，中国也积极参与冲突后社会的法治建设。该实践集中体现在中国对国际刑事司法机制建设的参与方面。例如，倪征燠先生于1947~1948年作为东京远东国际军事法庭国际检察组成员、中国检察组首席顾问参加了对日本甲级战犯的审判工作；在其后建立的前南斯拉夫刑事法庭中，中国先后有李浩培、王铁崖、刘大群三人当选为该法庭的法官，他们不仅参与了法庭程序规则和证据规则的讨论与制定工作，也在具体案件的审判中发挥了重要作用；凌岩教授在1998~2004年作为联合国卢旺达国际刑事法庭法律官员参与了该法庭的审判工作。另外，中国也参加了作为国际刑事法院建立基础的《国际刑事法院罗马规约》的谈判工作，参与了国际刑事法院筹委会和预备委员会的工作。在规约起草过程中，中国的一些立场和观点也被委员会采纳。中国也是罗马大会最后文件的签署国，而且在国际刑事法院建立后，中国也作为观察员身份参与了多项规约的审议活动，并在其中的一些关键问题上阐述了自己的立场。虽然中

① 中国维和警察防暴队在海地期间因表现突出而被授予“模范警队”称号，联合国海地特派团代表穆雷特（Edmund Mulet）认为，他们“为推进海地和平进程和维护世界和平事业做出了杰出贡献”。李国良、陈阳红、马云龙：《维护世界和平的使者——记中国第五支赴海地维和警察防暴队》，载法制网：http://www.legaldaily.com.cn/bm/content/2007-12/27/content_770441.htm，最后访问日期：2015年12月1日。

② 参见吴燕妮：《论冲突中和冲突后社会的法治：联合国的行动及中国的贡献》，武汉大学出版社2014年版，第278页。

国目前尚未批准该规约，但中国对国际刑事法院建立所作的贡献也是不能被忽视的。

从当前中国参与的冲突后重建实践来看，总体上中国对于参与冲突后重建的态度相对保守。主要表现在：第一，中国坚持联合国在冲突后重建中的主导地位，恪守以联合国会员国身份参与重建工作，故实践中中国几乎没有参与过非联合国主导的冲突后重建活动；第二，中国十分强调冲突发生国在重建问题上的“首要责任”，从逻辑关系上看，既然冲突发生国负有冲突后重建的首要责任，那么其他国际社会成员对于冲突后重建则负有“非主要责任”或“次要责任”，但由于“首要责任”的具体内涵并不明确，区分“首要”与“次要”责任的主要目的就在于强调冲突后重建问题应当依靠冲突发生国自己的意愿解决，由此可见，中国对于国际社会成员参与一国冲突后重建的戒心仍然很重；第三，虽然中国认识到冲突后社会持续和平的实现与国际社会的和平与安全休戚相关，并认同国际社会成员应积极应对冲突后重建的问题，但实践中中国对冲突后重建的参与是有所保留的，即中国更倾向于避免参与国际性武装冲突结束后的重建，而更多地选择在联合国框架下有限地参与一些国家或地区国内武装冲突结束后的重建当中，同时中国也强调联合国框架下的维和行动应恪守传统的维和原则（同意原则、中立原则和非强制原则）；[①]第四，中国对于国际刑事司法机构的态度相对保守，尽管中国认同避免“有罪不罚”是国际法治发展的必然要求，但对于发生在武装冲突过程中的犯罪（包括战争犯罪），中国更倾

① 中国对于维和行动的有限参与表现在中国目前所参加的大部分维和行动都属于“单一任务的维和特派团”或者在综合性维和行动中承担单一的辅助性任务。参见赵磊：《中国参与联合国维和行动的类型及地域分析》，载《当代亚太》2009年第3期。

向于通过国内司法机制处理此类问题，反对接受国际刑事法院的司法管辖。

对中国而言，参与冲突后重建一方面是履行中国对国际社会所负的大国责任，另一方面也是希望通过对冲突后重建的参与树立中国在国际社会中的良好形象，并在冲突后重建事务中获得更多的支持、认同和话语权。但中国在冲突后重建问题上相对保守的立场和有限参与的方式并不能有助于中国实现上述预期。即使在当前联合国维和行动规模和范围得到空前扩展的情况下，中国也从来都不是维和行动的主导者和主要参与者。中国在扩大自身对维和行动参与度的同时，仍时刻面临着突破其一贯坚持的“不干涉内政”原则的难题。[①]实践中，一旦维和行动涉及对冲突发生国的国家机构重建、法律机制重建等问题时，中国往往采取避免参与或者有限参与的政策。在当前联合国维和行动实际上已经突破传统维和职能和范围的情况下，中国如仍坚持传统维和原则不能被突破的保守态度，仍坚持对冲突后重建有限参与的重建政策，无疑会对中国参与冲突后重建的身份认同以及在战后法构建过程中话语权的获得带来不利影响。

在冲突后重建问题上，中国反对强权政治，反对将国际社会的意志强加于冲突发生国，通过强调“国家主权原则”和“冲突发生国的首要责任”来避免外部势力对重建进程的干预。这些重建理念无疑是正确的。如果能够通过对国际法原则以及战后法规范的坚持，将国际政治势力对冲突后重建的不利影响降到最低，无疑是实现冲

① 参见吴燕妮：《论冲突中和冲突后社会的法治：联合国的行动及中国的贡献》，武汉大学出版社2014年版，第279~280页。

突后社会从武装冲突向和平状态过渡的一种十分有益的路径。中国也一贯坚持“严格遵守主权平等、不干涉内政及和平解决国际争端等公认的国际法原则和准则，坚持国际法的统一适用，避免双重标准，并不断完善国际立法，确保国际法得到遵守和执行，促进国际关系民主化和法治化”。[①]另外，相对于法治的作用，中国在实践中却更倾向于主张通过政治方式解决冲突后重建过程中产生的问题。这种问题解决模式无疑与其所坚持的反对强权政治的思路是相矛盾的。因为国家的政治决策是以国家实力和国家利益为出发点的，更多地强调协调和妥协，其处理问题的结果往往可能并不符合公平和正义的需求；况且国际社会产生至今也从未建立一种通过政治方式限制强权政治的路径，无论是“均势政策”“两极格局”都不能摆脱最终瓦解的命运。因此强调通过政治途径解决冲突后重建问题就不可避免地会被强权政治所影响。虽然中国认为冲突后社会的法治重建十分重要，但中国对国际司法机构的管辖也一贯持保留态度。[②]事实上通过国内司法体系对战争犯罪实施审判通常不能做到客观、公正与公平，因为这些法庭无论是建立在战胜国还是战败国，都不可避免地会受到国家主义或民族主义的影响。[③]国际刑事法院

① 第69届联合国大会中方立场文件，载外交部网站：http://www.fmprc.gov.cn/mfa_chn/zyxw_602251/t1188603.shtml，最后访问日期：2015年12月1日。

② 中国自1971年恢复联合国合法席位后，对旧中国所作出的关于接受国际法院强制管辖权的声明不予承认。此后中国从未与其他国家订立将某一争端提交国际法院解决的特别协定，且中国均对其所参加的国际公约中关于将争端提交国际法院解决的条款作出了保留，例如2006年8月中国对《联合国海洋法公约》关于通过司法途径解决争端的条款提出的保留。参见王勇、管征锋：《五十五年来中国对国际法院诉讼管辖权的态度之述评》，载《华东政法大学学报》2002年第3期。

③ 参见[加]威廉·夏巴斯：《国际刑事法院导论》，黄芳译，中国人民公安大学出版社2006年版，第2~3页。

建立的初衷就是为避免国际社会长期存在的“有罪不罚”的现象，同时考虑到国家在刑事司法方面的主权，其管辖权也被设定为一种补充性的管辖。[①]但中国出于各种顾虑至今仍未加入《国际刑事法院罗马规约》。[②]同时，中国对国际刑事法院审判权的实施效果也是相对悲观的，如在国际刑事法院起诉苏丹领导人的问题上，中国所提出的主张本身更多的是基于国际政治的考虑而非基于法律正义的实现。这实际上也反映了中国长期以来将法治作为一种权宜性问题解决方法的观念。[③]

在国内层面，中国参与冲突后重建的国内法依据也十分不足。当前许多国家的基本法或者军事法中都涉及对参与联合国维和行动的专门规定，例如日本、韩国等国的《协助联合国维持和平行动法》。[④]这些国家还会根据联合国维和行动的发展以及本国的维和行动实践及时修订或调整相关国内法规范。但在中国的国内法中，除

---

① 《国际刑事法院罗马规约》第17条规定，国际刑事法院只有在具有管辖权的国内法院对具体案件不愿意或者不能够切实进行调查或起诉的情况下才对该案件行使管辖权。

② 中国最无法接受的是国际刑事法院的强制管辖（或称普遍管辖权），即无论是否属于缔约国，也不管缔约国是否同意，该法院都能对其公民行使管辖权。这种管辖权的安排无疑超越了以自愿接受为基础的相对性原则，从而使国际刑事法院成为某种意义上的超国家的国际刑事司法机构。虽然截至目前已有120多个国家加入该《国际刑事法院罗马规约》，但中国、美国、俄罗斯等大国却都拒绝加入该条约。

③ 例如，在国际刑事法院起诉苏丹领导人的问题上，中国就指出“……各方正在为推动达尔富尔问题的政治解决进程而奔忙……国际刑事法院检察官此时公开起诉苏丹领导人，是在一个不恰当的时间作出了一个不恰当的决定，将严重损害联合国与苏丹政府之间的政治互信与合作氛围，助长不愿加入政治进程的叛军组织气焰，损及达区脆弱、动荡的安全局势，自然遭到了非盟、阿盟、伊斯兰会议组织、不结盟运动等重要国际组织所代表的众多国家的广泛批评”。《中国支持安理会中止国际刑事法院起诉苏丹领导人》，载新华网：http://news.xinhuanet.com/world/2008~08/02/content_8905093.htm，最后访问日期：2015年12月1日。

④ 参见盛红生：《联合国维持和平行动法律问题研究》，时事出版社2006年版，第208页。

《中华人民共和国国防法》中有与对外军事行动相关的部分规定外，其他国内法对此问题都没有涉及。目前国内法对于中国参加联合国维和行动的要求、维和人员派出方式、维和人员违法违纪的责任等问题都没有明确规定。[①]实践中，随着中国对联合国维和行动参与的不断深入，中国派出治安维持警察部队的国际实践不断增多，其所面临的法律问题也不断增多，但《中华人民共和国人民警察法》等国内立法也未对此作出相应调整。

第二节　中国应转变冲突后重建理念

目前中国对冲突后重建的参与程度有限，在战后法的构建过程中也并未获得足够的话语权。要改变这一态势，中国须更深入地参与到国际社会的冲突后重建活动当中，通过深化国际合作的方式在战后法的构建过程中增进同其他国际社会成员间的相互理解，以增强中国在冲突后阶段的身份认同以及在冲突后重建事务中的影响力。

当前冲突后重建的国际环境已发生了重大变化。一是人类共同利益原则在国际秩序构建中的地位迅速提升。其给国家主权原则带来的冲击前所未有，特别是随着全球化带来的全球性问题的挑战日益紧迫，人类共同利益原则要求国际社会在这些问题上超越绝

① 参见吴燕妮：《论冲突中和冲突后社会的法治：联合国的行动及中国的贡献》，武汉大学出版社2014年版，第289页。

对主权观念的约束。[①]二是国际社会的组织化趋势进一步加强。国际组织在很大程度上已经成为维系国际关系和国际秩序的重要支柱。当前国际组织在形式和结构上也实现了对传统政府间组织的超越，非政府组织在国际社会中的作用也日益增强。[②]三是当前世界政治、经济格局虽然没有发生本质变化，但是发展中国家已经开始逐渐融入既有国际体系之中，并在不断适应的过程中逐步扩大影响。发展中国家的合理主张和利益诉求也越来越多地受到国际社会的重视，而旧的不公平和不公正的国际规则也正在逐步得到修正和完善。[③]四是传统国际法正在被国际社会成员在新的国际环境下的国际实践所改造，更加公平合理、更具普遍意义的国际法律规范正在逐步形成。国际法人本化趋势的加强使其在发展和完善过程中更加注重对人、集体、人类利益的保护。人权与民主、法治被并列作为国际法的核心价值，现代国际法更强调人权与国际社会的和平、安全和发展之间的关联性，并促使以人类为本的国际法的新命题的出现。[④]正确把握当前国内和国际社会环境的变化，提出并制定符合时代发展趋势的对内、对外政策，并使其具有足够的灵活度和持续性对一国的发展至关重要。

---

① 参见许健:《论国际法之"人类共同利益"原则》，载《北京理工大学学报》(社会科学版)2001年第1期。

② 有学者指出，非国际组织在国际公共领域，如人权、环境和生物资源保护、流行病防治、知识产权保护、消除贫困以及人道主义援助等方面发挥的作用和所作出的贡献甚至是国家和政府间组织都难以企及的。参见黄志雄:《非政府组织：国际法律秩序中的第三种力量》，载《法学研究》2003年第4期。

③ 参见徐崇利:《新兴国家崛起与构建国际新秩序——以中国的路径选择为视角》，载《中国社会科学》2012年第10期。

④ 参见曾令良:《现代国际法的人本化发展趋势》，载《中国社会科学》2007年第1期。

中国参与冲突后重建的主要方式是参与联合国主导的冲突后阶段的维和行动。中国对维和行动的态度从抵制到认可再到参与是一个渐变的过程。当前阶段，中国的维和理念需要向更符合冲突后社会现实需求的方向转变。中国作为联合国常任理事国，是国际社会中维护世界和平的重要力量，参与联合国维和行动并发挥积极作用是中国履行大国责任的一个重要内容。中国传统上对使用武力的谨慎以及对国家主权观念的恪守，导致中国对传统维和行动方式的抵触，并限制了中国对当前冲突后阶段维和行动的全面参与。[①]中国已通过自身实践逐步改变了其对维和行动的认知，同时也获得了国际社会一定程度上的认同。当前维和行动的发展已进入新的阶段，它越来越重视引发武装冲突背后的政治、经济、社会和文化根源，并注重对这些问题的根本解决。中国在维和理念上能否接受并认同这种新的价值取向是中国今后能否提高自身对于维和行动参与度和影响力的关键。与此同时，中国也应注意到自身能力和资源方面的限制，资源的有限性制约了中国大规模地参与维和行动。中国应当根据现实需要，对于特定的维和行动选择适当的参与方式和参与程度。另一个不容忽视的问题是，国际社会成员在参与维和行动的过程中也会不可避免地会产生利益冲突，甚至有些情况下维和行动本身也会因大国博弈而偏离其基本方向。在这种情况下，中国应量力而行，应避免同其他国际势力展开直接对抗，以及避免投入过多的资源造成不必要的

---

① See Zhang Yongjin, *China in International Socity since 1949: Alienation and Beyond*, New York, St. Martin' s Press, 1998, pp. 147–148.

损失。[①]

在冲突后重建问题上，中国应相信法治的力量，积极推动战后法相关法律机制的建立，并倡导战后法机制的构建应符合国际法治的基本要求。就战后法机制的设立而言，其建立必须是为了处理特定冲突后重建事宜，必须遵守民主参与的原则，且必须在国际社会成员的监督之下运转；就战后法的遵守而言，它要求在国际社会成员之间能够形成一种以相互尊重和相互信赖为基础的合作关系，严格做到依法行为，并通过法律途径解决他们之间的争端；在执法和司法方面，国际司法机构在处理法律问题时应避免受到大国意志、民族主义和意识形态的干扰，以公平、公正、公开的方式处理法律问题，同时任何违反国际法的国际成员（不论国家大小、强弱）都应被依照国际法追究责任，或在其自愿的前提下主动履行其应负的国际义务。在参与构建战后法过程中，中国不但应使自身的行为更符合法治的要求，还应当积极推动其他国际社会成员遵守法治的要求。值得注意的是，在当前实践中，中国在冲突后重建问题上的保守态度已开始转变。以中国在非洲参与的冲突后重建为例，目前中国向塞拉利昂、刚果（金）、布隆迪、苏丹、埃塞俄比亚等数十个国家和地区都派驻了维和人员。中国对维和行动的支持不仅仅表现在提供人员数量方面的增加，而且中国也逐渐开始参与到维和行动的领导决策当中。在经济方面，中国对非洲国家实施了基础设施援建项目。给那些基础设施被破坏、国内经济环境恶化的冲突发生国带来了巨大的实质性帮助。在安全方面，中国也为应对国际社会的安全

① 参见吴燕妮：《论冲突中和冲突后社会的法治：联合国的行动及中国的贡献》，武汉大学出版社2014年版，第278~280页。

挑战作出了积极努力。“中国正日益参与到非洲大陆的冲突与不安全因素的应对中，特别是冲突后重建事务中。这一介入正日渐积极且某种程度上比过去更为灵活。”[①]比如中国在索马里开展的针对海盗的护航行动，以及在苏丹达尔富尔问题上推动联合国与非盟建立混合部队等做法，都是中国在国际实践中承担更多冲突后重建方面的国际责任的表现。

第三节　中国应积极参与战后法构建

当前国际社会已越来越重视冲突后重建问题，并将其作为全球性问题加以对待。实现冲突后社会的和平与发展是一项系统的工程，需要国际社会成员在冲突后重建问题上共同努力。战后法为冲突后重建的顺利实施提供了法律保障。在国际社会积极构建战后法的过程中，中国的参与是十分必要的，不但有助于增强国际社会建设冲突后社会法治的力量，也有助于中国在国际事务中的代表性和话语权的提升。

第一，参与战后法构建是构建和谐世界的要求。国际社会的发展需要和平的国际环境。当前威胁世界和平的因素（如战争、恐怖主义、霸权主义等安全威胁）仍然存在。以维护全人类共同利益为核心的和平与发展问题已不再是一两个超级大国就能主导并实现的。在新的国际形势下，中国提出的和谐世界理念得到了国际社会

---

① ［英］克里斯·阿尔登、张春等：《非洲冲突后重建：中国日益增长的作用》，载《国际展望》2011年第6期。

成员的普遍认同。和谐世界理念的产生无疑与全球化的蓬勃发展直接相关。在全球化不可逆转的趋势下，国际社会在处理全球性问题方式上的民主化趋势也不可逆转。①构建和谐世界是当前国际客观形势的必然要求。作为国际社会回应当前世界和平与发展所面临的诸多挑战的一种方式，它反映了在全球化背景下国际社会为维护全人类共同利益、建立更加公正合理的政治、经济、文化及法律新秩序而确立的一个新的发展思路。就构建和谐世界而言，安全与繁荣的国际秩序是其核心内容；②国际社会的发展需要稳定的国际秩序，"全球社会只能治理，而不能实行统治……法治是建立和维护全球秩序的最可靠保障"。③国际社会应当重视法律在处理国际事务中的根本作用，其基本要求是发展并完善对国际社会具有普遍约束力的国际法。国际法治发展的一个基本趋势是，随着全球化的发展，传统上作为国际社会通行观念的民族国家理论（特别是主权绝对论和国家孤立主义）的社会基础已经发生了动摇；现代化的国家治理模式向全球层面扩展的结果表现为国际社会处理国际事务的法治化趋势。④鉴于国际法治在维护和保障国际社会安全方面具有不可替代的作用，为谋求重大国际问题在全球范围内的根本解决，发展并完善相关国际法律规范已成为国际社会的必然选择。

具体到冲突后重建问题，国际社会无疑需要依靠战后法来确立

① 参见张世鹏：《什么是全球化？》，载《欧洲》2000年第1期。

② 参见曾令良：《当代国际法视角下的和谐世界》，载《法学评论》2008年第2期。

③ 汪习根、涂少彬：《人权法律全球化法理分析》，载《法学论坛》2006年第4期。

④ 国际社会处理国际事务的法治化趋势的产生有其深刻的社会背景：一是全球性问题日益严重和突出；二是全球性关注变得日益密切和便利；三是全球性解决日益紧迫和必要。参见何志鹏：《国际法治：全球化时代的秩序构建》，载《吉林公安高等专科学校学报》2008年第1期。

符合国际法治要求的冲突后秩序。当前，由于战后法本身并不完善，其对国际社会成员冲突后重建行为的约束力也十分有限。冲突后阶段的政治重建、经济重建和社会重建都出现了大量违反国际社会基本价值（如公平、正义和法治等基本价值）的情况。特别是国际社会成员在冲突后重建过程中，对冲突发生国国家主权和国内事务并没有给予足够的尊重和维护。一些国家为了获取自身利益不惜损害冲突发生国人民利益的情况也时有发生，比如一些违背冲突发生国意愿的外部干涉行为，有时甚至涉及使用武力的军事行动。这种状况之所以产生，是因为当前国际社会处理冲突后重建问题仍然延续了传统的“胜利者的正义”模式，即那些拥有更强实力并取得武装冲突最终胜利的国际社会成员掌握了冲突后重建的主导权。这种重建模式是那些企图推行强权政治和霸权主义的国家所赞同和支持的，但它无疑是违背国际社会基本价值要求的，对国际社会所追求的更加公平正义的国际秩序以及更高程度的和平与发展都是十分不利的。符合国际法治要求的战后秩序应当包含“良法”和“善治”两个基本要求：前者是指处理冲突后阶段法律关系、规范国际社会成员相关行为的法律规范得以发展和完善，也即战后法本身的构建和完善；后者是指同时作为立法者和守法者的国际社会成员能够严格按照法治的标准遵守和实施战后法。冲突后社会的法治需要战后法支撑，它对于战后秩序的确立起着至关重要的作用。战后秩序的确立对国际社会的整体安全和秩序来说则是不可或缺的，国际社会的和平与安全又是建设和谐世界的一个必不可少的要求，因此中国作为和谐世界理念的提出者和倡导者无疑应当重视并积极参与战后法的构建过程。

第二，参与战后法构建是履行大国责任的要求。现代语境下的大国责任包括发展援助、维持和平、应对和处理全球性危机等。它强调作为国际社会重要成员的国家在全球问题上具有不可推卸的责任。履行大国责任的根本出发点并不是利己的，而是基于对国际社会共同利益的认定。①中国作为安理会常任理事国无疑负有维持国际社会安全与秩序的责任与义务。实践中，中国也一直重视国际社会的和平与安全问题。随着中国经济实力的增长和中国在国际事务中影响力的不断增强，承担并履行大国责任是中国提升自身国际地位和树立良好国际形象的基本要求。②大国责任的履行应以国家的综合实力为依托。虽然中国在政治、经济和军事领域的综合实力相对于欧美发达国家尚有一定差距，但在反对将参与冲突后重建作为国际社会成员利益争夺工具这一问题上，中国的主张反映了大多数国际社会成员共同的诉求，因而积极参与战后法的构建并促使其构建过程更加符合国际法治要求也是中国履行大国责任的表现。③

中国自身的实力结构是决定中国在国际社会中影响力的关键。大国责任的履行有赖于国家实力的提升。制定和平发展战略是中国在世界多极化、经济全球化的历史背景下顺应时代发展趋势作出

① 大国责任是指那些除了作为国际社会成员应承担的一般责任之外，只有少数几个大国或大国俱乐部成员才能履行的国际责任。其产生本质上是国际社会为了解决国家主权平等原则与国际社会物质力量分配不平衡之间的矛盾，以更好地维持国际秩序的有序运行。大国地位源自国家在国际社会中扮演的重要角色，这种角色伴随着一定范围的特殊权利和责任。参见章前明：《国际合法性与大国责任的变化》，载《浙江大学学报》（人文社会科学版）2014年第2期。

② 参见刘杨钺：《现实建构主义视野下的大国责任》，载《国际论坛》2009年第5期。

③ 参见吴燕妮：《论冲突中和冲突后社会的法治：联合国的行动及中国的贡献》，武汉大学出版社2014年版，第291页。

的正确选择。[1]在冲突后重建问题上，积极参与冲突后重建进程，特别是积极推动战后法的构建和完善，也是增强中国国家软实力的一个重要途径。[2]国家的软实力通常表现为三个方面：一是文化及价值观等意识形态方面的吸引力和感召力；二是社会、政治、经济制度以及发展模式等方面的吸引力和影响力；三是国际形象的亲和力以及国家在多边外交中对国际规则和国际机制构建和发展方面的控制力。[3]与硬实力相比软实力属于更深层、更广泛、但却不具备规范性的力量。[4]一方面软实力可以影响甚至主导硬实力的发展方向和作用方式，并渗透于硬实力的各个领域；但另一方面软实力的影响却不如硬实力那么直接和迅速，其方向性和作用力也并不十分明确。因而从效果上看，软实力表现为一种“说服与合作”的关系。它本质上属于一种“和平的力量”，但“通过非强制性和说服渗透的方式来实现决策者的意图，往往能够发挥比经济、军事手段更加显著的效果”。[5]软实力的增强对提升中国综合国力的重要性是毋庸讳言的。从中国自身的发展轨迹来看，其对现代国际体系的态度经历了从抵制到试探再到逐渐融入的过程；中国国际形象的转变也经历

---

① 参见和谐世界理念指导下的发展战略包括三层含义：一是互利合作、共同发展；二是平等协商、协调发展；三是相互包容、多样发展。

② 软实力用以指代“一种常常源于文化和价值观念并在大多数情况下被忽视的吸引力，是一种通过吸引而不是强制和利诱手段获取你所要东西的能力”。参见［美］约瑟夫·奈：《硬权力与软权力》，门洪华译，北京大学出版社2005年版，第7页。

③ See Joseph S Nye, “Foreign Policy Fall”, *The Boston Glob*, 1990(2), pp. 165–166.

④ 如果说“硬实力”通常被认为是具有物质性的具体的实力，那么“软实力”就应当是那些非物质性的抽象的实力，以军事实力为例，那些可计量的军事力量和军事装备应被归结为“硬实力”范畴，而那些具有军事价值的军事思想和军事战略则属于“软实力”范畴。

⑤ 李晓明：《国家形象与软权力——论运用非军事手段维持增进国家的对外影响力》，载《太平洋学报》2002年第4期。

了一个长期的过程。当前，在国际社会中一些国家提出的“中国威胁论”“中国崩溃论”“中国责任论”“忽略中国论”等论调也此起彼伏。[①]这种现象的产生，一方面是因为中国从一个落后的发展中国家一跃成为世界第二大经济体，其发展和崛起速度之快是大部分国家始料未及的，由于中国在发展过程中不可避免地会与其他国际社会成员产生利益冲突，这就促使一些国家以此为借口抵制中国的发展；但另一方面，由于中国在国际体系中的身份认同尚未完成，并表现为在国际规则制定过程中话语权的相对缺失，这就使中国在国际事务中的影响和在国际秩序构建过程中的作用受到极大限制。当前阶段，在冲突后重建问题上，由于全球性和区域性的合作日益加强，国家间的分工合作日益紧密，战后法构建过程中所表现出的多元化倾向为中国提出公平、正义的冲突后重建理念以及参与战后法构建过程提供了一个舞台。中国应把握这个契机积极参与战后法的构建，力图在冲突后重建实践中深化中国同其他国际社会成员的关系，在战后法构建过程中输出中国提出的和谐世界理念以增强中国在国际社会中的身份认同。参与战后法的构建符合中国提出的和谐世界理念，是中国履行大国责任的重要方式。

自加入联合国以来，中国在实践中对联合国维和行动的参与规模和程度都在不断扩展，并对国际社会在冲突后阶段的政治、经济和法治重建作出了不同程度的贡献。但实践中中国对参与冲突后重建的保守态度制约了中国在更大程度上获得及在战后法构建过

① 参见陈岳：《“中国威胁论”与中国和平崛起——一种“层次分析”法的解读》，载《外交评论》2005年第3期。

程中的话语权。可喜的是，近年来中国对冲突后重建问题上的保守态度已经开始有所转变，当前中国也十分重视对战后法法律规范和法律机制创制过程的参与，并代表发展中国家提出了许多合理的主张和要求。这无疑有助于适应中国和平发展的战略需求，树立中国负责任大国的国际形象。

结 论

虽然冲突后阶段与武装冲突相伴而生，但很长一段时期内，冲突后重建一直被认为属于一国内部事务而未受国际社会重视。随着全球化的发展，国际社会人类共同体意识的觉醒，越来越多的国家开始认识到实现冲突后社会的持续和平对于维持国际社会的和平与安全有重要意义。基于不同利益诉求参与冲突后重建的国际社会成员，在参与冲突后重建过程中，不可避免地会产生冲突和矛盾。由于国际社会用以调整国际社会成员冲突后重建活动的法律规范的缺失，导致当前的冲突后重建实践十分混乱。

虽然国际社会已普遍认识到冲突后重建问题的重要性，但由于国际法在其发展过程中长期受到“战争与和平两分法”的影响，那些用以调整和规范国际社会成员在冲突后阶段关系和行为的战后法规范长期没有得到重视和发展。当前国际环境的变化为战后法的进一步发展提供了有利条件：绝对主权观念的突破以及国家主权相对保留范围的缩小，使国际社会成员参与原本属于冲突发生国国内事务的冲突后重建成为可能；20世纪中期以来，非国际性武装冲突以及由于人道主义原因引发的国际干涉越发频繁，也增强了国际社会规范冲突后重建进程的主观需求；在法律层面上，“国际法两分法”的弊端进一步凸显，战后法的发展和完善已成为国际法治建设的必然要求，而国际法人本化趋势的进一步发展，也为战后法在法律理念、法律原则和法律规范等方面提供了一定的法律积累。

国际社会构建战后法的基本方式是通过主体间的交往行为使更多符合法律正义的行为模式成为战后法规范。基于冲突后社会的特殊性质以及冲突后重建的基本任务，国际社会成员构建战后法时应使战后法规范更符合冲突后社会的现实和人们对特定重建事项的一般认知；应注重在冲突后阶段的不同时期区分相关主体的不同权责；应禁止绝对权力的出现并限制处于绝对优势地位的国际社会成员的重建权利；应淡化国际社会成员的道德身份而同等对待所有参与冲突后重建的主体。当前处于初创阶段的战后法有以下特点：其对义务性规范的依赖要远大于权利性规范；其对禁止性规范的需求要远大于授权性规范；其重视普遍性规范的同时需要针对性规范加以补充；其规范的内容更多强调合作而非对抗；其对实体性规范的需求大于程序性规范的需求。总体上，国际社会在构建战后法时应确保国际社会成员对冲突后重建的参与限度不能超越到冲突发生国国家机器的内部运转之中，还应确保相关主体在特定问题上的权责不跨越各自边界。战后法应以解决特定问题为目的以特定法律机制为框架分配相关主体权责。

战后法之所以能够为国际社会成员自觉遵守，是因为它并不禁止国际社会成员在冲突后阶段追求自身利益，而是承认他们可以通过遵守法律的方式获得合法利益。对冲突发生国能力建设的重视、对冲突后社会基本人权与持续和平的关注以及对冲突后社会法律秩序的强调，使国际社会成员产生了遵守战后法的主观意愿。国际社会成员遵守战后法意味着：国际社会成员在冲突后阶段应遵守其作为直接缔约方订立的战后法规范；国际社会成员应遵守其参加的国际组织的内部规范，并尊重该国际组织在冲突后阶段订立的战后法规范；国际社会成员应尊重和监督其他成员在冲突后阶段的守法行为；国际社会成员还应在适当的时候通过适当的方式促进战后法规范的发展和完善。

当前战后法无论在自身结构还是在实际运行方面都存在一定问题。战后法的滞后性、弱法性和破碎性十分显著。但国际社会成员在创制战后法时并未力求解决上述结构性问题，而是更倾向于解决现实中遇到的具体冲突后重建问题。他们并未慎重对待战后法本身所具有的规范价值，也不注重加强战后法不同机制间的内在联系。为保留最大程度上的行动自由，国际社会成员进行选择性立法的情况也十分普遍。在遵守战后法的实践中，国际社会成员选择性守法、规避战后法规范以及超越战后法授权的行为都十分普遍。他们在处理冲突后重建问题时更在意特定的身份能为其带来的实际利益，并倾向于以此来划分各自权责。国际社会成员以自身利益为导向将冲突后阶段的政治重建、经济重建及社会重建等问题割裂开来的做法也造成了冲突发生国政治、经济和社会的恢复和发展程度极不平衡。

我们也应看到当前发展战后法的有利因素：国际社会对绝对主权观念的突破、对国际和平认知的深化以及国际社会共同体意识的觉醒都为战后法的发展提供了有利条件；国际法治理念的普及和国际法的发展也为战后法进一步完善提供了法律基础；国际社会重建和平能力的提高以及国际分工的进一步优化则为战后法的发展提供了现实基础。在主观方面，国际社会成员在冲突后重建中的作用更加突出。他们可以利用的用于冲突后重建的资源更加丰富，重建和平的手段也更加多样。一个完善的战后法体系可以为国际社会成员在冲突后阶段提供和平、稳定的合作环境，因此，无论是对外部主体还是对国内主体来说，发展和完善战后法都符合他们在冲突后阶段的利益。

战后法要克服自身缺陷，必须做到在整体上进一步规范化、体系化和制度化；其具体规范的构建应当向更具普遍性、时代性和针对性的方向发展。国际社会成员在构建战后法之时还应注重冲突后社会的人本因素，通过国际社会成员间的合作增强战后法的实际约束力。国际社会应当在立法思想、立法技术两个方面实现战后法的革新，在构建战后法具体机制时应注重不同法律机制之间的衔接和联系。同时战后法的发展也离不开国际社会成员法制观念的提升。应努力促进国际社会成员对战后法价值理念的认同，提升他们对冲突后社会持续和平的认知，并加强他们对冲突后社会法治建设的参与。

中国作为和谐世界理念的提出者和倡导者，无疑应当重视冲突后重建问题。积极参与冲突后重建，促进冲突后社会持续和平的建立，也是中国履行大国责任的表现。当前国际社会在冲突后重建问题上的全球性和区域性合作日益加强，这为中国提出冲突后重建主张、参与冲突后重建实践提供了有益平台。但目前中国对冲突后重建的参与也存在一定的问题：中国对参与冲突后重建的态度总体上是十分保守的；其强调通过政治途径解决问题与当前国际社会推动冲突后阶段法治建设的目标并不一致；其对冲突后重建的有限参与以及对国际司法机构的不信任态度，既不能增强中国在冲突后社会的身份认同，也不利于中国在战后法构建过程中获得更多的话语权。要改变这一态势，中国须更积极地参与冲突后重建以发挥更大的作用。在冲突后重建问题上，中国应当进一步认清当前国际社会环境发生的变化，顺应时代的要求，重视冲突后社会的法治建设，转变传统的维和理念，以提高中国在冲突后阶段的行为能力和国际影响力。

参考文献

一、中文部分

（一）中文著作

1. 丁建宏:《德国通史》,上海社会科学出版社2002年版。

2. 陈金钊:《法治与法律方法》,山东人民出版社2003年版。

3. 邓正来主编:《王铁崖文选》,中国政法大学出版社1993年版。

4. 杜农一、陆建新:《维和行动概论》,军事谊文出版社2004年版。

5. 高晋康:《法律运行过程的经济分析》,法律出版社2008年版。

6. 高岚君:《国际法的价值论》,武汉大学出版社2006年版。

7. 高燕平:《国际刑事法院》,世界知识出版社1999年版。

8. 国际问题研究所编译:《国际条约集》,商务印书馆1980年版。

9. 黄德明主编:《国际人道法若干问题研究》,武汉大学出版社2013年版。

10. 黄芳:《国际犯罪国内立法研究》,中国方正出版社2001年版。

11. 黄惠康:《国际法上的集体安全制度》,武汉大学出版社1990年版。

12. 黄志雄:《国际法视角下的非政府组织:趋势、影响与回应》,中国政法大学出版社2012年版。

13. 江国青:《演变中的国际法问题》,法律出版社2002年版。

14. 江涛:《后冲突时代的秩序重塑:美国在海外的国家重建行动研究》,世界知识出版社2009年版。

15. 姜世波:《习惯国际法的司法确定》,中国政法大学出版社2010年版。

16. 李伯军:《不干涉内政原则研究——国际法与国际关系分析》,湘潭大学出版社2010年版。

17. 李浩培:《国际法的概念和渊源》,贵州人民出版社1994年版。

18. 李浩培:《条约法概论》,法律出版社2003年版。

19. 李寿平:《现代国际责任法律制度》,武汉大学出版社2003年版。

20. 梁西:《国际组织法(总论)》,武汉大学出版社2001年版。

21. 凌岩:《跨世纪的海牙审判:记联合国前南斯拉夫国际法庭》,法律出版社2002年版。

22. 刘恩照:《联合国维持和平行动》,法律出版社1999年版。

23. 刘杰:《人权与国家主权》,上海人民出版社2004年版。

24. 刘凯:《国家主权自主有限让渡问题研究》,中国政法大学出版社2013年版。

25. 刘志云:《现代国际关系理论视野下的国际法》,法律出版社2006年版。

26. 卢有学:《战争罪刑事责任研究》,法律出版社2007年版。

27. 梅汝璈:《远东国际军事法庭》,法律出版社、人民法院出版社2005年版。

28. 倪世雄等:《当代西方国际关系理论》,复旦大学出版社2001年版。

29. 秦亚青:《权力·制度·文化:国际关系理论与方法研究文集》,北京大学出版社2005年版。

30. 苏长和:《全球公共问题与国际合作:一种制度的分析》,上海人民出版社2009年版。

31. 孙萌:《联合国维和行动违法责任研究》,知识产权出版社2006年版。

32. 邵沙平主编:《国际法院新近案例研究(1990—2003)》,商务印书馆2006年版。

33. 邵沙平、余敏友主编:《国际法问题专论》,武汉大学出版社2001年版。

34. 盛红生:《联合国维持和平行动法律问题研究》,时事出版社2006年版。

35. 盛红生、肖凤城、杨泽伟:《21世纪前期武装冲突中的国际法问题研究》,法律出版社2013年版。

36. 汪波:《美国中东战略下的伊拉克战争与重建》,时事出版社2008年版。

37. 王铁崖主编:《战争法文献集》,解放军出版社1986年版。

38. 王可菊主编:《国际人道主义法及其实施》,社会科学文献出版社2004年版。

39. 王绳祖主编:《国际关系史》,法律出版社2004年版。

40. 王秀梅:《国家对国际社会整体的义务》,法律出版社2009年版。

41. 魏宗雷、邱桂荣、孙茹等:《西方人道主义干预理论与实践》,时事出版社2003年版。

42. 吴燕妮:《论冲突中和冲突后社会的法治:联合国的行动及中国的贡献》,武汉大学出版社2014年版。

43. 熊玉祥:《冷战后全球国家内部武装冲突》,军事科学出版社2007年版。

44. 许光建主编:《联合国宪章诠释》,山西教育出版社1999年版。

45. 徐进:《暴力的限度——战争法的国际政治分析》,中国社会科学出版社2012年版。

46. 杨咏亮:《战争罪刑事责任问题研究》,武汉大学出版社2012年版。

47. 俞正山:《武装冲突法》,军事科学出版社2001年版。

48. 曾令良、余敏友主编:《全球化时代的国际法——基础、结构与挑战》,武汉大学出版社2005年版。

49. 中国国际战略学会军控与裁军研究中心编:《当代国际维和行动》,军事谊文出版社2006年版。

50. 周鲠生:《国际法》,商务印书馆1981年版。

51. 朱利江:《对国内战争罪的普遍管辖与国际法》,法律出版社

2007年版。

52. 朱文奇:《国际人道法概论》,健宏出版社1997年版。

53. 朱文奇:《国际刑事法院与中国》,中国人民大学出版社2009年版。

54. 朱晓青、黄列主编:《国际条约与国内法的关系》,世界知识出版社2000年版。

55. 西安政治学院国际战争法研究所编:《世纪之交的战争法研究》,西安政治学院训练部2001年版。

(二)中文论文

1. 曹钦:《关于开战正义观的批判性分析》,载《道德与文明》2013年第5期。

2. 陈喜峰:《论国际法自足制度的垂直效力和水平效力》,载《武大国际法评论》2013年第1期。

3. 程洪、张庆文:《试论国家重建在现代化进程中的作用——德国和日本现代化透视》,载《湖北大学学报》(哲学社会科学版)2005年第6期。

4. 达巍:《伊拉克战后重建的三个疑团》,载《现代国际关系》2003年第4期。

5. 丁成耀:《伊拉克战后重建与人道主义法的适用》,载《法学》2003年第5期。

6. 冯继承:《中国参与联合国维和行动:学习实践与身份承认》,载《外交评论》(外交学院学报)2012年第2期。

7. 董漫远:《伊拉克重建与大国经济角逐》,载《中国经贸》2003年第7期。

8. 房场顺:《围绕阿富汗重建的大国角逐》,载《党政干部学刊》

2002年第2期。

9. 傅小强:《阿富汗重建进程及前景》,载《现代国际关系》2006年第7期。

10. 古力尼格尔·依马木:《联合国国际效力在伊拉克战后重建中的作用和前景》,载《商品与质量》2011年第6期。

11. 古祖雪:《国际法体系的结构分析》,载《政法论坛》2007年第6期。

12. 贺鉴:《论冷战后联合国维和行动与国际干预》,载《求索》2005年第5期。

13. 何志鹏:《国际法的遵行机制研究》,载《东方法学》2009年第5期。

14. 洪永红:《论卢旺达国际刑事法庭的管辖权》,载《河北法学》2008年第8期。

15. 贾海龙、贾海涛:《混合型审判机构:惩治国际犯罪的新途径》,载《河北法学》2004年第11期。

16. 贾万宝:《联合国维和行动中的法律责任问题探析》,载《西安政治学院学报》2009年第6期。

17. 黄德明、李若瀚:《论"后冲突时代"战后责任机制的发展》,载《河北法学》2013年第12期。

18. 黄德明、李若瀚:《论"战后法"视野下联合国维和行动机制的制度化革新》,载《时代法学》2014年第1期。

19. 黄德明、李若瀚:《论"战后法"视野下战后责任机制建立的标准》,载《西安电子科技大学学报》(社会科学版)2014年第2期。

20. 黄德明、李若瀚:《论重建防御论的国际法考量——以对失败国家的宪政重建为视角》,载《云南社会科学》2014年第4期。

21. 黄德明、朱路:《战后法法律建构初探》,载《南京理工大学学报》(社会科学版)2011年第2期。

22. 黄明:《战争法发展的历史规律及动力机制》,载《南京政治学院学报》2004年第12期。

23. 黄瑶:《从使用武力法看保护的责任理论》,载《法学研究》2012年第5期。

24. 姜世波:《论速成国际习惯法》,载《学习与探索》2009年第1期。

25. 孔田平:《巴尔干国际治理:科索沃案例》,载《俄罗斯中亚东欧研究》2009年第2期。

26. 李伯军:《论战争法在促进国际安全中的作用》,载《湘潭大学学报》(哲学社会科学版)2013年第4期。

27. 李伯军:《非洲民族国家构建中的"失败国家"与国际法》,载《求索》2010年第2期。

28. 李昌新、颜光华:《从美国国家安全战略看伊拉克重建》,载《兰州学刊》2006年第4期。

29. 李若瀚:《武装冲突法的新发展:"战后法"法律问题研究》,载《时代法学》2012年第5期。

30. 刘大群:《前南国际刑庭与卢旺达国际刑庭的历史回顾》,载《武大国际法评论》2010年第10期。

31. 刘贺青:《论罗尔斯的正义战争观》,载《伦理学研究》2009年第1期。

32. 刘青建:《阿富汗重建失效之分析》,载《西亚北非》2008年第10期。

33. 卢红飚:《论冷战后初期美国的对外重建——以索马里重建

问题为例(1992—1994)》,载《黑龙江史志》2009年第24期。

34. 卢皎:《当代西方正义战争理论的内在矛盾和现实制约》,载《网络财富》2010年第18期。

35. 罗国强:《一般法律原则的困境与出路——从〈国际法院规约〉第38条的悖论谈起》,载《法学评论》2010年第2期。

36. 潘伟:《美国主导伊拉克战后重建的目的分析》,载《法制与社会》2009年第9期。

37. 潘俊武:《论动态中的民族自决权》,载《当代法学》2012年第5期。

38. 彭大森:《建设和平:联合国解除武装、复员和重返社会工作浅析》,载《经济视角》2011年第4期。

39. 任元元:《试论联合国维和行动的理念转变》,载《武警学院学报》2009年第3期。

40. 荣鹰:《阿富汗大选和阿富汗重建问题》,载《和平与发展》2009年第6期。

41. 盛红生:《论联合国维持和平行动与国际人道法》,载《西安政治学院学报》2012年第4期。

42. 唐颖侠:《关于遵守问题的辩论:一个国际法与国际关系理论的结合点》,载左海聪主编:《南开国际法论集2007》,南开大学出版社2007年版。

43. 万震:《论国际人道法的人本化问题》,载《齐鲁学刊》2014年第1期。

44. 王海平:《西方正义战争理论的两个重要范畴:诉诸战争的权利(*jus ad bellum*)和战争法规(*jus in bello*)》,载《西安政治学院学报》2004年第6期。

45. 王林彬:《为什么要遵守国际法——国际法与国际关系:质疑与反思》,载《国际论坛》2006年第4期。

46. 王杏芳、赵军宝:《联合国在伊拉克重建中应起主导作用》,载《当代世界》2003年第5期。

47. 王秀梅、邱凌:《伊拉克特别法庭规约》,载《中国刑事法杂志》2006年第9期。

48. 王兆茹:《浅论武装冲突法的分类及其局限性》,载《知识经济》2013年第1期。

49. 汪波:《伊拉克战后重建中的政党政治发展》,载《西亚非洲》2007年第4期。

50. 汪玉:《科索沃国际维持和平行动与国际法上的集体安全制度》,载《法律科学》2000年第3期。

51. 魏亮、李绍先:《伊拉克重建之路剖析》,载《现代国际关系》2009年第2期。

52. 吴征宇:《"正义战争理论"的当代意义论析》,载《现代国际关系》2004年第8期。

53. 夏吉生:《"真相委员会"与新南非种族关系》,载《国际政治研究》2004年第2期。

54. 徐崇利:《软硬实力与中国对国际法的影响》,载《现代法学》2012年第1期。

55. 许宁:《联合国维和行动适用国际人道法应关注的问题及其对我军维和实践的启示》,载《西安政治学院学报》2008年第8期。

56. 徐纬地:《摇摆与彷徨中的探索——联合国维和行动面临的困难与挑战》,载《世界经济与政治》2005年第5期。

57. 袁娟娟:《从干涉的权利到保护的责任——对国家主权的重

新诠释和定位》，载《河北法学》2012年第8期。

58. 薛磊：《联合国维和行动的新发展：从维持和平走向建设和平》，载《国际展望》2010年第3期。

59. 杨诚：《国际刑法与冲突后国家法治的建立——联合国利比亚维和行动分析》，载《太平洋学报》2009年第11期。

60. 殷罡：《伊拉克战争和战后重建的人文因素》，载《国际经济评论》2003年第5期。

61. 闫伟：《阿富汗重建进程中的国际合作探析》，载《国际资料信息》2011年第11期。

62. 余敏友、刘衡：《论国际法在中国的发展走向》，载《武汉大学学报》（哲学社会科学版）2010年第5期。

63. 赵磊：《"为和平而来"——解析中国参与非洲维和行动》，载《外交评论》2007年第2期。

64. 赵连启：《美国主导的伊拉克重建面临诸多挑战》，载《和平与发展》2004年第2期。

65. 张宏波：《关于对战争责任·战后责任的认识问题》，载《纪念抗战胜利65周年学术研讨会论文集》2013年。

66. 周桂银、沈宏：《西方正义战争理论传统及其当代论争》，载《国际政治研究》2004年第3期。

67. 张逸潇：《从建设和平的视角看联合国维和行动的困境》，载《武警学院学报》2011年第7期。

68. 朱杰进：《国际制度设计中的规范与理性》，载《国际观察》2008年第4期。

69. 朱文奇：《何谓"国际人道法"》，载《武大国际法评论》2003年第7期。

（三）中文译著

1.[澳]杰里·辛普森:《大国与法外国家——国际法律秩序中不平等的主权》,朱利江译,北京大学出版社2008年版。

2.[比]让-马克·亨克茨、[英]路易斯·多斯瓦尔德-贝克:《习惯国际人道法规则》,刘欣艳等译,法律出版社2005年版。

3. [德]P.A.施泰尼格尔编:《纽伦堡审判选自国际军事法庭对首要战犯审判的记录、文献和资料》,王昭仁等译,商务印书馆1985年版。

4. [德]伊曼努尔·康德:《永久和平论》,何兆武译,上海人民出版社2005年版。

5. [荷]C.德·罗威尔:《服务与保护:适用于警察和安全部队的人权和人道主义法》,毕小青译,中国社会科学出版社2000年版。

6. [荷]格劳秀斯:《战争与和平法》,A.C.坎贝尔英译,何勤华等译,上海人民出版社2005年版。

7. [荷]尼科·斯赫雷弗著:《可持续发展在国际法中的演进:起源、涵义及地位》,汪习根、黄海滨译,社会科学文献出版社2010年版。

8. [加]霍尔斯蒂·卡列维:《和平与战争:1648—1989年的武装冲突与国际秩序》,王浦劬等译,北京大学出版社2005年版。

9. [美]安妮-玛丽·斯劳特:《世界新秩序》,任晓等译,复旦大学出版社2010年版。

10. [美]本杰明·J.科恩:《国际政治经济学:学科思想史》,杨毅、钟飞腾等译,上海人民出版社2010年版。

11. [美]海伦·米尔纳:《利益、制度与信息:国内政治与国际关系》,曲博译,上海人民出版社2010年版。

12. [美]弗朗西斯·福山:《国家构建:21世纪的国家治理与世界秩序》,黄胜强、许铭原译,中国社会科学出版社2007年版。

13. [美]肯尼思·华尔兹:《国际政治理论》,信强译,上海人民出版社2008年版。

14. [美]肯尼思·奥耶主编:《无政府状态下的合作》,田野、辛平译,上海人民出版社2010年版。

15. [美]莉萨·马丁、贝思·西蒙斯主编:《国际制度》,黄仁伟、蔡鹏鸿译,上海人民出版社2006年版。

16. [美]莉萨·L.马丁:《民主国家的承诺:立法部门与国际合作》,刘宏松译,上海人民出版社2010年版。

17. [美]理查德·塔克:《战争与和平的权利:从格劳秀斯到康德的政治思想国际秩序》,罗炯等译,译林出版社2009年版。

18. [美]罗伯特·基欧汉:《霸权之后:世界政治经济中的合作与纷争》,苏长和等译,上海人民出版社2006年版。

19. [美]迈克尔·巴尼特、玛莎·芬尼莫尔:《为世界定规则:全球政治中的国际组织》,薄燕译,上海人民出版社2009年版。

20. [美]迈克尔·沃尔泽:《正义与非正义战争》,任辉献译,江苏人民出版社2008年版。

21. [美]詹姆斯·多尔蒂、小罗伯特·普法尔茨格拉夫:《争论中的国际关系理论》,阎学通等译,世界知识出版社2003年版。

22. [美]路易斯·亨金:《宪政·民主·对外事务》,邓正来译,三联书店1996年版。

23. [美]熊玠:《无政府状态与世界秩序》,余逊达、张铁军译,浙江人民出版社2001年版。

24. [美]亚历山大·温特:《国际政治的社会理论》,秦亚青译,上海人民出版社2008年版。

25. [南非]德斯蒙德·图图:《没有宽恕就没有未来》,江红译,上海人民出版社2002年版。

26. [日]村濑信也:《国际立法——国际法的法源论》,秦一禾译,中国人民公安大学出版社2012年版。

27. [英]安托尼·奥斯特:《现代条约法与实践》,江国青译,中国人民大学出版社2005年版。

28. [英]莫里齐奥·拉佳齐:《国际对世义务之概念》,池漫郊等译,法律出版社2013年版。

29. [英]尼古拉斯·惠勒:《拯救陌生人:国际社会中的人道主义干涉》,张德生译,中央编译出版社2011年版。

30. [英]亚当·罗伯茨、[新]本尼迪克特·金斯伯里主编:《全球治理——分裂世界中的联合国》,吴志成等译,中央编译出版社2010年版。

31. [英]伊恩·布朗利:《国际公法原理》,曾令良、余敏友等译,法律出版社2007年版。

32. [英]詹宁斯、瓦茨修订:《奥本海国际法》,王铁崖、李适时译,中国大百科全书出版社1998年版。

33. 联邦德国马克斯·普朗克比较公法及国际法研究所主编:《国际法庭和国际仲裁的案例》,陈致中、李楹南译,中山大学出版社1989年版。

二、外文部分

(一)外文著作

1. Michael E. Brown eds., *Nationalism and Ethnic Conflict*,

Cambridge Mass, MIT Press, 1997.

2. Ian Brownlie, *System of the Law of Nations: State Responsibility*, Oxford, Oxford University Press, 1983.

3. Boutros Boutros-Ghali, *An Agenda for Peace*, New York, United Nations, 1992.

4. Boutros Boutros-Ghali, *Report on the Work of the Organization*, New York, United Nations, 1993.

5. Antonio Cassese, *International Law in a Divided World*, Clarendon, Clarendon Press, 1986.

6. Edwad H Carr, *The Twenty Years's Crisis 1919-1939*, London, Maemillan, 1986.

7. Anthony Carty, *Philosophy of International Law*, Edinburgh, Edinburgh University Press, 2007.

8. Bin Cheng, *General Principles of Law as Applied by International Courts and Tribunals*, Cambridge, Cambridge Grotious Publications Limited, 1987.

9. Simon Chesterman, *Just war or Just Peace?: Humanitarian Intervention and International Law*, Oxford, Oxford University Press, 2001.

10. Joseph A. Christoff, *United Nations: Observation on the Oil for Food Program*, Washington, D.C., U.S. General Accounting Office, 2004.

11. James Crawford edited, *Brownlie's Principles of Public International Law*, Oxford, Oxford University Press, 2012.

12. Jon Elster, *Closing the Books: Transitional Justice in Historical Perspective*, Cambridge, Cambridge University Press, 2004.

13. Gareth J. Evans, Mohamed Sahnoun, *The Responsibility to Protect: Report of the International Commission on Intervention and State Sovereignty*, Ottawa, International Development Research Centre, 2001.

14. Hugo Grotius, *The Rights of War and Peace: Book I*, Indianapolis, Liberty Fund, 2005.

15. Andreas Hasenelever, et al., *Theories of International Regimes*, Cambridge, Cambridge University Press, 1997.

16. Luc Huyse, et al., *Traditional Justice and Reconciliation after Violent Conflict: Learning from African Experiences*, Stockholm, International IDEA, 2008.

17. Immanuel Kant, *Perpetual Peace and other Essays on Politics, History, and Morails*, translated by Ted Humphrey, New York, Liberal Arts Press, 1983.

18. Neil J. Kritz eds., *Transitional Justice: How Emerging Democracies Reckon with Former Regimes*, Washington D.C., United States Institute of Peace Press, 1995.

19. Larry May, Andrew Forcehimes, *Morality, Jus Post Bellum, and International Law*, Cambridge, Cambridge University Press, 2012.

20. John Norton Moore, *Solving the War Puzzle: Beyond the Democratic Peace*, Durham, Carolina Academic Press, 2004.

21. Peter Orebech, Fred Bosselman, *The Role of Customary Law in Sustainable Development*, Cambridge, Cambridge University Press, 2005.

22. Brian Orend, *War and International Justice: A Kantian*

Perspective, Waterloo, Wilfrid Laurier University, 2000.

23. Brian Orend, *Michael Walzer on War and Justice*, Montreal,McGill–Queen' s University Press, 2000.

24. Brian Orend, *The Morality of War*, Peterborough, Ont., Broadview Press, 2006.

25. Chris Maina Peter, *Human Rights in Africa*, New York, Green Wood Press, 1990.

26. Jean S. Pictet, *Commentary on Geneva Conventions IV*, Geneva, International Committee of the Red Cross, 1952.

27. B. Russett eds., *Grasping the Democratic Peace, Principles for a Post-Cold War World*, New York, Princeton University Press, 1993.

28. William A Schabas, *The UN International Criminal Tribunals: The Former Yugoslavia, Rwanda and Sierra Leone*, Cambridge,Cambridge University Press, 2006.

29. Carsten Stahn, Jann K. Kleffner, *Jus Post Bellum: Towards a Law of Transition from Conflict to Peace*, Hague, T.M.C. Asser Press, 2008.

30. James P. Terry, *The War on Terror: the Legal Dimension*, Maryland, Rowman & Littlefield Publishers, Inc, 2013.

31. Michael Walzer, *Just and Unjust Wars: A Moral Argument with Historical Illustrations*, New York, Basci Books, 1997.

32. Zhang Yongjin, *China in International Socity since 1949: Alienation and Beyond*, New York, St. Martin' s Press, 1998.

33. A. Zacarias, *The United Nations and International Peacekeeping*, New York, United Nations, 1996.

34. International Committee of the Red Cross, *Customary International Humanitarian Law*, Cambridge, Cambridge University Press, 2005.

35. South Africa Truth and Reconciliation Commission, *Truth and Reconciliation Commission of South Africa report*, New York, Distributed in the United States of America and Canada by Grove' s Dictionaries, 1999.

36. United Nations, *The Blue Helmets—Review of United Nations Peacekeeping*, New York, The United Nations department of public information, 1990.

37. United Nations, *United Nations Peacekeeping Operations*, New York, United Nations, 2008.

38. United Nations, *United Nations Peace-keeping*, New York, United Nations Department of Public Information, 1989.

(二)外文论文

1. Zakia Afrin, "Post-conflict Justice in Iraq", *Annual Survey of International & Comparative Law*, 2008(14).

2. Payam Akhavan, "Reconciling Crimes against Humanity with the Laws of War: Human Rights, Armed Conflict, and the Limits of Progressive Jurisprudence", *Journal of International Criminal Justice*, 2008(6).

3. Philip Alston, Jason Morgan-Foster, William Abresch, "The Competence of the UN Human Rights Council and Its Special Procedures in Relation to Armed Conflicts: Extrajudicial Executions in the 'War on Terror'", *European Journal of International Law*, 2008(19).

4. L. Arbour, "The Responsibility to Protect as a Duty of Care in International Law and Practice", *Review of International Studies*, Review of International Studies, 2008 (34).

5. Benjamin R. Banta, "Just War Theory and the 2003 Iraq War Forced Displacement", *Journal of Refugee Studies*, 2008 (21).

6. Gary J. Bass, "Jus Post Bellum, *Philosophy & Public Affairs*", 2004 (32).

7. Elena Baylis, "Reassessing the Role of International Criminal Law: Rebuilding National Courts through Transnational Networks" ,*Social Science Electronic Publishing*,2008(50).

8. Peter Beinart, "Nation Building Is the Best Defense", *Pittsbrugh post-gazette*, 2011 (11).

9. Alex J. Bellamy, "The Responsibilities of Victory: Jus Post Bellum and the Just War", *Review of International Studies*, 2008 (34).

10. Gabriella Blum, "Re-envisaging the International Law of Internal Armed Conflict: A Reply to Sandesh Sivakumaran", *European Journal of International Law*, 2011 (22).

11. Kristen Boon, "Legislative Reform in Post-conflict Zones: Jus Post Bellum and the Contemporary Occupant' s Law-Making Powers", *McGill Law Journal*, 2005 (50).

12. Eric De Brabandere, "The Responsibility for Post-Conflict Reforms: A Critical Assessment of Jus Post Bellum as a Legal Concept", *Vanderbilt Journal of Transnational Law*, 2010 (43).

13. Bartram S. Brown, "Intervention, Self-determination, Democracy and the Residual Responsibilities of the Occupying Power in Iraq", *U.C.*

Davis Journal of International Law and Policy, 2004(11).

14. Daniel L. Byman, "Kenneth M. Pollack, Democracy in Iraq?", *The Washington Quarterly*, 2003(26).

15. Antonia Chayes, "Chapter VII 1/2: Just Post Bellum Possible", *European Journal of International Law*, 2013(24).

16. J. L. Cohen, "The Role of International Law in Post–Conflict Constitution–Making: Toward a Jus Post Bellum for 'Interim Occupations'", *New York Law School Law Review*, 2007(51).

17. Shane Darcy, "Otherwise Occupied: The States of The GAZA Strip From the Perspective of International Humanitarian Law", *Journal of Conflict & Security Law*, 2011(1).

18. Michael J. Dennis, Andre M. Surena, "Application of the International Covenant on Civil and Political Rights in Times of Armed Conflict and Military Occupation: The Gap between Legal Theory and State Practice", *European Human Rights Law Review*, 2008(6).

19. Richard P. DiMeglio, "The Evolution of the Just War Tradition: Defining Jus Post Bellum", Military Law Review, 2005(186).

20. Ernest Harsch, "Seeking Peace with Justice in Uganda" (June,2006)[2013–11–21]. http:// www.un.org/ecosocdev/geninfo/afrec/vol19no4/194uganda.html.

21. Luc Huyse, Introduction: Tradition–Based Approaches in Peacemaking, Transitional Justice and Reconciliation Policies, *Traditional Justice and Reconciliation after Violent Conflict: Learning from African Experiences*, 2008.

22. Louis.V. Iasiello, "Jus Post Bellum: The Moral Responsibilities

of Victor in War", *Naval War College Review*, 2004(57).

23. Liliana Lyra Jubilut, "Towards a New Jus Post Bellum: The United Nations Peacebuilding Commission and the Improvement of Post-conflict Efforts and Accountablity", *Minnesota Journal of International Law*, 2011(20).

24. C. Layne Kant, "The Myth of the Democratic Peace", *International Security*, 1994(19).

25. Eliav Lieblich, "Intervention and Consent: Consensual Forcible Interventions in Internal Armed Conflicts as International Agreements", *Boston University International Law Journal*, 2011(29).

26. Larry May, "Just Post Bellum Proportionality and the Fog of War", *European Journal of International Law*, 2013(24).

27. Sarah Mazzochi, "Humanitarian Intervention in a Post-Iraq, Post-Darfur World, Is There Now a Duty to Prevent Genocide Even Without Security Council Approval?", *Annual Survey of International and Comparative Law*, 2001(17).

28. Doug McCready, "Ending the War Right: Jus Post Bellum and the Just War Tradition", *Journal of Military Ethics*, 2009(8).

29. Brian Orend, "Jus Post Bellum", *Journal of Social Philosophy*, 2000(47).

30. Inger Osterdahl, Esther Van Zadel, "What Will Jus Post Bellum Mean? Of New Wine and Old Bottles", *Journal of Conflict & Security Law*, 2009(14).

31. Benjamin Perrin, "Searching for Law while Seeking Justice: The Difficulties of Enforcing International Humanitarian Law in International

Criminal Trials", *Ottawa Law Review*, 2008(39).

32. Balakrishnan Rajagopal, "Invoking the Rule of Law in Post–conflict Rebuilding: A Critical Examination", *William and Mary Law Review*, 2008(49).

33. Steven R. Ratner, "Law Promotion beyond Law Talk: The Red Cross, Persuasion, and the Laws of War", *European Journal of International Law*, 2011(22).

34. Christian Schaller, "Towards an International Legal Framework for Post–conflict Peacebuilding" (February,2009)[2013–11–21].http://www.swp-berlin.org/en/publications/swp-research-papers/swp-research-paper-detail/article/legal_framework_for_post_conflict_peacebuilding.html.

35. Ivar Scheers, "Peacekeeping and Jus Post Bellum: Towards a Concept of Rules in Post–conflict Situations", *Central European Journal of International and Security Studies*, 2011(5).

36. Michael J. Schuck, "When the Shooting Stops: Missing Elements in Just War Theory", *Christian Century*, 1994(3).

37.Robert D. Sloane, "The Cost of Conflation: Preserving the Dualism of Jus Ad Bellum and Jus In Bello in the Contemporary Law of War", *Yale Journal of International Law*, 2009(34).

38. Carsten Stahn, "Jus Post Bellum: Mapping the Discipline(s)", *American University International Law Review*, 2008(23).

39. Danielle Tarin, "Prosecuting Saddam and Bungling Transitional Justice in Iraq", *Virginia Journal of International Law*, 2005(45).

40. Reti Teitel, "Rethinking Just Post Bellum in an Age of Global

Transitional Justice: Engaging with Micheal Walzer and Larry May", *European Journal of International Law*, 2013(24).

41. Guglielmo Verdirame, "What to Make of Just Post Bellum: a Response to Antonia Chayes", *European Journal of International Law*, 2013(24).

42. Robert E. Williams, Dan Caldwell, "Jus Post Bellum: Just War Theory and the Principles of Just Peace", *International Studies Perspectives*, 2006(7).

43. Andreas Wimmer, "Democracy and Ethno-religious Conflict in Iraq", *Survival*, 2003(45).

44. Hamada Zahawi, "Redefining the Laws of Occupation in the Wake of Operation Iraqi 'Freedom'", *California Law Review*, 2007(12).

45. Dana Zartner, "The Culture of Law: Understanding the Influence of Legal Tradition on Transitional Justice in Post-conflict Societies", *Indiana International & Comparative Law Review*, 2012(22).

(三)相关国际条约

1. Miscellaneous Treaties, Conventions and Agreements

(1)1856 – Declaration of Paris; April 16.

(2)1863 – General Orders No. 100 – Instructions for the Government of Armies of the United States in the Field by Francis Lieber: April 24.

(3)1868 – Declaration of St. Petersburg; November 29.

(4)1904 – Convention for the Exemption of Hospital Ships, in Time of War, From the Payment of All Duties and Taxes Imposed for the Benefit of the State; December 21.

(5) 1928 – Kellogg–Briand Pact and Associated Documents; August 27.

2. Hague Conference of 1899

(1) Correspondence, Instructions and Reports of the United States Commission.

(2) Hague I – Pacific Settlement of International Disputes: 29 July 1899.

(3) Hague II – Laws and Customs of War on Land: 29 July 1899.

(4) Hague III – Adaptation to Maritime Warfare of Principles of Geneva Convention of 1864: July 29, 1899.

(5) Hague IV – Prohibiting Launching of Projectiles and Explosives from Balloons: July 29, 1899.

(6) Declaration I – on the Launching of Projectiles and Explosives from Balloons; July 29, 1899.

(7) Declaration II – on the Use of Projectiles the Object of Which is the Diffusion of Asphyxiating or Deleterious Gases; July 29, 1899.

(8) Declaration III – on the Use of Bullets Which Expand or Flatten Easily in the Human Body; July 29, 1899.

(9) Final Act of the International Peace Conference; July 29, 1899.

3. Hague Conference of 1907

(1) Hague I – Pacific Settlement of International Disputes: 18 October 1907.

(2) Hague II – Limitation of Employment of Force for Recovery of Contract Debts: October 18, 1907.

(3) Hague III – Opening of Hostilities: 18 October 1907.

(4)Hague IV – Laws and Customs of War on Land: 18 October 1907.

(5)Hague V – Rights and Duties of Neutral Powers and Persons in Case of War on Land: 18 October 1907.

(6)Hague VI – Status of Enemy Merchant Ships at the Outbreak of Hostilities: 18 October 1907.

(7)Hague VII – Conversion of Merchant Ships into War Ships: 18 October 1907.

(8)Hague VIII – Laying of Automatic Submarine Contact Mines: 18 October 1907.

(9)Hague IX – Bombardment by Naval Forces in Time of War: 18 October 1907.

(10) Hague X – Adaptation to Maritime War of the Principles of the Geneva Convention: 18 October 1907.

(11) Hague XI – Restrictions With Regard to the Exercise of the Right of Capture in Naval War: 18 October 1907.

(12) Hague XIII –Rights and Duties of Neutral Powers in Naval War: 18 October 1907.

4. Geneva Conventions

(1)1864 – Amelioration of the Condition of the Wounded on the Field of Battle; August 22.

(2)1928 – Geneva Protocol for the Prohibition of the Use in War of Asphyxiating Gas, and for Bacteriological Methods of Warfare; February 8.

(3)1929 – Convention between the United States of America and

Other Powers, Relating to Prisoners of War; July 27.

(4)1949 - Convention (I) for the Amelioration of the Condition of the Wounded and Sick in Armed Forces in the Field, August 12.

(5)1949 - Convention (II) for the Amelioration of the Condition of Wounded, Sick and Shipwrecked Members of Armed Forces at Sea, August 12.

(6)1949 - Convention (III) Relative to the Treatment of Prisoners of War; August 12.

(7)1949 - Convention (IV) Relative to the Protection of Civilian Persons in Time of War, August 12.

(8)1975 - Convention on the Prohibition of the Development, Production and Stockpiling of Bacteriological (Biological) and Toxin Weapons and on Their Destruction (1972); March 26.

(9)Relating to the Protection of Victims of International Armed Conflicts, Protocol I.

(10)Relating to the Protection of Victims of non-International Armed Conflicts, Protocol II.

（四）网络资源

1.http://www.un.org/ 联合国官网。

2.http://www.icrc.org/ 红十字国际委员会官网。

3.http://www.icj-cij.org/ 国际法院官网。

4.http://www.hiik.de/ 海德堡国际冲突研究所官网。

5.http://www.sipri.org/ 斯德哥尔摩国际和平研究所官网。

6.http://focusweb.org/ 全球南方中心官网。

7.http://www.icc-cpi.int/ 国际刑事法院官网。

8.http://www.icopeace.org/ 国际和平委员会官网。

9.http://www.ila-hq.org/ 国际法协会官网。

10.http://www.oecd.org/ 经济合作发展组织官网。

11.http://www.iihl.org/ 国际人道法委员会组织官网。

12.http://www.icty.org/ 前南斯拉夫问题国际刑事法庭官网。

（五）其他外文资料

1.America Journal of International Law

2.European Journal of International Law

3.Harvard Journal of Law and Public Policy

4.Harvard International Law Journal

5.Journal of Peace Research

6.International Legal Materials

7.International Review of the Red Cross

8.Rome Statute of the International Criminal Court

9.Statute of the International Criminal Tribunal for the Former Yugoslavia

10.Statute of the International Criminal Tribunal for Rwanda

11.Statute of the Special Court for Sierra Leone

12.The Georgia Journal of International and Comparative Law

13.Yearbook of the International Law Commission

14.U. N. Relative Documents

图书在版编目(CIP)数据

战后法原理/李若瀚著. --北京:法律出版社,
2017
ISBN 978-7-5197-1561-8

Ⅰ.①战… Ⅱ.①李… Ⅲ.①平时法-研究 Ⅳ.
①D994

中国版本图书馆CIP数据核字(2017)第261022号

战后法原理
ZHANHOUFA YUANLI

李若瀚 著

策划编辑 高 山
责任编辑 汤子君
装帧设计 鲁 娟

出版 法律出版社
总发行 中国法律图书有限公司
经销 新华书店
印刷 北京京华虎彩印刷有限公司
责任校对 王沁陶
责任印制 陶 松

编辑统筹 学术·对外出版分社
开本 A5
印张 8
字数 173千
版本 2017年11月第1版
印次 2017年11月第1次印刷

法律出版社/北京市丰台区莲花池西里7号(100073)
网址/www.lawpress.com.cn
投稿邮箱/info@lawpress.com.cn
举报维权邮箱/jbwq@lawpress.com.cn
销售热线/010-63939792
咨询电话/010-63939796

中国法律图书有限公司/北京市丰台区莲花池西里7号(100073)
全国各地中法图分、子公司销售电话:
统一销售客服/400-660-6393
第一法律书店/010-63939781/9782
重庆分公司/023-67453036
深圳分公司/0755-83072995
西安分公司/029-85330678
上海分公司/021-62071639/1636

书号:ISBN 978-7-5197-1561-8
定价:42.00元
(如有缺页或倒装,中国法律图书有限公司负责退换)